- 教育部人文社科研究青年基金项目"多丽丝·莱辛小说的艺术形式研究"（10YJC752027）

- 江苏省高校优势学科建设工程资助项目

多丽丝·莱辛小说的叙事艺术

卢婧 著

中国社会科学出版社

图书在版编目（CIP）数据

多丽丝·莱辛小说的叙事艺术/卢婧著.—北京：中国社会科学出版社，2021.12

ISBN 978 - 7 - 5203 - 8812 - 2

Ⅰ.①多… Ⅱ.①卢… Ⅲ.①莱辛（Lessing，Doris 1919 - 2013）—小说研究 Ⅳ.①I561.074

中国版本图书馆 CIP 数据核字（2021）第 148422 号

出 版 人	赵剑英
责任编辑	慈明亮
责任校对	夏慧萍
责任印制	戴 宽

出　　版	中国社会科学出版社
社　　址	北京鼓楼西大街甲 158 号
邮　　编	100720
网　　址	http://www.csspw.cn
发 行 部	010 - 84083685
门 市 部	010 - 84029450
经　　销	新华书店及其他书店

印　　刷	北京君升印刷有限公司
装　　订	廊坊市广阳区广增装订厂
版　　次	2021 年 12 月第 1 版
印　　次	2021 年 12 月第 1 次印刷

开　　本	710×1000　1/16
印　　张	17.5
插　　页	2
字　　数	231 千字
定　　价	99.00 元

序

我的同事卢婧博士来电，嘱我为她的新著《多丽丝·莱辛小说的叙事艺术》写一篇小序，我欣然应允。这部著作，是在她的博士学位论文和所主持的教育部青年项目的基础上打磨而成，凝聚着她多年研读莱辛小说的心得与理解。如今大作即将付梓，我很为她感到高兴！

卢婧曾在研究生阶段上过我的欧美女性文学研究课程，博士毕业后顺利留校。除了系统讲授"欧美文学史"和"20世纪欧美文学"之外，她一直坚持给本科与研究生开设西方女性文学系列的选修课程，深受学生的欢迎。她性情沉稳，专业功底扎实，常以细致绵密的文本解读，以及深入浅出的独到分析，将学生一步步引入女性文学丰饶绮丽的世界，深耕细掘。我们所在的比较文学与世界文学专业的研究生，每一届都有不少同学以英语世界的女性文学为题撰写学位论文，卢婧功不可没。她本人的博士学位论文专攻当代英国女作家多丽丝·莱辛的鸿篇巨制《金色笔记》，当时即以出色的文本阐释功力，给我留下了深刻的印象。后来我在跟博士生讨论学位论文选题时，每每会提起她的这部论文，作为形式研究与主题内涵研究有机交融的一个范例向同学们进行推荐。她在毕业任教后也很快以前期研究为基础，发表了数篇有关多丽丝·莱辛的论文，开始在国内的莱辛研究界崭露头角。

如今，她的大著即将问世，我又有幸先睹为快。坦率地说，在20世纪的英国女性小说家中，莱辛的作品不算好读，它们没有弗吉尼亚·伍尔夫的敏感精致与形而上的诗意，缺乏 A. S. 拜厄特笔下如万花筒般的富丽与奇诡，似乎也不见艾丽丝·默多克那种学院派的哲学思辨色彩。但莱辛大气开阔，并不断挑战自我，既有对英国与欧洲大陆现实主义文学传统的承续，而又吸纳了现代主义与后现代主义的艺术精髓；既有自传与半自传性的个人情感实录与精神成长追溯，又有天马行空的未来世界之思与乌托邦叙事；既有对南非殖民地白人女性身处殖民压迫与性别歧视的夹缝中困窘生活与扭曲心态的书写，亦有对冷战背景下英国左翼知识女性在追求自由人生与情爱满足的两难困境中的不自由状态的深刻揭示；既有封闭、线性的传统故事框架的运用，同时又进行了开放、碎片化、重组时空的全新叙事艺术的探索。而作家对艺术技巧的探索与实验，又是与她对当代人复杂的精神世界的理解与呈现环环紧扣的，这就使莱辛的小说在很大程度上成为英国现代形式美学家克莱夫·贝尔所谓的"有意味的形式"，当然也会使得不少读者对莱辛的作品望而生畏，尤其是对她厚重艰深的《金色笔记》。但卢婧却知难而上，偏偏选中了《金色笔记》展开其叙事艺术的研究，体现出板凳甘坐十年冷的踏实治学态度。还有一点可以提及的是，卢婧决定以《金色笔记》为其博士学位论文选题时，莱辛尚未获得诺贝尔文学奖。这一选择因而既见出她的眼光，与当下常见的作家获奖后众人一窝蜂而上的那类研究，境界上也不可同日而语。

通读全书，我以为其体现出以下几个方面的特点。

首先是作者努力在开阔的历史文化变迁中梳理与把握莱辛创作的发展走向，归纳出其明晰的阶段性创作特征。该书主要集中于莱辛于1950—1970年创作的小说，首先指出其早期系列"非洲小说"敏锐捕捉并呈现了西方移民在殖民政治强势入侵的背景下脆弱的心理结构和文化处境；随后在 20 世纪中后期英国小说发生重大变革的背景下，观照了莱辛新的艺术探索，指出正是在政治信仰崩溃，冷战时期社会对立，人生经验日益破碎，传统小说因而已难以胜任当下复杂生活的描摹的时代语境中，莱辛努力尝试艺术创新，终于找到了表现复杂、迷乱的当代社会场景，以及矛盾的当代生活经验的文本形式的。她的《金色笔记》由此而生；60 年代之后，莱辛深受苏非学说以及英国精神病学家 R. D. 莱恩思想的影响，转向了宗教神秘主义和精神分析学说的研究，写出了《四门城》《天黑前的夏天》，以及《幸存者回忆录》等更多关注人物非理性的，甚至癫狂的精神世界的重要作品。

其次是抓住作家创作与转型的节点，采用以点带面的方式，选择了对作家本人以及当代英国小说发展均具有重要意义的数部作品，进行了深入透视。比如莱辛的长篇小说处女作与成名之作《野草在歌唱》，不仅在南非性别压迫的背景下，表现了白人男性移民视角中女主人公玛丽的形销骨立与憔悴不堪，同样在玛丽对黑人女性身体"淫荡""厚颜无耻"等的道德蔑视中具有讽刺意味地传递了人物内化了的种族歧视立场。通过双重视角的分析，作者由此揭示了玛丽"既是被看者，又是审视者，既是失语者又拥有话语权"，既是"殖民地父权制社会的被统治者"，又是"男性统治者的同谋"的双重身份与悲剧命运。而在作为"暴力的孩子们"五部曲的终结之作的长篇小说《四门城》中，莱辛通过女主人公玛莎·奎斯特的精神心理发展历程，尤其是在非理性的意识领域的抽象思索与神秘体验，表达了对精神异化者的深层理解，和对精神病患者糟糕境遇的特别关注，描写了主人公所接受的疾病的正面"启示"。书中分析道，莱辛"将疯狂作为主题，不是因为混乱可能使她体验到理性边缘的丰富性，而是因为它就是当代生活中心的'主流'之一部分"。不仅将疾病与疯癫视作历史与政治的错乱所制造的病症，同时也挖掘出了莱辛笔下疾病与疯癫的激进色彩与反叛功能，体现出作者结合福柯的权力—话语理论与疯癫学说对莱辛所作的别开生面的阐释。

最后是注重莱辛作品思想内涵的挖掘与作家艺术创新与形式实验的综合考察，而这一特色集中体现于对作家的代表作《金色笔记》的细腻分析。对于本书作者来说，形式本身成为莱辛的一种思索方式，而不只是作为内容演绎的框架支持。相反，形式参与了文本的主题创造，与主题水乳交融。所以，作者努力在《金色笔记》令人眼花缭乱的叙事艺术中寻找意义，挖掘主题与形式的复杂契合，从"双重线索""时间艺术""空间处理""叙事方式""身体隐喻"等多个维度渐次展开，有条不紊地通过形式分析与叙事阐释呈现了小说作为时代风云变幻中一代女性知识分子浮士德式的精神求索的宏大史诗的本质特征，论证了作家谋求以艺术形式的创新来表达复杂深奥、令人费解的人性，四分五裂的当代社会现实，以及时代道德风气的瓦解的出色能力，读来感觉收获良多。

当然，本书的优点还有许多，以上的概括也只是浮泛而印象式的。对多丽丝·莱辛以及当代英国文学感兴趣的读者，可以追随作者抽丝剥茧的分析，进入作家的文本世界，获得更加切近而直观的认识。当然，由于时间所限，本书对作家后期的创作发展的分析还有待深化。但学术之路是一个逐渐积累而步步深入的过程，所以我们也对卢婧博士的后续研究充满期待。

杨莉馨
2021 年初夏于金陵

目　　录

绪　论……………………………………………………………（1）

上编　以文学介入现实：多丽丝·莱辛的艺术探索

第一章　多丽丝·莱辛的小说创作和文学观念………………（31）

  第一节　非洲：生活与艺术的逻辑起点 ………………（32）

  第二节　"十字路口的小说家"：《金色笔记》的

        诞生 …………………………………………（44）

  第三节　越界者莱辛：走向小说创作的开阔之境 ………（51）

第二章　《野草在歌唱》：视角转换和女性意识探索 ………（61）

  第一节　女性身体的另类"审视" ………………………（63）

  第二节　肉体的困惑：女性意识的内在矛盾 ……………（72）

  第三节　"灌木复仇"：自然恐惧与女性意识的

        沉没 …………………………………………（81）

第三章　《四门城》的三重维度：政治、疾病与乌托邦 ……（87）

  第一节　伦敦：现实空间的政治暴力 ……………………（88）

  第二节　地下室：个体的心灵地图 ………………………（96）

第三节　科幻预言：乌托邦之城的启示………………………（107）

下编　《金色笔记》的叙事研究

第一章　《金色笔记》的双重线索………………………（121）

第一节　故事线索………………………………………………（121）

第二节　心理线索………………………………………………（127）

第三节　有序叙述与无序叙述…………………………………（133）

第二章　《金色笔记》的时间艺术………………………（141）

第一节　线性时间………………………………………………（142）

第二节　时间之网………………………………………………（145）

第三节　时间钟摆………………………………………………（158）

第三章　《金色笔记》的空间处理………………………（162）

第一节　空间场所的象征意义…………………………………（164）

第二节　空间场所的人格化……………………………………（169）

第三节　妇女与她们的一间屋子………………………………（175）

第四章　《金色笔记》的叙事方式………………………（186）

第一节　两种叙述声音…………………………………………（187）

第二节　经验视角的变换………………………………………（195）

第三节　文体拼贴………………………………………………（205）

第四节　梦境和冥想……………………………………………（215）

第五章　《金色笔记》中的身体隐喻……………………（230）

第一节　身体与人格分裂………………………………………（232）

第二节　身体与情感隔膜 …………………………………（237）

第三节　身体经验与女性的焦虑 …………………………（240）

结　语 ………………………………………………………（254）

参考文献 ……………………………………………………（259）

后　记 ………………………………………………………（268）

绪　　论

多丽丝·莱辛（Doris Lessing，1919—2013）是英国当代著名女作家，2007 年诺贝尔文学奖获得者，她的文学创作为英国当代小说艺术的发展做出了重要贡献。莱辛极富文学才华，勤奋而高产，在长达半个多世纪的写作生涯中著有长篇小说 27 部，短篇小说百余篇，自传两部，此外还有回忆录、散文、戏剧、诗歌等作品。莱辛的小说具有很强的现实精神，这里的现实，并不单指作为小说写作方法的现实主义艺术，而是指一种文学态度，即那种贴近人类生活现实，对社会现象和人的思想轨迹始终保持关注和探索兴趣的深入现实的态度，意识形态冲突、殖民主义政治、社会历史进程、女性主义诉求和文化思潮流变，这些在当代引起广泛讨论，攸关人们的当下和未来的现实性话题构成她的小说写作的重要内容。同时，对现实问题的深入思考也推动了莱辛在小说艺术上的不断探索，她寻求变化和创新，突破固有的形式界限，形成不拘一格、多元化的小说叙事风格，而这往往也是契合于她对小说主题的构思的。要想对莱辛丰富而复杂的小说创作现象予以分类和概括并非易事。但是，可以肯定的是，主导了她的小说创作的一以贯之的思想动机便是对现实的深入反思，对人性经验的深入探索，正如哈罗德·布鲁姆（Harold Bloom）所言："莱辛是我们时代的一个非常具有代表性的作家。即使她不具有这个时代的风格，也具有一种时代精神。"①

　　莱辛初登文坛就显示出对社会政治问题和女性生活经验的写作兴趣。她的第一部长篇小说《野草在歌唱》（*The Grass is Singing*，1950）描写南部非洲殖民地穷白人的生活处境，揭露种族主义和性别压迫对人性的摧残，对白人社会的价值观发出质疑和批评。这部小说出版后引起巨大反响，也奠定了莱辛严肃小说家的文学声誉，评论界认为，在"当代英国青年作家中，多丽丝·莱辛是最为热心致力于说服他人进行社会改革的"②。以这部作品为发端，在此后数十年的小说创作中，种族、政治、殖民地和女性生活成为重要选题，艺术风格则以现实主义为主，并融合了心理分析艺术和半自传性写作的特征。然而，1962 年《金色笔记》（*The Golden Notebook*）的出版突破了她在这一时期的总体艺术风貌，这部作品所具有的后现代主义风格和元小说（metafiction）色彩体现出莱辛挑战传统现实主义美学方法的艺术转向，成为莱辛小说创作历程中几次关键的自我突破之一。这部作品使评论界看到，莱辛不仅关注社会问题，谋求小说的社会介入功能，同时也是一位具有探求精神、富有革新意识的小说文体家，她要寻求一种与传统小说不同的叙事文学形式，使之能容纳她所关注的内容。③

　　在《金色笔记》之后，莱辛在 60 年代中后期又相继完成了两部长篇小说《壅域之中》（*Landlocked*，1965）和《四门城》（*The Four-Gated City*，1969），为"暴力的孩子们"（*The Children of Violence*）五部曲画上了句号。"五部曲"的终结意味着莱辛 50—70 年代现实主义小说的探索告一段落，也为她从非洲到英国这 30 余年来经历的这段理想主义政治信仰的人生追求画上终曲的音符，回

---

① Harold Bloom, ed. , *Doris Lessing*, New York：Chelsea House, 1986, p. 7.

② James Gindin, "Doris Lessing's Intense Commitment", in *Doris Lessing*, ed. Harold Bloom, New York：Chelsea House , 1986, p. 9.

③ Dorothy Brewster, *Doris Lessing*, New York：Twayne Publishers, 1965, p. 161.

望一段历史潮流如何降下帷幕，而她自己曾热切地置身其中。此后，南罗得西亚（Southern Rhodesia，今津巴布韦）的风土人情、半自传色彩的写作以及与个人命运息息相关的政治和情感经历，这些构成了她早期小说中的现实主义色彩的创作元素从她的虚构类作品中消失，一段新的小说艺术征程在 70 年代后开启。

　　不可否认，1950—1970 年的小说写作在莱辛创作中占据重要地位，这一时期不仅佳作迭出，而且清晰地体现了作家的艺术追求和个性。作为精神上的现实主义者，莱辛赞同传统现实主义文学的价值理念，主张文学介入现实的功能和意义，她试图将思想领域的变动、政治生活的冲突、个体灵魂的探索和女性经验的内在感受这些源自现实与精神层面的复杂思考和小说叙事艺术的探索相结合，"深入反映 20 世纪以来人类在思想、情感以及文化上的转变"，"弗洛伊德和荣格心理学、马克思主义、存在主义、神秘主义、生物社会学，以及科学理论，这些令她感兴趣的内容出现在她的小说中，她的创作成为时代气候转变的记录"①。对现实的关切也驱动了艺术的自觉追求。莱辛意识到后现代主义兴起的背后是思想领域的价值重估，意义生成机制的再造，文学要继续发挥影响力必须借助于小说艺术创新，因此，从传统现实主义到现代主义、后现代主义，这一时期莱辛的小说因融合了多种艺术元素而显示出丰盈多变的风格，为她此后的文学创新奠定了基调。进入 70 年代后，莱辛的小说转向追踪心理经验的深度写作，作家的真情实感，纷繁芜杂的现实世界隐匿在抽象的神秘主义思维背后，对现实话题的疏离使得这些小说显得晦涩而深奥。而 80 年代以后，现实题材几乎让位给科幻、寓言和冒险小说，多元化的创作体现了戴维·洛奇（David Lodge）所说的当代小说"寓言编纂"（fabulation）的趋势，"悬置了

———————

① Jean Pickering, *Understanding Doris Lessing*, Columbia：University of South Carolina Press, 1990, p. 6.

现实主义的幻象", "倾向于从某种通俗文学或者亚文学形式中汲取灵感"[①]。这些小说的题材和内容令人耳目一新，显示出作者不愿固守文学窠臼、追求创新的精神，但是，它们的艺术价值和思想定位一直存在争议[②]，这些小说在阅读上是令人惊奇的，但在美学上又令人失望，黄梅所指出的莱辛科幻小说的隔膜感在她 80 年代后的作品中是普遍现象，而当下学术界的研究者则将莱辛后期小说的叙事策略解读为一种后现代主义式的曲折的政治批评，"莱辛从内部打乱了现实主义的叙事模式，进而转向其他体裁，继续寻找表达当代社会生活的方法"，并认为小说"次要"文学体裁的一些叙事特征，反映了她对隐蔽的种族主义文化结构的挑战，这些文化问题在 20 世纪末的英国社会依然重要。[③]

2007 年，莱辛以黑马之姿斩获诺贝尔文学奖，比起其他炙手可热的候选人来说，她是早已淡出大众视野的老作家，诺奖殊荣是对她半个世纪以来小说创作的高度肯定。纵观莱辛漫长的作家生涯，她的小说创作具有明显的"越界"特征（border crossing），跨越思想主题、艺术风格和体裁类型的各种界限，从而拓展文学的想象力，激发新的思想经验和社会认识。随着时间的推移，她在小说叙事艺术上的创新和超越，似乎是在"不断"远离早期创作的现实主义传统，但是如果仔细考察会发现，莱辛晚期的一些小说作品与早

---

①　David Lodge，"The Novelist at the Crossroads"，*The Novel Today*，ed. Malcolm Bradbury，Manchester：Manchester University Press，1977，p. 102.

②　多丽丝·莱辛在 20 世纪末出版的几部小说，特别是《第五个孩子》（1988）、《玛拉和丹恩历险记》（1999）和《浮世畸零人》（2000）一直备受争议，原因在于小说中对少数族裔、原始人、返祖现象和民族国家的描写带有种族主义色彩的刻板印象，令读者感到不安。See Susan Watkins，"Writing in a Minor Key：Doris Lessing's Late-Twentieth-Century Fiction"，*Doris Lessing*：*Interrogating the Times*，edited by Debrah Raschke，Phyllis Sternberg Perrakis，and Sandra Singer，Columbus：Ohio State University Press，2010，p. 149.

③　Susan Watkins，"Writing in a Minor Key：Doris Lessing's Late-Twentieth-Century Fiction"，*Doris Lessing*：*Interrogating the Times*，edited by Debrah Raschke，Phyllis Sternberg Perrakis，and Sandra Singer，Columbus：Ohio State University Press，2010，pp. 158 – 159.

期创作有紧密联系，显示出对既往的艺术构思的"再造"与"重塑"，在主题上伴随着对现实主义的"永恒（部分）的回归"，是对她早年的殖民地生活和政治经历的深层回应。莱辛和现实主义文学、现代主义、后现代主义文学的反复接触所形成的流动的小说艺术显示了作家试图通过小说艺术探索来实现文学介入现实、审视时代的功能。这彰显了作家的人道主义精神和社会责任感。正如莱辛所言："作家一旦认识到自己对于他人所负有的责任，在我看来，他一定就是一个人道主义者。他必须意识到自己在变好或变坏中所负有的关键作用。"① 作家的经历总有起伏，艺术的道路也是崎岖艰难，小说创作又何尝能始终以从容的步履跋山涉水、轻盈前行，然而，探索艰深的思考、超越个体的限度和庸常精神、轻视世俗奖赏、憎恨模式化的成功，不正是文学家最吸引世人的动人所在！

一

优秀作家的经典化之路是漫长而曲折的，其间往往充满了争论与辩驳的声音。在 20 世纪 50 年代初登英国文坛时，多丽丝·莱辛被视为致力于写作种族与政治问题的作家，是"抗议小说"② 的代表人物，她的作品常被贴上"生活自传""早年党内生活的记录""莱辛的忏悔录"或"性别之战"之类的标签。但是，随着作家著述的增多，写作视野的开拓，创作主题的推陈出新和风格的多变，英美文学批评界对莱辛的小说也经历了一个不断深化认识并渐趋系统、丰富的过程。

多萝西·布鲁斯特（Dorothy Brewster）的《多丽丝·莱辛》

---

① Doris Lessing, "The Small Personal Voice", *A Small Personal Voice*: *Essays*, *Reviews*, *Interviews*, ed. Paul Schlueter, New York: Alfred A. Knopf, 1974, p. 6.

② Harry Blamires, *Twentieth-Century English Literature*, London: Macmillan, 1982, p. 222.

（*Doris Lessing*，1965）是最早的一部莱辛小说研究专著，对莱辛的
生平经历、早期创作和《金色笔记》做了介绍。布鲁斯特尤其注意
到了《金色笔记》在小说形式上的创新价值，认为作品反映了作家
对当代社会问题和精神现象的综合思考。她将莱辛的创作置于现代
小说发展的体系中予以观照，指出《金色笔记》与《追忆似水年
华》《伪币制造者》《芬尼根的守灵夜》在艺术上的交叉与共鸣①；
布鲁斯特还就莱辛和弗吉尼亚·伍尔夫（Virginia Woolf）对女性地
位和女性自由的不同思考进行了分析。布鲁斯特的研究以介绍性的
内容居多，谈不上深刻全面，但她对莱辛小说创作的一些基本特征
的认识是准确的，这部作品不失为莱辛研究史上的一部奠基之作。
进入 70 年代后，英美学界对莱辛小说的研究迸发出积极的热情，
学术成果密集增长，其中最显著的标志是学术论文集和研究专著的
不断涌现，以及刊载于各类学术期刊的难以胜数的大量评论文章。②
这些研究成果也从侧面体现出作为小说家的莱辛，其创作实绩在当
代西方学界日益受到重视，并获得广泛认可。考虑到《金色笔记》
在莱辛小说创作中的重要地位，同时亦是本书的研究重点，因此，
关于英美学术界的莱辛小说研究考察将以《金色笔记》为主要的述
评对象，择取学术成果较为集中的几个研究领域，对一些重要的学
术专著、论文集及有代表性的研究观点进行梳理，以期尽可能勾勒
出莱辛小说研究在英美学界的发展脉络，展现一些具有启发性和思
考价值的研究话题。

（一）《金色笔记》的思想主题研究

在多丽丝·莱辛的早期小说中，意识形态冲突、冷战历史、殖
民主义政治和女性经验的表述是重要的写作内容，它们反映了作家

---

① Dorothy Brewster, *Doris Lessing*, New York：Twayne Publishers, 1965, p.143.
② 根据美国现代语言协会（MLA）多丽丝·莱辛协会（The Doris Lessing Society）网站所
提供的数据资料，目前已出版的莱辛小说研究英文学术专著和论文集约有 56 部，各类英文文献
更是汗牛充栋，难以计数。https：//dorislessingsociety. wordpress. com.

对 20 世纪中叶后西方社会生活的观察，这些显在的主题也是莱辛小说研究的一个重要侧重点，就《金色笔记》而言，"小说艺术""政治信仰""女性的自由""个人与集体的关系"都是研究者们反复讨论的对象。

约翰·L. 凯里（John L. Carey）认为《金色笔记》的主题是关于小说理论中艺术与虚构的关系问题的讨论。他指出这部作品的错综复杂的结构与情节体现了作家关于文学创作"虚构"与"真实"的关系的思考，论证了小说是真实与虚构的复合体，"生活与艺术是不可分割的整体"①。凯里的观点是对《金色笔记》问世后所遭遇的过度的自传性批评的纠正，一些研究者倾向于将小说中主人公面临的写作焦虑看作是莱辛本人的创作瓶颈的经历再现②。琼·皮克林（Jean Pickering）在《解读多丽丝·莱辛》（*Understanding Doris Lessing*，1990）中，也对小说中关于经验和艺术之间关系的思考进行了分析，认为"《金色笔记》是关于艺术的本质以及艺术与经验之间的联系的最为复杂的表述"③。

关于女性主义问题的研究和讨论一直是多丽丝·莱辛小说研究的重点。《金色笔记》出版正值西方第二次女权主义运动蓬勃兴起之际，而这部小说又以女性经验的深入书写见长，作品和女性文学写作传统的承续关系，其中所具有的时代先声的艺术特征，促使研究者对小说的女性主义思想和形式实验做出一种"互释"的解读。有趣的是，这部作品是否具有明确的女性主义命题，反倒成了作者与批评家们的论战核心。莱辛向来反感将自己的创作与女权主义运

① John L. Carey，"Art and Reality in *The Golden Notebook*"，*Doris Lessing*：*Critical Studies*，edited by Annis Pratt and L. S. Dembo，Madison：University of Wisconsin Press，1974，p. 24.

② John L. Carey，"Art and Reality in *The Golden Notebook*"，*Doris Lessing*：*Critical Studies*，edited by Annis Pratt and L. S. Dembo，Madison：University of Wisconsin Press，1974，p. 22. 在这篇文章中，作者列举了从 1962—1963 年至少有 7 位评论者是从自传角度解读《金色笔记》的。

③ Jean Pickering，*Understanding Doris Lessing*，Columbia：University of South Carolina Press，1990，p. 122.

动挂钩，否认《金色笔记》是"妇女解放运动的号角"①，或具有女性主义思想倾向。她不看好女权主义运动的前景，怀疑它在促进妇女解放和社会进步的进程中所起到的推动作用。莱辛认为，大众应该把对时代与生活的关注投向一个更为广阔的世界，比起政治冲突、战争暴力、恐怖主义和道德责任这类攸关人类未来命运的重要命题来说，女权主义的视野太过狭隘了，当今社会有着比性别矛盾更为重要和急迫的任务。

不过，作家的个人观点和主观意图与作品的客观效果达成总是存在距离。《金色笔记》围绕女性的命运、思想与生存状态展开，反映了一个时代的妇女生活，它的女性视角，先天的女性思维和经验，以及对于当代女性生活的反思和探索，使它不可避免地具有一定的女性主义色彩。评论者们认为《金色笔记》是反映了"女性主义意识的先锋之作"，玛格丽特·德拉布尔（Margaret Drabble）说："有充分的理由可以说明《金色笔记》是关于妇女的解放的。"② 伊丽莎白·哈德威克（Elizabeth Hardwick）在为《纽约时报》所写的评论中认为："《金色笔记》是多丽丝·莱辛最为重要的作品，它在整整一代妇女的观念与情感上都留下了印记。"③

对于莱辛小说及《金色笔记》的女性主义主题研究有一个渐进过程。《金色笔记》对两性关系中的怨恨、愤怒和压迫等情节的描写曾被女权主义者视为向父权制社会进行挑战的宣战书。但是在70年代后，学者们不再将讨论的焦点集中在对男性和父权制社会的批判，鼓吹权力争夺，而是将作品中的两性关系描写和性别文化、女性情感、女性文学的传统相联系，运用女性主义批评理论阐释作品

---

① Doris Lessing, "Preface to *The Golden Notebook*", in *A Small Personal Voice*: *Essays*, *Reviews*, *Interviews*, ed. Paul Schlueter, New York: Alfred A. Knopf, 1974, p. 25.

② Margaret Drabble, "Doris Lessing: Cassandra in a World under Siege", *Ramparts*, 10 Feb. 1972, pp. 50 – 64.

③ Margaret Moan Rowe, *Doris Lessing*, Basingstoke: Macmillan, 1994, p. 36.

的主题意蕴，探讨莱辛在女性主义思考中的贡献和得失。

《金色笔记》对女性生活与心理做了大量细致描写，小说中"自由女性"的标题颇具讽刺意味，一些学者以"女性的自由"为切入点，就作品中描绘的当代"自由"女性的不自由的生存状态和心理状态做出分析。帕特里夏·迈耶·斯帕克思（Patricia Meyer Spacks）从"自由"这个既抽象又具体的概念出发，分析了《金色笔记》中的女主人公在生存中遭遇的现实的与心理的不"自由"，以及"自由"的两难处境，指出"女性取得自由的困难与女性经验的现状是分不开的"[①]。爱拉·摩根（Ella Morgan）则在《〈金色笔记〉中异化的女作家》（"Alienation of Woman Writer in *The Golden Notebook*"，1973）一文中指出：《金色笔记》中女性作家的"异化"反映了文化与环境的影响，女性的判断总是在轻视、拒绝、扭曲自己的经验，并抹去她的天然感觉，因此，女性恐惧自身具有的女性主义色彩的感受，因为这是非法的，不被她所坚信的广义的人道主义所承认。的确，通过《金色笔记》，莱辛向我们表明：父权制文化中具有结构性、系统性的性别偏见、性别压迫导致了女性的精神异化与自我的分裂。女性在心理上受到性别传统的驯化，当她们在两性关系和母子关系中形成多元身份的同时也失去了自我和主体性，成为自己的"陌生人"。玛格丽特·莫昂·罗（Margaret Moan Rowe）认为，多丽丝·莱辛在《金色笔记》中杀死了"家庭天使的身体"，最为接近伍尔夫所说的"诉说了作为身体的我们的真实经验"[②]。在作品中，安娜记录了自己的身体经验并分析了女性作家写作性的困难，揭示了女性作家遭遇的特殊问题：她们在一种并不支持女性明确性的环境中写作。作品正通过女主人公的精神崩

---

① Patricia Meyer Spacks，"Free Women"，*Doris Lessing*，ed. Harold Bloom，New York：Chelsea House，1986，p. 101.

② Margaret Moan Rowe，*Doris Lessing*，Basingstoke：Macmillan，1994，p. 42.

溃表现了女作家处在两难的夹角中：女性意识到自身所存在的那种不被文化秩序所认可的女性主义的潜在的政治意识，但又不自觉地去压制与否定它。雪梨·布德霍斯（Shirly Budhos）的《多丽丝·莱辛小说中的禁闭主题》（*The Theme of Enclosure in Selected Works of Doris Lessing*，1987）对莱辛小说中的空间描写和禁闭意象进行了梳理与分析，她指出，妇女一直被各种有形的边界、空间所隔离，受困于无形的心理空间，在《金色笔记》中，安娜和摩莉把自己定义为"自由女性"，但小说中对于婚姻主题的强调，却使自由具有了反讽意味。尽管这两位妇女都已离异，经济及两性关系都是独立的，但是她们的言论焦点却是关乎对男性的忠诚。① 盖尔·格林（Gayle Greene）的《多丽丝·莱辛：变化的诗学》（*Doris Lessing：The Poetics of Change*，1994）对莱辛的 10 部长篇小说进行了系统研究，她认为《金色笔记》是一部典型的女性主义文本，并从人物形象、叙事策略、形式结构和各种意识形态的交织方式等角度对此进行了论证。

伊莱恩·肖瓦尔特（Elaine Showalter）认为，莱辛不仅继承了具有性别自觉的妇女写作意识，而且还将这种书写的方式、范围与风格加以拓展与改革。"《金色笔记》中莱辛的见解——男性缺乏爱的能力，男性和女性在使用语言方面的差异——强有力地扩充了理查森和伍尔夫的女性美学理论。尽管女主人公安娜（Anna）坚持认为她和朋友莫莉（Molly）是完全新型的女性，但是她们的经验、情感和价值观同以往独立艺术女性的'伟大谱系'之间仍然存在着或隐或显的连续性。"② 将莱辛的创作和前辈、同辈女作家进行比较，探讨她与女性文学传统的关联是女性主义研究的延伸。比如

① Shirley Budhos, *The Theme of Enclosure in Selected Works of Doris Lessing*, Troy, NY：Whitston, 1987, p. 102.

② ［美］伊莱恩·肖瓦尔特：《她们自己的文学》，韩敏中译，浙江大学出版社 2012 年版，第 285 页。

伊丽莎白·威尔逊（Elizabeth Wilson）的《昨日的女主人公：重读莱辛与波伏娃》（"Yesterday's Heroines：on Rereading Lessing and de Beauvoir"，1982）。在论文集《伍尔夫和莱辛：打破模式》（*Woolf and Lessing：Breaking the Mold*，1994）中，论者们从主体性问题、轮唱式叙事、女性创造力等研究角度出发，对伍尔夫和莱辛的小说进行了比较研究。

　　虽然莱辛一直质疑女权主义运动的社会价值和女性主义在思维方式、理论方法上的软肋，但是，她写作中的那种"女性经验的史诗"的品格确实鲜活而醒目的存在着。莱辛真诚坦率地书写妇女的生存经验，她不仅关注两性关系，更加重视妇女在当代生活中的矛盾处境，以及妇女如何超越自身获得精神成长与独立；她关注女性，但又不局限于性别冲突，她有强烈的性别意识，但又不是为了讨伐另一个性别，而是由女性的生存处境看取人类社会的当下生活状态与未来的发展。

　　随着女性主义理论自身建构的逐渐成熟，研究者视野的拓宽，对《金色笔记》和莱辛的女性主义观念的认识更加具有思辨色彩。研究者们肯定了作品对当代女性生存状态的思考，将女性主人公在心理与精神上的压抑与分裂以及潜意识中的人格冲突与妇女在传统父权制文化语境中的地位与处境相联系，对其背后的传统文化、伦理道德和性别语境进行深入讨论，超越了浮于表面的两性冲突的论述。

　　（二）心理学与宗教哲学视角的研究

　　迈克尔·索普（Michael Thorpe）在评价莱辛的非洲小说时说："她对非洲充满热情的身心感受促成了浪漫的道德良知，这种良知与她写作中的社会分析和心理现实主义相融合，在现代作家中是很不寻常的。"[1] 莱辛的小说注重心理分析艺术，明显体现出弗洛伊德（Sigmund Freud）精神分析学、荣格（Carl Gustav Jung）的集体无意识学说、R. D. 莱恩（R. D. Laing）的心理学以及苏非主义（Sufism）的影响痕迹，这一思想特征也引起了莱辛小说研究者的关注。

　　大约在 60 年代，莱辛开始接触伊斯兰教中的神秘主义教派——苏非派，跟随苏非派学者伊德里斯·沙赫（Idries Shah）[2] 研习苏非哲学，阅读了大量相关书籍。莱辛对伊德里斯·沙赫充满敬意，她说："他是我的挚友，我的老师。要想总结这三十多年来跟随苏非教义老师所学到的东西，实在不易，因为，这是一个令人惊奇的旅程，是一个摆脱幻灭与偏见的过程。"[3] 她认为沙赫撰写的《苏非》（The Sufis，1964）"将苏非主义道路中的新的一面介绍到西方来"[4]，"好像我的一生都是在等待它的出现去阅读它"[5]。莱辛推崇苏非主义哲学不动感情的苏非式审视生命的方式[6]，在写作中较为明显地融合了苏非哲学所提倡的以冥想、回忆等非理性思维方式进行自我精神超越的理念，其作品也显示出与教谕故事的某种联系。南希·希尔斯·哈丁（Nancy Shields Hardin）在 70 年代先后撰写了《多丽丝·莱辛与苏非之路》（"Doris Lessing and the Sufi

---

　　① Michael Thorpe, *Doris Lessing's Africa*, London：Evans Brothers, 1978, p. 104.

　　② 伊德里斯·沙赫用英语写作了大量有关苏非教义和理论的书籍，将苏非主义的理念向西方普及，多丽丝·莱辛称赞他是沟通了东西方文化的桥梁，消除了西方人对于东方文化、伊斯兰教和穆斯林群体的偏见与无知。沙赫对于物质、生活、世界与自我的独特认知方式与思考方法吸引了莱辛，她自认为从中获益颇多。

　　③ Doris Lessing, "On the Death of Idries Shah", *The Daily Telegraph*, http：//www. dorislessing. org/on. html.

　　④ Doris Lessing, "On Sufism and Idries Shah's *The Commanding Self*", Sufis Org, 1994, http：//www. sufis. org/lessing_ commandingself. html .

　　⑤ Doris Lessing, "On the Death of Idries Shah", *The Daily Telegraph*, http：//www. dorislessing. org/on. html.

　　⑥ Doris Lessing, "On Sufism and Idries Shah's *The Commanding Self*", Sufis Org, 1994, http：//www. sufis. org/lessing_ commandingself. html.

Way",1973）、《苏非派教义故事与多丽丝·莱辛》（"The Sufi Teaching Story and Doris Lessing",1977），考察莱辛的小说创作与苏非主义之间的关系，揭示苏非哲学、苏非故事对莱辛小说创作的影响。沙迪亚·S. 法希姆（Shadia S. Fahim）则在论著《多丽丝·莱辛：苏非平衡和小说形式》（*Doris Lessing：Sufi Equilibrium and the Form of the Novel*，1994）中讨论了荣格心理学、R. D. 莱恩的生存论心理学以及苏非主义哲学与莱辛小说创作的复杂关系，对《金色笔记》中女性主人公寻求身体和心灵的内外平衡过程进行了分析，就人物的梦幻、心理治疗、意识活动等内容进行了阐释，认为"莱辛一直在寻找精神的平衡之道，这促使她探析了荣格与莱恩的心理学说，并进一步寻求到苏非教"[1]。

　　自 70 年代以来，从心理学、苏非哲学的角度探讨莱辛小说的不乏其人，也出现了一批论文论著，但是，其中的扛鼎之作当属罗伯塔·鲁宾斯坦（Roberta Rubenstein）的《多丽丝·莱辛的小说视野：打破意识的形式》（*The Novelistic Vision of Doris Lessing：Breaking the Forms of Consciousness*，1979）。论者结合荣格心理学、R. D. 莱恩心理学、苏非哲学，对莱辛在心理意识描写和小说艺术结构发展之间的紧密联系，做出整体考察和系统性解读。鲁宾斯坦认为，经验意识是莱辛小说虚构艺术的核心，它实现了对客观现实的主观转译，她注意到莱辛将作品中主人公的思想和精神意识的变化与艺术形式相联系，认为文本的结构、组织、叙述技巧成为人物思想意识的客观对应物，"分裂"在《金色笔记》中不仅是一种心理学现象，同时也是一种形式上的现象。[2] 此外，林恩·苏尼克（Lynn Sukenick）对莱辛小说的心理描写艺术也做出富有启发的解读，论

---

　　[1]　Shadia S. Fahim, *Sufi Equilibrium and the Form of the Novel*, New York：St. Martin's Press, 1994, p. 9.

　　[2]　Roberta Rubenstein, *The Novelistic Vision of Doris Lessing：Breaking the Forms of Consciousness*, Urbana：University of Illinois Press, 1979, p. 76.

者并未刻意关联心理学理论对作家思想的影响，而是从其小说美学特质出发，认为莱辛小说的心理描写回避"情感"和"情绪"，注重"理性"和"抽象"，这和她倾向政治和道德主题，刻意远离女性主义美学的心态有关。[①] 这一观点也得到了伊莱恩·肖瓦尔特的认同。

心理学、宗教哲学角度的研究注重考察作家在思想领域的兴趣是如何延伸到作品，并影响了小说的人物心理刻画、主题呈现和艺术结构的，这些研究成果加深了人们对莱辛小说在表达人类经验与意识领域的丰富性上的认识与理解，呈现出莱辛小说在政治意识领域外对心理意识领域的深入开掘和艺术贡献。

（三）小说形式和艺术技巧研究

关于多丽丝·莱辛小说的艺术性和审美价值一直存在争议，即便对她赞誉有加的评论者也认为她的小说太过拘泥于历史环境，有时缺乏艺术想象力，语言直白、风格笨拙。詹姆斯·金丁（James Gindin）认为："多丽丝·莱辛强烈的政治和社会责任感被充分地融入了特定历史情境中。但积极的信念可能会变得生硬，具体的情景会变得像新闻报道，而对时间和地点的严格忠实可能会限制对人的认知范围。莱辛女士的那种强烈的政治和社会责任感，既是她最大的特点，也是她的主要缺点。……在她的大部分作品中，她缺乏多重意识、喜剧感，对人类经验中无法进行分类或明确定位的那部分缺乏洞察力，缺乏人性和智力的深度。对于社会与政治的责任感的高度投入使她无法全方位地展示人类的经验"，这"暗示着莱辛女士小说中美学不足的缺陷"[②]。金丁的观点不乏支持者。哈罗

---

① Lynn Sukenick, "Feeling and Reason in Doris Lessing's Fiction", *Doris Lessing*: *Critical Studies*, edited by Annis Pratt and L. S. Dembo, Madison: University of Wisconsin Press, 1974, pp. 98 – 118.

② James Gindin, "Doris Lessing's Intense Commitment", *Doris Lessing*, ed. Harold Bloom, New York: Chelsea House, 1986, pp. 23 – 26.

德·布鲁姆认为莱辛的小说在艺术上不如同时代的英国女作家艾丽丝·默多克（Iris Murdoch），包括以艺术形式著称的《金色笔记》都存在一定的审美缺憾。

在《金色笔记》再版"前言"（"Preface" to *The Golden Notebook*，1971）中，莱辛曾对文学批评界对她在艺术形式上的创新所表现出的普遍的、显而易见的漠视表达了强烈的不满，她声称对这部小说的形式特点"几乎没有人进行研究"。即便有研究者论及小说的艺术创新，也认为并非是作品的主要价值所在。弗雷德里克·R. 卡尔（Frederick R. Karl）便认为："（《金色笔记》）是一部结构严谨但却冗长，几乎是有些笨拙的小说，如果单从美学上来评析它，我们将可能失去这部作品的分量所在。这部小说的力量不在于构成作品叙述的几部笔记的安排，也不在于作品中纯文学写作的质量，而是在于作品中体现出的莱辛女士的广博兴趣，特别是她试图诚实地写作妇女生活的尝试。"① 卡尔的观点侧面反映了莱辛小说研究中一度是注重主题和人物形象的研究，对小说的美学机制、叙事艺术特点并未予以更多重视。

60 年代之后，小说文体学和叙事理论的迅速发展为小说的艺术形式研究提供了学科理论的支撑，这对 70 年代之后莱辛小说研究的新转向也产生影响，在进入 80 年代后，出现了多部关于莱辛小说的艺术形式和叙事技巧研究的专著，而作为最具形式实验色彩的《金色笔记》自然也成了关注重点。代表性的研究专著有贝茜·德雷恩（Betsy Draine）的《压力下的实质：多丽丝·莱辛小说的艺术连贯性与形式演变》（*Substance Under Pressure：Artistic Coherence and Evolving Form in the Novels of Doris Lessing*，1983）、克莱尔·斯普拉格（Claire Sprague）的《重读多丽丝·莱辛：双重和

---

① Frederick R. Karl，"Doris Lessing in the Sixties：The New Anatomy of Melancholy"，*Doris Lessing*，ed. Harold Bloom，New York：Chelsea House，1986，p. 77.

重复叙事模式》（*Rereading Doris Lessing*：*Narrative Patterns of Doubling and Repetition*，1987）。斯普拉格对多丽丝·莱辛小说中惯常使用的"重复"（Repetition）、"双重"（Doubling）的叙述技巧进行了分析，梳理了莱辛的不同作品中相似人物的重复出现，同一作品中具有相似性格特征的人物的复现，不同人物之间的对应关系，以及"双重对应"在莱辛的作品中所营造出的叙述上的重复特点。斯普拉格指出："《金色笔记》中存在着一种复杂的成双对应的关系层面，这包括了同性之间与异性之间的对应。"① 女性人物之间、男性人物之间、女性与男性人物之间都存在对应关系，是主人公的性格、身份的分身或延伸。她还分析了《金色笔记》中人物的命名技巧，指出作者或使用谐音，或采用相同的首字母②，或通过血缘关系的暗示来区分、组合人物之间的关系，或形成具有对应关系的人物群组。人物之间的对应、重复对于作品主题的表达是有深意的，作者探讨的依然是当代社会的生存状态以及小说形式的革新。另外，珍妮特·金（Jeannette King）的《多丽丝·莱辛》（*Doris Lessing*，1989）对《金色笔记》中人物的话语、关系以及结构进行了分析，认为这部作品是读者型文本，读者积极地参与建构文本的意义而非被动地消费文本。③

　　莱辛小说在艺术上有自己的独特之处，这种个性很多时候在于艺术形式的成长和自我革新的意识。进入 21 世纪后，超小说理论、

---

① Claire Sprague，*Rereading Doris Lessing*：*Narrative Patterns of Doubling and Repetition*，Chapel Hill：University of North Carolina Press，1987，p. 68.

② 斯普拉格分析了莱辛小说中人物命名的策略，指出在《玛莎·奎斯特》中作家减少了男性采用 A 系列的名字而女性采用 M 系列的名字，而在《金色笔记》中又被保留下来，摩莉（Molly）、爱拉（Ella）、马莉恩（Marjorie）、玛丽罗丝（Maryrose）、穆莱尔（Muriel）、马克斯太太（Mrs. Marks）这些名字继续了女性的命名方式。男性的命名或延续女性的命名方式——迈克尔（Michael）、马克思（Max）、米尔特（Milt）——或者超越这种 A/M 的命名方式——保罗（Paul）、索尔（Saul）、汤姆（Tommy）。See Claire Sprague，*Rereading Doris Lessing*：*Narrative Patterns of Doubling and Repetition*，Chapel Hill：University of North Carolina Press，1987，p. 72.

③ Jeannette King，*Doris Lessing*，London：Edward Arnold，1989，p. 54.

语言学分析、生态批评、后殖民理论等批评方法开始出现于莱辛小说研究，丰富多元的理论视角促进和深化了人们对莱辛小说思想价值的认识，关于小说的政治批评、历史写作、女性主义思想、自传性特征、后现代主义倾向等问题的讨论中出现了不少颇具创见的研究成果。在此基础上，一些具有学术含金量的专著、论文集相继出版，比如艾丽斯·里德奥特（Alice Ridout）和苏珊·沃特金斯（Susan Watkins）主编的《多丽丝·莱辛：跨越界限》（*Doris Lessing*：*Border Crossings*，2009），德布拉·拉施克（Debrah Raschke）等学者编辑出版的《多丽丝·莱辛：审问时代》（*Doris Lessing*：*Interrogating the Times*，2010），凯文·巴西（Kevin Brazil）和大卫·谢尔盖（David Sergeant）等学者编辑出版的《多丽丝·莱辛与历史的形成》（*Doris Lessing and the Forming of History*，2016）。

罗伯塔·鲁宾斯坦的《多丽丝·莱辛、克兰西·西格尔和影射小说》（*Literary Half-Lives*：*Doris Lessing*，*Clancy Sigal*，*and Roman à Clef*，2014）从自传性写作的角度对《金色笔记》做出有新意的释读。她从自传素材与艺术虚构的张力关系这一角度，结合传记、日记、信件等资料进行分析，认为莱辛和美国作家克兰西·西格尔（Clancy Sigal）的恋爱关系对他们各自的文学创作产生微妙影响。论者对《金色笔记》的小说情节和作家情感生活细节的相互影射之处予以仔细梳理，比如虚构人物和生活原型的互映，克兰西·西格尔是索尔·格林的性格原型，索尔这一人物既具有真实因素又有虚构再转化。但是，鲁宾斯坦的研究目的却不是验证文学现象的事实考据，而是探讨了在历史真实和虚构真实的模糊边界中，情感关系和私人经历的不同艺术转化方式所带来的美学目的和艺术伦理的差异、冲突。

2015 年出版的《多丽丝·莱辛〈金色笔记〉出版 50 年纪念文集》（*Doris Lessing's* The Golden Notebook *After Fifty*，2015）是对

《金色笔记》出版半个世纪的纪念与回顾，文集中的论文撰写者既有莱辛研究领域的老一辈资深学者，又有学术新秀，他们的论文成果展现了当下《金色笔记》研究领域的新观点、新路径和新资料：1. 探讨《金色笔记》中的非洲书写、冷战历史和核战争危机在当下地缘政治冲突、后殖民主义语境下的新意义，小说的政治幻灭与后现代主义文体转喻、冷战叙事的关联。2. 重新审视《金色笔记》的现代主义、后现代主义的美学特征，运用巴赫金（Bakhtin）的小说话语理论分析《金色笔记》的复调叙事、元小说叙事艺术。3. 对《金色笔记》的自传性书写研究；考察小说的女性主义主题和 50 年代英国新左翼政治、左翼文学的关联。4. 保罗·施昌特（Paul Schlueter）、乔纳·拉斯金（Jonah Raskin）、弗洛伦斯·豪（Florence Howe）等人回顾了在 60 年代接触《金色笔记》的契机，最初的阅读体验，以及与作家的交往细节等，这些"独家回忆"不仅为莱辛研究提供了新资料，也见证了作者莱辛和《金色笔记》在当时和此后岁月中不断发酵所产生的持续影响。正如索菲亚·巴恩斯（Sophia Barnes）所说，"长久以来，这部小说的批评重要性与其说来自它对特定政治或社会现象的表达方式（尽管这一直是许多富有启发性的学术研究的主题），不如说来自它对作者的功能及其与阅读阐释的关系的元批评"[1]。

　　《金色笔记》出版已有 50 多个年头，对这部作品的研究不仅可以观照当代文学的发展进程，也成为衡量社会历史发展的尺度。英美学界关于这部作品的研究由于受到不同时期理论思潮和文学气候的影响，各阶段的研究重点、批评方法和切入视角有所差异，但总体趋势是不断走向深化与系统，这也符合了莱辛小说研究的整体发

---

[1]　Sophia Barnes，"'So Why Write Novels？'*The Golden Notebook*，Mikhail Bakhtin，and the Politics of Authorship"，in *Doris Lessing's* The Golden Notebook *After Fifty*，edited by Alice Ridout，Roberta Rubenstein，and Sandra Singer，New York：Palgrave Macmillan，2015，p.135.

展状态，即在尽可能向作家、作品的思想内涵与艺术价值贴近、回归的同时，也兼顾了不同历史时期的文化语境、政治现象、艺术潮流在文本解读中的扩张与回应，这在某种程度上反映了作品的潜在价值。《金色笔记》所包含的一些重要话题，比如意识形态批评、女性主义思考、自传性写作、潜意识心理研究、元小说批评，以及小说文本形式的原创性和开放性，对于今时今日的广大读者与研究者依然具有先锋性与吸引力，是一部"生动、有力、丰富，能够促进思考与讨论的"① 小说，也从侧面印证了韦勒克和沃伦关于杰出作品的重要表征在于其思想内容的"包容性""多义性"② 的观点。

二

多丽丝·莱辛小说进入中国是在 20 世纪 50 年代，分别是《渴望》（解步武译，上海文艺联合出版社 1955 年版；上海新文艺出版社 1956 年版）、《野草在歌唱》（王蕾译，上海新文艺出版社 1956 年版）和《高原牛的家》（董秋斯译，作家出版社 1958 年版）。当时，尚没有国内学者对其人其作进行评价，只有一篇来自苏联学者的评论《小说家多丽丝·莱辛》附在《渴望》的中译本里，这篇评论称赞莱辛的非洲小说抛弃了吉卜林的传统，认为"她的诚恳和乐观，和她那种想把她的艺术为社会进步、国际的友谊与和平服务的愿望，必然会使她获得了广大读者的敬爱"③。从当时选译的作品及这篇评述来看，莱辛创作被纳入国人视野主要在于其左翼作家的身份，在当时国际国内的政治环境下，其小说的反殖民主义思想倾

① Doris Lessing, "Preface to *The Golden Notebook*", in *A Small Personal Voice*: *Essays*, *Reviews*, *Interviews*, ed. Paul Schlueter, New York: Alfred A. Knopf, 1974, p. 43.

② ［美］勒内·韦勒克、奥斯汀·沃伦：《文学理论》，刘象愚等译，江苏教育出版社 2005 年版，第 290 页。

③ ［俄］维·弗拉第米罗娃：《小说家多丽丝·莱辛》，［英］莱辛《渴望》，解步武译，上海新文艺出版社 1956 年版，第 2 页。

向倒也符合国内文艺在政治进步上的要求。不过，随着国内政治形势的变化，莱辛小说的译介工作一度暂停。

20 世纪 80 年代，国内思想文化界重新开启了面对西方世界的大门，外国文学的译介工作也迎来了"解冻"。莱辛小说的翻译作品陆续见诸各类文学期刊，长篇小说《金色笔记》也以《女性的危机》（辽宁人民出版社，顾涛等译）① 为名在 1988 年出版，国内学界对于莱辛的研究介绍由此正式展开。孙宗白的《真诚的女作家——多丽丝·莱辛》（《外国文学研究》1981 年第 3 期）对莱辛的创作现状和文学地位做了介绍，指出非洲生活对作家影响颇深，并认为反对种族歧视与争取妇女的平等自由权利是莱辛创作中的两个重要主题，而"现实主义扎根在她的思想中，渗透在她的作品中"。王家湘的《多丽丝·莱辛》（《外国文学》1987 年第 5 期）则对莱辛 50 至 80 年代的小说进行了介绍。黄梅的《女人的危机和小说的危机》（《读书》1988 年第 1 期）对《金色笔记》的女性生活描写、小说独特的形式布局做出了精彩分析，论者指出，女性的"自由有多重的原由和多重的含义"，作家对女性生活的认识，不仅关涉女性，同时也指向了人的普遍生存际遇。

在 20 世纪 90 年代，莱辛的《一个男人和两个女人的故事》（范文美译，花城出版社 1998 年版）、《又来了，爱情》（瞿世镜、杨晴译，上海译文出版社 1999 年版）出版，长篇小说《野草在歌唱》再版（一蕾译，译林出版社 1999 年版）。1993 年，多丽丝·莱辛来华访问，与她同行的还有英国女作家玛格丽特·德拉布尔、传记作家麦克·霍洛伊德（Michael Holroyd）。他们先后到访了中国社科院和北京外国语大学，与中国翻译界、学术研究界、文学创作界的学者和作家座谈。在这次访问活动中，更令人们感兴趣的是德拉布尔，她是《牛津

---

① 这个译本的知名度较低，据《金色笔记》的译者陈才宇回忆，莱辛对小说译名并不满意。陈才宇：《在莱辛家做客》，《南方周末》2007 年 10 月 18 日。

英国文学词典》的主编，大多数时候的莱辛则较为沉默。①

在这一时期，莱辛的小说逐渐受到国内学者的瞩目，出现了一些针对作家创作的总体现状、写作风格发展和主题类别，以及具体作品进行研究与分析的学术论文。张鄂民的《多丽丝·莱辛的创作倾向》（《暨南学报》1998 年第 4 期）总结了莱辛小说中的三个主要视点走向，从"个人与社会关系的异化""个人与自我关系的异化"到"人类与宇宙的关系"，勾画出"外部—内心—宇宙这种宏观—微观—宏观的转换"。李福祥是较早关注莱辛并对她的小说进行集中研究的学者，他在 90 年代先后发表了一系列论文，对莱辛小说的主题特征，科幻小说创作以及 80 至 90 年代的文学活动进行了分析和梳理。② 对莱辛小说艺术形式的研究则主要聚焦于《金色笔记》：刘雪岚的《分裂与整合——试论〈金色笔记〉的主题与结构》（《当代外国文学》1998 年第 2 期）、陈才宇的《形式也是内容：〈金色笔记〉释读》（《外国文学评论》1999 年第 4 期）、徐燕的《从"间离效果"看莱辛的〈金色笔记本〉》（《浙江大学学报》1999 年第 6 期）均体现出这一时期国内学者对《金色笔记》艺术形式独特性的关注，尝试对小说形式结构和主题意蕴之间的紧密联系进行探讨。

总体来看，80 至 90 年代对莱辛小说的研究以宏观描述与阶段性特征的梳理居多，研究者们追溯作家的创作轨迹，探讨其小说中较为突出的主题倾向和艺术特征，使国内学界对莱辛在当代英国文学中的创作地位有了初步认识和印象，这为此后莱辛小说的系统性

① 杨芳：《多丽丝·莱辛：诺奖得主的两幅肖像》，《中国青年报》2007 年 10 月 17 日。

② 李福祥：《多丽丝·莱辛笔下的政治与妇女主题》，《外国文学评论》1994 年第 4 期；李福祥、钟清兰：《从动情写实到理性陈述——D. 莱辛文学创作的发展阶段及其基本特征》，《四川外语学院学报》1994 年第 1 期；李福祥：《试论多丽丝·莱辛的"太空小说"》，《成都高等师范专科学校学报》1998 年第 2 期；李福祥：《八九十年代多丽丝·莱辛的文学创作》，《四川外语学院学报》2000 年第 1 期。

研究的展开和深入提供了必要的资料积累。

　　进入 21 世纪，莱辛小说的译介在国内渐趋繁荣。2000 年，译林出版社推出了《金色笔记》（陈才宇、刘新民译）中译本。2003年，短篇小说集《另外那个女人》（傅惟慈译，浙江文艺出版社）出版。2007 年，莱辛荣膺诺贝尔文学奖，这有力推动了莱辛小说在国内的大规模译介。曾有人诙谐地评论是诺贝尔奖拯救了莱辛的小说《裂缝》（*The Cleft*，2007），否则这部小说定将夭折而无法获得出版机会。这一说法同样适用于莱辛作品在中国的翻译与出版命运。[①] 诺贝尔文学奖在国内知名度高，号召力强，是出版市场的风向标。译林出版社早在 1999 年就购得了《玛拉和丹恩历险记》（*Mara and Dann*，1999）的版权，却迟迟未出版，直到 2007 年莱辛获得诺贝尔文学奖消息传来后才于当年推出。诺贝尔文学奖带来的新闻效应令莱辛的名字在一夜之间成了传媒笔下的头条，进入公众的聚光灯下，她的小说读者也从学院派的小众爱好者、研究者群体走向大众市场，而随着她在国内知名度的陡升，她的众多作品相继在国内翻译出版。[②]

---

　　① 译林出版社社长顾爱彬曾说："获奖之前只有一些文学爱好者知道她，现在普通读者可能会对她产生兴趣，但买了她的书也不一定看得下去。《金色笔记》和《野草在歌唱》当年都只印了五六千册，因为市场不好，并没有再版。"《诺贝尔商业奖?》，《南方周末》2007 年 10 月 18 日。

　　② 这里对 2007 年后翻译出版的莱辛作品做简要整理。2008 年，南京大学出版社推出了多部小说译作：《玛莎·奎斯特》（郑冉然译）、《雍域之中》（王雪飞译）、《风暴的余波》（仲召明译）、《三四五区间的联姻》（俞婷译）、《第五个孩子》（何颖怡译）、《浮世畸零人》（朱恩伶译）、《裂缝》（朱丽田、吴兰香译）。非洲短篇故事二集：《这原是老酋长的国度：非洲故事一集》（陈星译）、《进日记：非洲故事二集》（范浩译）。2009 年，南海出版公司推出小说译作：《幸存者回忆录》（朱子仪译）、《天黑前的夏天》（邱益鸿译）。此后，《好人恐怖分子》（王睿译，作家出版社 2010 年版），短篇小说集《祖母》（周小进译，上海译文出版社 2012 年版），《我的父亲母亲》（匡咏梅译，南海出版公司 2013 年版）相继出版。2016 年，译林出版社推出两部小说译作：《简·萨默斯日记——好邻居日记》（陈星译）、《简·萨默斯日记——岁月无情》（赖小婵译）。此外，莱辛的回忆录、自传、散文等也陆续有翻译出版：《特别的猫》（彭倩文译，浙江文艺出版社 2008 年版）、《非洲的笑声》（叶肖译，南京大学出版社 2009 年版）、《时光噬痕》（龙飞译，作家出版社 2010 年版）、《画地为牢》（田奥译，南京大学出版社 2019 年版）。2016 年，北京联合出版公司出版了两部莱辛自传译作：《刻骨铭心：莱辛自传，1919—1949》（宝静雅译）、《影中独行：莱辛自传，1949—1962》（翟鹏霄译）。

　　对于国内的莱辛小说译介和研究来说，诺贝尔文学奖带来的聚光灯效应确实促进了相关领域的快速发展和扩张。诺奖高度肯定了莱辛小说创作的成就和她对当代西方文学的贡献，这也激励了国内学者对于莱辛小说研究的热情和信心。进入 21 世纪后，国内莱辛小说研究呈现出两个主要特征，一是研究规模的扩大，论文的数量快速增长，除了刊载于学术期刊上的大量论文，还有为数不少的硕士、博士学位论文；二是研究板块逐渐清晰，主题视域集中，理论批评丰富多元，研究视野得到拓宽和深化，出现了多部有分量的学术研究专著。

　　莱辛与苏非主义思想的渊源，以及苏非主义如何影响了她的小说创作，成为 2000 之后在国内研究界讨论较多的话题。学者陈东风的《多丽丝·莱辛与苏非思想》（《牡丹江师范学院学报》2001年第 4 期）从苏非主义哲学视角对《四门城》中女主人公的精神探索历程做了细致的考察，揭示莱辛如何从苏非哲学的遁世思想中找到了"社会认识价值和对现实的启示意义"。但该文结尾指出，"在探寻人类生存之路的同时，莱辛过分强调人的精神作用，忽视了社会实践与社会斗争，以至于在作品中流露出逃避现实，遁入虚幻的困惑"。这未免过于强调了文学作品的社会斗争意义和现实批判功能，这与当时的文学研究界尚未完全摆脱批判现实主义思想的束缚有关，也是时代印痕的一斑。苏忧的《多丽丝·莱辛与当代伊德里斯·沙赫的苏非主义哲学》（《四川外语学院学报》2007 年第4 期）以《幸存者回忆录》为蓝本，对其叙写中的"回忆"手法进行具体分析，指出苏非哲学认识论对莱辛寻求超越精神的束缚起到了指引作用。此外，胡勤的《多重的苏非主义：对"多丽丝·莱辛与伊德里斯·沙赫的苏非主义哲学"——与苏忧商榷》（《贵州大学学报》2008 年第 5 期）对苏非主义在不同语境中的内涵进行分析，指出莱辛所接收的是西方语境中的苏非主义；夏琼的《与东方的对话：论多丽丝·莱辛对苏非主义的跨文化接受》（《浙江外国语学院学报》2013 年第 1 期）则从文化接受的角度看待莱辛与苏非主义的关系，指出莱辛对苏非哲学的吸收既是一种东西方文化的跨越和融合，但也是在西方视野主导下的有条件吸收和改造，这些看法无疑具有辩证色彩。

女性主义研究也是目前莱辛研究中成果相对集中的一个研究领域，在莱辛不同时期、不同题材、不同风格类型的小说中，对女性生活的关注始终是一个显在主题。90 年代后，英美女性主义理论被介绍到中国并带来的女性主义批评的活跃态势正好与女作家研究的热点效应不谋而合，两者之间形成一种阐释与思考的相互促进，前者所提供的理论范式促进了文本解读，而优秀的文学范本亦可以检验理论自身的价值。《金色笔记》的女性主义研究一般有两个侧重方向，一类是就作品中的女性形象塑造探讨作家在女性生存描写中所表现出的矛盾与困惑，揭示作者对人类整体存在的思考，而没有将批评的视点放在对男性的批判和挑战上，这在一定程度上超越了传统女性主义批评中的二元对立思维的局限；另一类则是通过叙事策略的考察揭示莱辛的女性主义观念，辨析作家如何运用写作机制解构与颠覆男性中心主义的文化秩序，将女性写作的模式与女性追求独立自由的反抗精神结合起来。

如刘颖探讨了作者如何在叙述者、叙述结构以及叙述视角的运用中突破男权文化的限制，建构女性经验主体[①]；黎会华认为，莱辛揭示了菲勒斯中心主义对于女性生存的压制，而作家通过瓦解二元对立的菲勒斯中心主义思维方式，颠覆、消解了女性所处的客体与他者地位，"这正是女性主义者所强调构建的新型女性主体：脱

---

① 刘颖：《建构女性的主体性话语——评多丽丝·莱辛的〈金色笔记〉》，《邵阳学院学报》（社会科学版）2004 年第 1 期。

离中心的、散乱的、不依附男女两性的僵化关系的流动的主体"①；白艾贤则从作品中对女性困境的表达，提炼莱辛寻求独立与自由的独特女权思想②；夏琼则从文本中的两性关系分析出发，认为莱辛的女性主义思想体现为努力建构和谐平等的两性关系机制。③ 另外，苏忱的论文《多丽丝·莱辛的女性观点新探》颇有思辨色彩。论者以莱辛的四部代表作为例，从作品中一系列具有受虐情结与遭受感情之苦的女性主人公形象"探讨莱辛在对待女性问题上的悖论，即女性必要经历受虐的过程才能找到真实的自我"④。

　　值得注意的是，由于女性主义理论进入我国时已经相对成熟，国内学者在对莱辛小说中的女性主义倾向进行发掘和论述时，没有像英美批评界在早期研究中刻意强调其中的两性对抗色彩，而是将性别冲突、女性的生存困境的讨论放入文化心理结构与伦理道德的语境中，从性别问题上升到人的精神危机、分裂和孤独等普遍问题。但是，国内对于《金色笔记》和莱辛的女性思想的研究大多是强调莱辛在女性写作上取得的成就，而甚少注意到莱辛的创作作为英国女性小说写作中的一环，必然也承继了女性文学的传统，莱辛的反思和批评也必然建立在与前辈女作家的联系上。

　　《金色笔记》研究始终是国内莱辛小说研究中成果较为突出的，关于这部小说的主题和形式研究在 2000 年后都有继续推进。比如，姜红对小说形式和主题认知关联的论证，认为《金色笔记》是一部以认识为主题的小说，其中贯穿着秩序与混乱的矛盾冲突，而对小

---

　　①　黎会华：《解构菲勒斯中心：构建新型女性主义主体——〈金色笔记〉的女性主义阅读》，《浙江师范大学学报》（社会科学版）2004 年第 3 期。

　　②　白艾贤：《〈金色笔记〉与莱辛的女权主义思想》，《南京航空航天大学学报》（社会科学版）2005 年第 3 期。

　　③　夏琼：《论〈金色笔记〉的女性主义》，《浙江教育学院学报》2003 年第 1 期。

　　④　苏忱：《多丽丝·莱辛的女性观点新探》，《江淮论坛》2005 年第 5 期。

说形式的分析有助于理解作品的认识主题。① 徐燕从超小说理论来阐释文本的叙述特点和结构艺术。② 白艾贤则认为作者有意识地去打破读者的传统阅读期待心理，调动读者参与作品建构。③ 王丽丽还从后现代主义的解构叙事的角度审视了作者如何在文本中建构话语权，认为这是对于人与命运抗争主题的呼应。④ 肖锦龙从马克思的历史主义人性观、弗洛伊德的本质主义人性观对小说中传统的人性主题做出富有新意的批评与解读。⑤ 对《金色笔记》的小说形式研究中，学者们注重发掘作品的美学效果与艺术价值，考察作者在具体叙述中表现出的对于现实社会与形而上思想的批判意识，加深了人们对于这部作品的认识。⑥

　　进入 21 世纪之后，国内莱辛小说研究的繁荣还体现在研究视域不再局限于她的早期长篇小说和现实题材作品，进一步扩展到内心空间小说、科幻小说、寓言小说和非虚构类文学等，理论方法也日趋多元、研究视角多样化，原型批评、后殖民主义、后结构主义、生态批评、空间理论等被应用于莱辛创作的阐释，显示出研究者们尽可能在传统批评范式之外寻求对作品更深层次的艺术素质与内涵的发掘。理论话语在莱辛研究中的活跃不仅反映了当下文学研究与文化批评日益融合的发展态势，也标志着莱辛小说研究系统化

① 姜红：《有意味的形式——莱辛〈金色笔记〉中的认识主题与形式分析》，《外国文学》2003 年第 4 期。

② 徐燕：《〈金色笔记本〉的超小说艺术》，《宁波大学学报》（人文科学版）2003 年第 3 期。

③ 白艾贤：《读者的积极建构与〈金色笔记〉的解读》，《山西农业大学学报》（社会科学版）2005 年第 2 期。

④ 王丽丽：《后现代碎片中的"话语"重构——〈金色笔记〉的再思考》，《当代外国文学》2006 年第 4 期。

⑤ 肖锦龙：《拷问人性——再论〈金色笔记〉的主题》，《外国文学研究》2012 年第 2 期。

⑥ 陈红梅：《〈金色笔记〉的空间叙事与后现代主题演绎》，《外国文学研究》2012 年第 3 期；蒋花：《整合与对话——论〈金色笔记〉中的戏仿》，《当代外国文学》2012 年第 2 期；颜文洁：《双声部结构的变奏曲：〈金色笔记〉的文本意义生成机制》，《外国文学研究》2013 年第 5 期。

的形成。此间，莱辛小说研究专著的相继问世也成为学术研究成果繁荣的重要指征，如肖庆华的《都市空间与文学空间——多丽丝·莱辛小说研究》（2008），蒋花的《压抑的自我，异化的人生——多丽丝·莱辛非洲小说研究》（2009），胡勤的《审视分裂的文明：多丽丝·莱辛小说艺术研究》（2012）和王丽丽的《多丽丝·莱辛研究》（2014）。

纵观半个多世纪以来的莱辛小说和《金色笔记》研究，呈现出几个侧重：1. 注重对作家创作的政治主题、女性主义思考和精神分析的讨论，这和莱辛早期小说创作倾向现实主义的艺术态度相关，她的个人经历、所受外部思想资源的影响和敏锐的女性意识，成为其小说构思的重要来源。2. 从小说叙事艺术和文体学的角度考察作品艺术形式和主题内涵的关联，发掘她作为小说家的艺术思考。3. 近年来在后现代主义理论的主导下对莱辛小说的文化批评，80 年代之后，莱辛从现实主义转向科幻、寓言等纯虚构文学，通俗小说亚文类的跨界写作和隐蔽的政治态度为文化批评的介入提供了张力空间。4. 作为作家最重要的代表作品《金色笔记》的文学价值依然被广泛讨论。《金色笔记》的思想意义与艺术价值不纯粹在于某些技巧上的先锋或实验色彩，而是一种综合性的小说艺术实践，各种不同的艺术技巧被融合进文本中，本身就是一种意义的表达。作为一个有着独特生命经历的个人，莱辛的小说中除了普遍性的社会历史内容之外，还有灌注于作品之中的个人独特生命体悟。莱辛追求理想与信仰、关注人类的普遍生存境遇，她将置于社会和集体冲突中的个体精神的发展作为小说结构的中心，勾画女性经验意识的内在复杂体验，反思世界政治、性政治和时代乌托邦的幻灭，这主导了小说叙事的艺术想象，赋予小说结构以象征色彩。也许，对于 21 世纪以后的读者来说，我们的日常生活似乎远离了这部后现代"史诗"所植根的 20 世纪中叶的非洲反殖民主义斗争历史、冷战历史、女权主义运动等，但是文学想象的建构能力正在于突破时空的封锁，提供人性经验的共通启示和作出系统性的道德反思。作为一部拥有丰富的历史、政治、心理学和伦理道德见解的作品，《金色笔记》以复杂、矛盾、多样性的叙事策略挑战传统美学原则、解构作者权威，要求读者直面现代生活的碎片化和偶然性，崩溃和分裂也许是当代人不可避免的现实和精神危机，但也更具有冲击保守的价值观和一成不变的模式化思维方式的力量；从"崩溃"到"整合"并不意味着取消多样性或独立性，而是摆脱僵化的思想、单一的理念，通过对话与思考，克服精神危机，重新认识自我与世界的关系。

上 编

以文学介入现实：
多丽丝·莱辛的艺术探索

第 一 章

多丽丝·莱辛的小说创作和
文学观念

多丽丝·莱辛在半个多世纪的创作生涯中，给我们展现了极为多样化而且类型丰富的小说图景，我们很难将这些创作放在一个既定的文学框架中进行严格的、精确的归类，这是不符合作家的创作个性的。对于莱辛的作家身份定位常常引起学者争论，存在着一些相抵牾的看法。莱辛是女性主义还是反女性主义者，是现实主义者还是后现代主义者，是马克思主义者还是宗教神秘主义信徒，是英国作家还是后殖民主义作家，这些不同看法也折射出莱辛小说所存在的争议空间。但是，如果不去过度执着于她小说中的矛盾性，而是将"矛盾性"视为她的批判意识和质疑精神主导下的文学"越界"现象的必然结果，那么我们反而可以从她的文学活动中发现一些写作活动的规律。在莱辛的早期现实主义小说中，政治活动和女性成长的描写均与她的人生经历密切相关，她将自传性元素融入小说虚构，以写实主义作为表达现实反思的艺术手段。进入 60 年代后，莱辛尝试以先锋派的小说形式实验和后现代主义艺术来表达她对当代生活的复杂性认识，并获得成功的文学实践。但是，出版于60 年代末的《四门城》反映了作家选择现实主义还是艺术实验的摇摆不定的立场，对后现代主义的不确定感促使她在小说艺术领域做出进一步探索，这预示了她在七八十年代年代转向内心空间小说和科幻小说。莱辛晚年的创作体现出对冒险、幻想、寓言等次级小说类型的偏爱，但是这类作品依然具有她早期作品中常见的一些主题类型和艺术特征，比如代际冲突、族裔政治、性别政治和非洲景观等。"莱辛对归类的抗拒，以及她在工作和生活中跨越各种边界的执着冲动"①，使得她不愿因循守旧、固守既定的文学模式和思维框架，这不仅源于她置身于不确定性的、断裂的当代世界中的个人经验，也源自她对现实生活的热爱与思考，"在我的思考中，这个世界的推进、延伸与发展是朝着更复杂、更多样、更开放的方向进行的，它允许一个人同时拥有许多想法，有时甚至是截然相反的想法"②，她对现实社会的责任感和她所始终主张的冷静的、批判性、质疑的思考方式决定了她在对现实主题的切近和紧密关注中不可能以一种固化的理念和模式化的艺术方式进行写作。

第一节　非洲：生活与艺术的逻辑起点

莱辛 1919 年出生于伊朗，她的父母是地道的英国公民。父亲阿尔弗雷德·泰勒（Alfred Cook Tayler）参加过第一次世界大战，在战争中他受了重伤，险些丧命，后来在医院康复治疗时与莱辛的母亲艾米丽（Emily Maude McVeagh）相识，她当时是英国皇家惠民医院（Royal Free Hospital）的护士。1919 年，阿尔弗雷德与艾米丽结婚，就在当年他被银行派驻到波斯的科曼沙（Kermanshah）工作，夫妇二人在那儿生活了好几年，莱辛便是在那出生的。1924年，泰勒夫妇带着一双年幼的子女迁居到非洲的英属殖民地南罗得

---

① Alice Ridout, Susan Watkins, eds., *Doris Lessing*: *Border Crossing*, London：Continuum International Publishing, 2009, p. 2.

② ［英］多丽丝·莱辛：《画地为牢》，田奥译，南京大学出版社 2019 年版，第 101 页。

西亚，他们在当地购买了数千英亩土地，准备从事农业经营，但事与愿违，因为经济大萧条和经营不善的原因，农场一直负债累累，物质条件很是窘迫。莱辛的童年便是在荒凉的非洲农场度过的。7岁到14岁，她在索尔兹伯里（Salisbury）的女子寄宿学校读书，后因眼疾而中断了升学，此后便再没有接受过正规教育。中学毕业后，莱辛开始外出帮工，尝试独立谋生，18岁时离开父母独自到索尔兹伯里生活、工作，在当地加入左翼读书俱乐部，接触到马克思主义理论，逐渐成长为共产主义者。莱辛有过两段婚姻。20岁时，她和当地公务员弗兰克·威斯登（Frank Wisdom）结婚并育有一子一女。1942年，她加入了南罗得西亚的共产党组织。1943年她与威斯登离婚，嫁给了俄裔德国难民戈特弗里德·莱辛（Gottfried Lessing），这段婚姻的缔结出于一些"政治目的"[1] 的考量，那便是帮助戈特弗里德拿到合法身份，避免遭到殖民地政府的驱逐。1949年，与戈特弗里德离婚后，莱辛带着第二段婚姻生育的幼子离开非洲回到英国。1951年她加入了英国共产党[2]，与左翼知识分子联系紧密，对共产主义运动、共产党组织以及社会主义国家的政治形势很关注，但是大约在1956年，虽然没有公开宣布，她在事实上脱离了英国共产党。

非洲殖民地生活给予了莱辛独特的人生体验，也是她写作生涯的"逻辑起点"，她在那儿生活了24年，在回到英国的头20年里，殖民地的社会风貌、风土人情、生活经历和历史记忆一直是她小说创作的重要素材和灵感来源，就像叔本华说的："一个人一生中的最初岁月为他的整个世界观——无论它是浅薄的还是深刻的——奠定了基础；尽管这世界观在后来人生旅途中还会得到丰富和完善，

----

① Roberta Rubenstein, *Literary Half-Lives: Doris Lessing, Clancy Sigal, and Roman À Clef*, New York: Palgrave Macmillan, 2014, p. 9.

② Doris Lessing, *Under My Skin: Volume One of My Autobiography, to 1949*, New York: HarperCollins, 1994, p. 275.

但其实质是无法改变的。"①

　　非洲经历对莱辛的人生观念的形成有直接影响，这反映在她的这类小说中所具有的明显的自传性元素，一种挥之不去的怅惘基调和反复追忆的写作情绪。可以说，回到英国后成为职业作家的莱辛，非洲小说和政治活动勾连了个人的当下生活和历史记忆，并使得历史空间具有了连贯性，在50年代，她连续出版了多部以非洲生活为题材的小说。譬如，《野草在歌唱》、"暴力的孩子们"五部曲的前四卷：《玛莎·奎斯特》（*Martha Quest*，1952）、《良缘》（*A Proper Marriage*，1954）、《风暴的余波》（*A Ripple from the Storm*，1958）和《壅域之中》。短篇小说集《这原是老酋长的国度》（*This Was the Old Chief's Country*，1951）、《五》（*Five*，1953）、《爱的习惯》（*The Habit of Loving*，1957）等。② 这些"非洲小说"多采用现实主义手法，将小说虚构与自传性写作相融合，"现实主义小说的历史表明，小说趋向于自传写作。对社会和心理方面的细节需求不断与日俱增，只能从小说家本人的经历中来寻求满足。那些使他成为局外人的力量让他将观察聚焦于自身。"③ 在五六十年代的长篇小说中，聚焦于自身经历的半自传性写作成为莱辛重新进入历史空间的一种有效的艺术手法。她父母的性格和经历，她的家庭境况、婚姻生活、与男性的复杂关系和政治经历都成为重要的写作资源。埃德蒙·威尔逊（Edmund Wilson）说："任何一部小说的真实元素当然都是作者个性的一部分：他的想象在人物的形象、处境与场景中，显现出他本性里的基本冲突，或者他的本性所惯于经历的阶段

---

　　① ［德］叔本华：《叔本华论说文集》，范进等译，商务印书馆2000年版，第203页。

　　② 非洲短篇故事后来在1973年又另外结集出版，分别是：《这原是老酋长的国度——非洲故事精选第一卷》（*This Was the Old Chief's Country*，*Volume One of Collected African Stories*）和《草原日出——非洲故事精选第二卷》（*The Sun Between Their Feet*，*Volume Two of Collected African Stories*）。

　　③ David Lodge，"The Novelist at the Crossroads"，*The Novel Today*，ed. Malcolm Bradbury，Manchester：Manchester University Press，1977，p. 96.

的循环。"①

在非洲小说中，有几类常见的"真实元素"参与了她笔下虚构主人公的塑造，比如，她对父母的记忆。"父亲与母亲的冲突成为理解莱辛的传记和她小说中自传性倾向的关键""在往事回忆中，莱辛将幻想与务实这两种看待世界的不同心理视角放置在父母身上，如果说这种分裂对家庭生活而言是破坏性的，那么在她的小说中则构成了一种戏剧性的紧张"②。《野草在歌唱》中负债累累的迪克·特纳，《黄金之城埃尔多拉多》（"Eldorado"，1953）中执迷探矿的农场主巴恩斯先生，《第二座茅屋》（"The Second Hut"，1951）中一贫如洗却不肯向兄长求助的卡罗瑟斯少校，《玛莎·奎斯特》中逃避现实、沉湎往事、缠绵病榻的奎斯特先生等，对这些人物的塑造除了借鉴了父亲的经历，他们在精神气质上亦体现了莱辛对父亲的理解——失败的幻想家，她同情父亲的遭遇，从他的颓废、脆弱和一蹶不振中看到战争创伤对一代人的灾难性影响。而莱辛与母亲的关系总是十分紧张，母女俩针锋相对、势同水火。艾米丽·穆德观念保守、性格强硬，她坚守维多利亚时代的道德理念和传统看法，并迫使儿女按照自己的意志行事，但最终遭到女儿的激烈反抗。少女时期与母亲的对抗关系被莱辛写进小说《玛莎·奎斯特》，玛莎"就是在对母亲乏味生活的反抗中塑造了自己的性格"③。作品生动地描写了玛莎是如何反抗母亲的管束、追求自由并最终离开家庭的，这几乎是莱辛婚前与父母斗争的生活情感实录。"《玛莎·奎斯特》写的是母女间毫不留情的斗争。那本书写得很

---

① ［美］埃德蒙·威尔逊：《阿克瑟尔的城堡》，黄念欣译，江苏教育出版社 2006 年版，第 127 页。

② Margaret Moan Rowe, *Doris Lessing*, Basingstoke：Macmillan, 1994, pp. 6 - 7.

③ Lynn Sukenick, "Feeling and Reason in Doris Lessing's Fiction", *Doris Lessing：Critical Studies*, edited by Annis Pratt and L. S. Dembo, Madison：University of Wisconsin Press, 1974, p. 101.

冷酷。若在今天我会这么写吗？但是在当时，我的所作所为都是为了争取自由，我会说，《玛莎·奎斯特》是我第一本自传性质的小说。"①

传记作者卡罗莱·克莱因（Carole Klein）在评价莱辛和母亲的关系时援引了荣格的一段话："什么都行，只要不像妈妈那样！……这类女儿非常明确地知道自己不想要什么，却对自己到底要选择怎样的命运完全没有想法。她所有的本能都集中在抵制母亲的负面形象上，对她如何建设自己的人生根本没有起到任何作用。"② 克莱因对莱辛在母女关系中表现出的激烈反抗态度的看法并非毫无根据，但是，这一结论却有失偏颇。无论在回忆录、自传还是小说中，莱辛确实对母亲在为人处事、教养子女及家庭生活中的专横、强势、守旧予以指责，但是，她对母亲的反抗并不是盲目且缺乏建设性的，在和母亲紧张的、对抗性的情感关系中，莱辛逐渐对自己的人生道路清晰起来并塑造了自己的生活方式。从莱辛的政治经历看，母亲和父亲经历的战争创伤，来殖民地后的坎坷经历，这些人生阴影使她在青年时便对制造了战争与殖民统治的帝国主义政治的合法性产生怀疑，她参与殖民地左翼运动和共产党组织，加入反殖民主义、反种族歧视的政治活动，既是为了对抗父辈的保守主义价值观，挥开时时插入她生活的那只手，也是因为她渴望挣脱传统思想束缚，不甘困锁在母亲的狭窄人生道路中，追求个人自主性以及更开阔的社会生活。另外，从文学启蒙到思想批判，母亲留给莱辛的并不纯然是一个压迫性的负面印象，也激发了她对女性生活方式及其背后价值观的深刻反思。莱辛的文学启蒙要归功于母亲给予的阅读引导，但成年后对 19 世纪伟大文学传统的倾心阅读又

① ［英］多丽丝·莱辛：《我的父亲母亲》，匡咏梅译，南海出版公司 2013 年版，第 159 页。

② ［英］卡罗莱·克莱因：《多丽丝·莱辛传》，刘雪岚等译，江苏人民出版社 2017 年版，第 175 页。

滋长了她对现实的批判，并对维多利亚家庭观念、白人中心主义思想、帝国子民的优越感等价值理念产生质疑，而文学最终成为她走出殖民地、飞离母亲的翅膀。在追溯那时的生活时，她说："我居住在思想的乌托邦中，一部分来自文学，一部分来自现实生活的反面。"① 现实生活中与母亲的价值观的冲突，文学和政治信仰所勾画的理想主义生活，都促使莱辛主动选择了不同于传统女性的生活道路，我们并不能从世俗的眼光出发因其人生追求中的一些挫败和坎坷、一些执着自我的"自私"而否定她自我建设的动机和进步色彩。

除了代际冲突外，莱辛的政治经历、婚姻爱情生活也是早期小说的重要素材。《良缘》中玛莎与道格拉斯·诺威尔的婚姻始末，她在成为妻子和母亲时矛盾的情感认知；《风暴的余波》《壅域之中》中玛莎加入本地共产党组织，和左翼分子一起从事殖民地政治斗争的经历，她与安东·休斯的第二段婚姻等，这些情节几乎与莱辛本人的生活经历严丝合缝，在提到创作往事时，她自己也说："'暴力的孩子们'系列之三《风暴的余波》完全是一部自传。如果你对共产党人和左翼组织的运作机制感兴趣，这些内容小说中都有了。"②

小说中的自传性因素令读者对莱辛在殖民地时期的成长道路、政治经历和情感体验有了具体认知，也赋予了非洲小说以真实可感的历史风貌。然而，这并不单纯是素材的功劳："暂且抛却可能性的问题，私人生活的原始素材真的能在想象性的文学中获得精确捕捉？严格地说，恐怕很难。因为小说、戏剧或其他的文学形式在赋予原始素材以文学表达和审美形式的同时，必然会将素材转化为别

① Doris Lessing, *Under My Skin*: *Volume One of My Autobiography*, *to 1949*, New York: HarperCollins, 1994, p. 156.

② Doris Lessing, *Under My Skin*: *Volume One of My Autobiography*, *to 1949*, New York: HarperCollins, 1994, p. 267.

的东西。"① 自传性素材的使用只是小说艺术真实的最低起点，"即使你把个人私生活公布于众，大多数人也不会真正理解——除非他们是同一代人，有或多或少的相似经历"②，真正唤起感染力和情感共鸣的恰是在超越客观历史事件和私人生活细节记录之上的，深入历史和现实地表下的人性共通的体验与思想认知，这关于"诗与真"的意义早在亚里士多德那里已经获得辨析。因此，在莱辛的非洲小说中，她基于个人生活经历的现实主义创作不仅是还原历史的真实风貌，还包括置身于特定历史时空的个体的内在心理经验，比起历史细节，这些个人体验在融入艺术虚构后就已经非个人化了，成为更具普遍性的文化政治感受。

　　青年时期的莱辛政治上是理想主义的、激进的，但她的非洲书写中却反复在诉说着挫败感、隔膜感、孤独感和边缘处境的苦涩，这些微妙的感受和复杂的心绪反映了莱辛对非洲经历的反思和阐释，以及在政治向度之外的、深层的文化透视。在非洲，她加入当地的左翼社群、共产主义小组，从志同道合者中获得了一些集体政治的归属感，但也日益感到白人左翼分子的政治理念与非洲黑人的政治诉求存在巨大的鸿沟，以及他们被边缘化的政治处境。首先，这个群体并不被白人主流社会支持；其次，他们虽然奉行反殖民主义、反种族歧视的政治理念，但在政治实践中却远离黑人群体，与当地的土著存在较深的文化隔膜，既未能取得黑人政治家的信任，也未能融入黑人社区。左翼政治运动中理论与实践的脱节、民主思想与大众的疏远导致所有的思想论争和政治斗争最后都收缩为狭隘的小圈子文化，于现实是无能为力的："当时曾有一些非洲人在警察的鼻子底下秘密聚会，但他们并不

---

① Roberta Rubenstein, *Literary Half-Lives*：*Doris Lessing, Clancy Sigal, and Roman à Clef*, New York：Palgrave Macmillan, 2014, p. 6.

② Roberta Rubenstein, *Literary Half-Lives*：*Doris Lessing, Clancy Sigal, and Roman à Clef*, New York：Palgrave Macmillan, 2014, p. 3.

信任我们，因为我们是白人……南非的共产党也面临这样的局面。如果不是一个由外国人组成的团体，我们这个组织内部的斗争、冲突和辩论可能有助于它的发展，但由于没有根，它就只能很快走向毁灭。"①

政治经历的挫败提供了一些反向思考，莱辛意识到殖民主义政治的罪恶感、非道德性和非洲白人孤独的心理境况具有文化同源性，殖民地的白人注定是"无根的"精神流亡者。在这里，流亡并非单纯意指政治身份与生活状态，而是一种精神状态与心理感受，萨义德（Edward W. Said）说："在古代，流放是特别可怖的惩罚，因为不只意味着远离家庭和熟悉的地方，多年漫无目的的游荡，而且意味着成为永远的流浪人，永远离乡背井，一直与环境冲突，对于过去难以释怀，对于现在和未来满怀悲苦。"② 但是对于 20 世纪的知识分子，流亡意味着一种中间状态，它固然是"无休无止，东奔西走，一直未能定下来，而且也使其他人定不下来。无法回到某个更早、也许更稳定的安适自在状态"③，但这虚悬状态意味着从寻常生涯中解放出来，"本身可以成为一个严苛的意识形态立场"④。莱辛在非洲时期的处境既具有前现代时期的流亡者远离家乡的苦恼，与土地格格不入的异己感，文化乡土的陌生感，同时，左翼知识分子的政治经历，又令她处在虚悬状态，使她能从双重视角（double perspective）去审视在殖民地一切被视为理所当然的东西，对自身及群体的处境做出批判性思考：他们这些白人虽然生活在这块土地，可白人的文化不曾扎根于非洲土壤之中；他们以征服者的

---

① ［英］多丽丝·莱辛：《金色笔记》，陈才宇译，译林出版社 2007 年版，第 74 页。

② ［美］爱德华·W. 萨义德：《知识分子论》，单德兴译，陆建德校，生活·读书·新知三联书店 2013 年版，第 44 页。

③ ［美］爱德华·W. 萨义德：《知识分子论》，单德兴译，陆建德校，生活·读书·新知三联书店 2013 年版，第 48 页。

④ ［美］爱德华·W. 萨义德：《知识分子论》，单德兴译，陆建德校，生活·读书·新知三联书店 2013 年版，第 52 页。

姿态迫使自己与这块大陆的原住民相隔离，制造人种和文化的等级制度，却不能摆脱空虚、孤独和恐惧的心绪，这种文化焦虑正是非洲白人小说特殊性的反映："所有的非洲白人文学都是流亡者的文学：不是流亡自欧洲，而是流亡自非洲。"[1]

"非洲的草原，它的植物与动物，在莱辛的脑海里留下了难以磨灭的印象，并在她的作品中以一种意味深远的、象征性的意义反复出现。"[2] 莱辛小说中的非洲自然景观是瑰丽雄奇、令人印象深刻的，然而，更令人惊心动魄的是大自然残酷的生死逻辑，生命的无常、无奈和偶然性，在这样的环境中，人与自然常常是敌对的，尤其是白人殖民者们，他们难以反抗自然的重压而感到绝望，又因为无法深入自然的神秘而感到恐惧。在《小劫》（"A Mild Attack of Locusts"，1957）中，蝗虫即将到来，农场主一家和雇工们严阵以待、奋力扑杀，但无济于事，蝗灾过后，颗粒无收。在《野草在歌唱》中，自然的无情拨弄令农场主迪克翻身无望，最终破产，玛丽在临死前陷入对自然的愤恨与恐惧。《草原日出》（"A Sunrise on the Veld"，1951）以一个 15 岁少年的视角来展现草原上生命轮回的无常和残酷的自然规律。《德威特夫妇来到峡谷农庄》（"The De Wets Come to Kloof Grange"，1951）写一个在殖民地生活了 30 多年的白人主妇对非洲大自然既着迷又恐惧的分裂感受。

《木施朗加老酋长》（"The Old Chief Mshlanga"，1951）尤有作者精神上的自我投射，表现了白人移民对非洲自然的异化感受。白人少女"小酋长"自小在非洲农场上长大，但在这块土地上她始终没有得到安全感与心灵的归属。偶遇土著木施朗加老酋长后，少女开始反思自己与土著和非洲大地的关系，决心克服对土人的种族歧

---

[1] Doris Lessing, "The Lost World of the Kalahari", *New Statesman*, vol. 56, no. 1444, 15 November 1958, p. 700.

[2] Tapan K. Ghosh, ed., *Doris Lessing's* The Golden Notebook: *A Critical Study*, New Delhi: Presige Books, 2006, p. 10.

视心理："我的双脚直接踩在了非洲的土地上，树木山峦的样子我也看得清楚了……这也是我的遗产，我在这里长大，这不仅是黑人的祖国，也是我的。这里有足够大空间，可以容纳我们大家，没有必要互相推搡，把别人挤出人行道和大路。"① 少女做出"让步"的姿态，在某天兴致勃勃、主动去拜访老酋长的部落。然而，当她在途中经过原始森林时，山林中神秘莫测的幽静与肃穆令少女陷入突如其来的恐惧，似乎有什么古老邪恶的鬼魂或者"某个歹毒巨大暴怒的家伙"正藏在密林暗处，随时会将她"吞噬""咬死""扑灭"。"小酋长"被空无一人的自然吓得战栗不已，她无法克制头脑中浮现的各种恐怖而荒谬的幻象，身体如中毒一般的麻木僵硬。小酋长的心理危机看似突兀，但是这段描写中人与自然孤身对峙的情境却又具有真实尖锐、发人深省的艺术效果。少女一度在理性层面克服了歧视心理，尝试拉近个人与非洲的历史和政治距离，但她对野蛮非洲的认知早已根深蒂固、无法剥离，当她孤身一人身处原始非洲的深处，这股内在的心理压力被释放，转化为紧张与惧怕，也深深体验到"入侵者"在灵魂上的孤独。原始森林对小酋长的"惊吓"为她后来探访土著部落的挫败埋下了伏笔。在部落里，土著的不友好与冷漠，似乎成了先前"不友好"的大自然的印证，抑或先前所经历的恐惧已决定了她在面对土著时无法再保持客观的审视。通过少女主人公的经历，作者反思了殖民主义活动在政治经济领域之外所造成的精神困境，少女虽然有良好的政治意图，也有自省能力，但她的思想中依然无法抹去殖民主义叙事留下的种族偏见烙印。在对非洲殖民地和土人的贬低和矮化中，殖民活动被赋予了拯救与开化的"神圣"使命，白人文化至上与种族优越论成为统治结构的重要支撑，然而，这也注定了白人殖民者与非洲土地在心理

---

① ［英］多丽丝·莱辛：《这原是老酋长的国度》，陈星译，南京大学出版社 2008 年版，第 7 页。

上的对立与隔阂，因为它抽空了跨文化沟通的政治基础。

莱辛的"非洲小说"以日常生活中的简单故事来揭示深刻的社会问题与复杂的精神现象。但是，对这些作品也会有一些似是而非、自相矛盾的评价，比如对她一贯的反殖民、反种族歧视的政治正确的肯定，和从后殖民主义观点出发批评她的作品所包含的帝国主义情绪。其实，如果从文化心理的角度来看，莱辛并不矛盾，她的反殖民主义、反种族歧视的政治态度毋庸置疑，但是，她的非洲观念中难以剥离基于西方视野下的文化焦虑。对文化差异的深刻体认使她意识到西方的文明资源难以成为改变非洲现状的政治途径。在《风暴的余波》中，英国飞行员吉米是殖民地解放运动的积极分子，他反对种族歧视，努力接近黑人，与他们称兄道弟，但这个皇家空军的飞行英雄在穿越草原前往黑人居住区的途中，被草地上的甲虫吓得魂飞魄散，这个情节嘲弄了40年代殖民地左翼政治小组谋划解放黑人的政治运动不过是空中楼阁。《高地牛儿的家》（"A Home for the Highland Cattle", 1953）中，"好心"的白人主妇赠给黑人男佣的苏格兰高地牛的画作不仅没能改变他困难的经济处境，反而使他背上了盗窃嫌疑人的罪名深陷囹圄。对于西方文化与非洲文明是否可以形成有效的交流沟通，莱辛的态度也是有所保留的。在《瓮域之中》，来自波兰的流亡者托马斯孤身一人到土著部落生活，他要记录土著的历史习俗，认识土著的文化，但是这个跨文化的沟通者最后却疯癫地死在了部落中。他保存下的文字是疯人的语言，毫无价值。通过自己的政治经历和对殖民地生活的敏锐观察，莱辛意识到正确的政治态度是社会进步的必需的基础，却不是推动社会进步的万能条件，在主导了殖民地冲突的诸多因素中隐性的文化心理结构加大了通过政治手段解决矛盾的难度。

"多丽丝·莱辛早期的作品是以非洲为背景，既表现了她对国家的热爱，也流露出找不到归属的痛苦。在《非洲故事》（1964

年）的前言里，莱辛写道，非洲'是只有当一个人准备好在游览过这片土地之后愿意自此成为一个漂泊者，才可以去的地方。那无法言说而又庄严肃穆的一片寂静，会永远刻在这个人记忆或思想的边缘。'"① 莱辛的非洲小说敏锐地捕捉到了西方移民在殖民地的强势政治入侵过程中脆弱的心理结构和文化处境，这种分裂的感受折射出莱辛对自身及白人群体在非洲处境的思考，她在非洲生活了几十年，作为白人移民家庭的女儿，她深刻地体会到文化于制度、生活、交流、心理层面的复杂影响与强大制约力。西方的知识与文化传统是她主要的精神底色，她曾积极地用现代西方政治资源来破除种族政治的樊篱，也曾尖锐地批评母亲保守的价值观、种族偏见以及傲慢的帝国情绪，但是作为母亲/传统的女儿，莱辛始终是从西方文化资源的立场审视白人在非洲的处境，反思殖民主义的危害；而在西方文化和非洲文明的潜滋暗长地交换和接触中，非洲文化看似没有进入她的精神结构中，实质上则始终是作为西方文化传统的相对面而存在的。她意识到她的根不在非洲，因为她没有真正深入这片黑色大陆的历史文化与民族传统中。"流亡者"在文化上无根的、孤独的处境不仅注定了殖民政治的不可持续性，也使得白人在反殖民主义的政治活动中带有了反道德的性质，这是一切最终溃败的根源。

莱辛在非洲时政治活动很活跃，但是她的小说中对这段政治记忆的叙写却弥漫着一事无成的虚无和无能为力的挫败感，那是个人强烈的政治意愿和非洲现实之间的距离，她将政治实践的失败归结为不可避免的种族文化的隔膜。在跨文化的碰撞中、不同文明的交流中，莱辛深刻感受到了西方与非洲之间的文化距离，以及超越这种隔阂的困难与复杂，这种鸿沟不是政治正确就可以轻易消弭的，

---

① ［英］卡罗莱·克莱因：《多丽丝·莱辛传》，刘雪岚等译，江苏人民出版社 2017 年版，第 3 页。

她最终甚至否定了西方文明资源改变非洲命运的可能性。

第二节 "十字路口的小说家"：
《金色笔记》的诞生

20 世纪初的现代主义运动在英国催生了一批杰出作家，但"二战"后，现代主义却在英国遭到冷遇，尤其是小说界表现出一股强烈的反现代主义的潮流，"这些作家即便不是直接采用维多利亚小说的方式来写作，至少对 20 世纪初期的现代主义作家也是有所抵制的"①。这批"反现代主义"小说家又被称为"新现实主义"（neo-realism），代表了艺术上的反实验潮流，他们主张恢复传统写实风格，侧重表现社会现实问题，热衷探讨历史、道德和人性的善恶。50 年代进入文坛的多丽丝·莱辛也被归入这一行列，她早期的小说多采用传统现实主义风格，这与她对 19 世纪文学的高度认同有关。

19 世纪欧洲现实主义小说对莱辛的文学观影响深远。她说："在我看来，19 世纪小说是文学的最高峰，托尔斯泰、斯丹达尔、陀思妥耶夫斯基、巴尔扎克、屠格涅夫、契诃夫，这些作家的作品，是伟大的现实主义者的作品。……我认为，现实主义作品、现实主义小说，是散文写作的最高形式；超过了任何所谓的表现主义、印象主义、象征主义、自然主义等任何主义。"②19 世纪文学的"伟大传统"所蕴藏的人道主义精神、强烈的道德责任意识以及人文关怀、人性之爱令她深为赞赏。"我之前读过的书里没有一本给予我的影响超过了这些俄国大文豪。在我看来，之所以老有人叫嚣

---

① Randall Stevenson, *The Last of England?* (The Oxford English Literary History, Vol. 12: 1960 –2000), Beijing: Foreign Language Teaching and Research Press, 2018, p. 406.

② Doris Lessing, "The Small Personal Voice", in *A Small Personal Voice*: *Essays*, *Reviews*, *Interviews*, ed. Paul Schlueter, New York: Alfred A. Knopf, 1974, p. 4.

'小说死了'，那是因为没有人能写出像《战争与和平》《安娜·卡列尼娜》这样的好作品，没有人能写得和陀思妥耶夫斯基一样好。"① 相形之下，对于英国维多利亚小说，她颇有微词："在上个世纪中期的英国，我们不可能找到一本小说在描写一百年前的知识和道德的风气上能像托尔斯泰为俄国，斯丹达尔为法国那样。读《红与黑》《吕西安·娄万》就好像我们生活在那里，读《安娜·卡列尼娜》就能知道俄罗斯。但是维多利亚时代的小说没有发挥类似的作用。哈代告诉我们何谓贫穷，成为牺牲者是什么滋味，以及当想象力超越了一个狭隘的时代又是什么样的。乔治·艾略特就她本身而言已经做到最好。但是在我看来，作为一个维多利亚时代的女性，她付出的代价是，即便她不符合那个时代的虚伪——那里有太多她不能理解的东西，她也必须证明自己是一个好女人，因为她自身是道德的。梅瑞迪斯也许是近来遭到轻视的作家。特罗洛普在主题（描绘本世纪的知识分子与道德风气）上多有尝试但是缺乏眼界。"② 莱辛对英国小说的判断也许有主观性，但反映了她的文学标准和创作信念，她渴望像巴尔扎克和托尔斯泰一样去展示一个时代的精神风貌和道德图景，像陀思妥耶夫斯基一样展示人类心灵的深广，她不欣赏维多利亚小说中津津乐道的中产阶级生活理念和道德标准，这被她看作狭隘的、自得其乐的岛国心态，小说家的视野总是会被那种遵循英国传统的生活和标准所限制。当然，这有可能和她在家庭中与维多利亚精神的持有者——艾米丽·穆德的冲突不无关联，"莱辛拒绝了维多利亚时代——这个造就了她父母和他们的后代的时代——也拒绝了这个时代的文学"③。

　　19 世纪的现实主义文学对于莱辛而言既是艺术形式的典范，

　　① 多丽丝·莱辛：《我的父亲母亲》，匡咏梅译，南海出版公司 2013 年版，第 164—165 页。

　　② Doris Lessing, "Preface to *The Golden Notebook*", in *A Small Personal Voice*: *Essays*, *Reviews*, *Interviews*, ed. Paul Schlueter, New York: Alfred A. Knopf, 1974, p. 28.

　　③ Margaret Moan Rowe , *Doris Lessing*, Basingstoke: Macmillan , 1994, p. 8.

她早期创作模仿和学习的对象，也代表了一种崇高的写作精神与文学态度，这对于她的文学信仰、文学道德信念的影响更为持久深远。她对 19 世纪文学的呼吁意在提倡当代作家要重视文学的道德功能，她反复强调作家的社会责任感和对时代精神的体察，她说："19 世纪的伟大作家既没有共同的宗教、政治观念，也没有共同的美学原则。他们的共同点是都具有一种道德判断的倾向。他们共享着一些价值观；他们是人道主义者。一部 19 世纪的小说之所以被认为是 19 世纪的，正在于作品中的道德气息。"①

从上述观点中我们可以发现，19 世纪文学传统为莱辛的文学观注入了基本底色，她注重文学介入现实，表现时代的功能，主张作家在写作中发挥道德影响力，通过作品实现个体之间的交流，与大众分享深层次的情感经验和哲学思考，传递"个人的小声音"。这也是她的早期小说以现实主义风格为主的原因。但是，现实主义方法在文学的"现实主义精神"面前遭到了挑战。20 世纪 60 年代初，英国小说界的风气开始松动，现代主义运动冲刷后留下的文学遗产，后现代主义风潮在美法诸国的风行，以及关于现实主义小说在美学方法上陈旧、单调、枯燥的讨论对英国文学界产生了震动，正如戴维·洛奇说的，"小说的十字路口"正在形成并逐渐清晰：一条通向非虚构小说，一条通向罗伯特·斯科尔斯所宣称的"寓言式想象虚构"②。这两条路前者指传统写实主义，后者指的是当时小说领域开始冒头的实验创新潮流。"在 20 世纪 60 年代，小说家们再次倾向于将现代主义视为一种环游世界的力量，而不是死胡同；就像诗歌和戏剧一样，这十年来进步的、创新的观点逐渐从生活方

① Doris Lessing, "The Small Personal Voice", *A Small Personal Voice*: *Essays*, *Reviews*, *Interviews*, ed. Paul Schlueter, New York: Alfred A. Knopf, 1974, pp. 4 – 5.

② David Lodge, "The Novelist at the Crossroads", *The Novel Today*, ed. Malcolm Bradbury, Manchester: Manchester University Press, 1977, pp. 100 – 102.

式延伸到文学风格。"①

　　60 年代，以 B. S. 约翰逊（Bryan Stanley Johnson）和克丽斯廷·布鲁克－罗斯（Christine Brooke-Rose）为代表的"先锋派"（avant-garde）作家以叛逆者的姿态活跃在文坛，他们创新形式、发表创见，声称 19 世纪现实主义传统是一种死去的信仰，"小说的形式已经走到了尽头、精疲力竭了"②，它只能把当代作家推入一个僵化的艺术死胡同。B. S. 约翰逊说："不管一个优秀的作家如何去尝试那种写作方式，对于我们的时代而言，它是完全没有效果的，只能是一种错误的、有缺陷的、落后于时代潮流、刚愎自用的写作"，"生命是混乱的、流动的、自由的……作家用一种严格、精密的选择才可以从生活中提炼出故事，这意味着弄虚作假。说故事就是说谎。"③ B. S. 约翰逊对于生活与艺术关系的认识，关于小说如何从形式上获得对于生活的表现与阐释的见解，以及由此衍生出的小说形式实验在当时轰动一时，影响颇深，给人振聋发聩之感。然而，先锋派小说并非无可指摘。与多数后现代主义文学流派的命运相似，先锋派虽然影响力深远可存在的时间却比较短暂。而且，先锋派小说家的写作多沉溺于文体游戏，追求语言、形式的标新立异，抛弃了情节性和讲故事的传统，内容难以卒读，或者说根本不具有可读性，只能说是一种理念先行的文学实验，一种创作姿态，而不是真正意义上的文学产品，在 B. S. 约翰逊去世后不久这个流派就销声匿迹了。但是，先锋派反传统的艺术变革和实验精神，打破小说僵化的创作方式与写作理念的要求，影响了很多新现实主义

---

　　①　Randall Stevenson, *The Last of England?* (The Oxford English Literary History, Vol. 12：1960－2000), Beijing：Foreign Language Teaching and Research Press, 2018, p. 406.

　　②　B. S. Johnson, "Introduction to *Aren't you Rather Young to be Writing Your Memoirs?*", *The Novel Today*, ed. Malcolm Bradbury, Manchester：Manchester University Press, 1977, p. 153.

　　③　B. S. Johnson, "Introduction to *Aren't you Rather Young to be Writing Your Memoirs?*", *The Novel Today*, ed. Malcolm Bradbury, Manchester：Manchester University Press, 1977, p. 153.

作家。在 60 年代后的英国小说中，意识流、象征、戏仿、拼贴、改编、互文等现代主义、后现代主义的艺术技巧被小说家们广泛使用，不同风格的文体、文类相互杂糅融合并且因为依托于小说传统的叙事精神而获得了更有力的表现与发挥，《发条橙》（*A Clockwork Orange*，1962）、《法国中尉的女人》（*The French Lieutenant's Woman*，1969）、《黑王子》（*The Black Prince*，1973）等都是小说艺术先锋潮流影响下的成功产物。"到了 20 世纪 70 年代初，以前英国小说中的不同派别——一方面是现代主义或后现代主义，另一方面是现实主义、道德主义或传统主义——都显示出了'互动'或融合的迹象"①。

在这批作家中，莱辛无疑是革新小说艺术的先行者，在多年的现实主义小说写作中，她敏锐地意识到传统小说观念和创作方法在新时代语境中的局限性。两次世界大战后西方社会弥漫着消极、幻灭、荒诞与虚无的情绪，存在主义思潮和后现代主义理论的兴起进一步动摇了人们对于宏大叙事、理想主义、人性善恶的固有认知，信仰、道德和伦理的价值意义也遭到怀疑，在这样的历史语境下，人的观念、内心感受也发生变化，正如罗伯-格里耶（Robbe-Grillet）说的："巴尔扎克的时代是稳定的，刚刚建立的新秩序是受欢迎的，当时的社会现实是一个完整体，因此巴尔扎克表现了它的整体性。但 20 世纪则不同了，它是不稳定的，是浮动的，令人捉摸不定，它有很多含义都难以捉摸，因此，要描写这样一个现实，就不能再用巴尔扎克时代的那种方法，而要从各个角度去写，要用辩证的方法去写，把现实的飘浮性、不可捉摸性表现出来。"② 莱辛在《个人的小声音》（"*The Small Personal Voice*"，1957）、《金色笔记》再版"前言"中也表达了类似思考。政治信仰的崩溃、冷战

① Randall Stevenson, *The Last of England?* （The Oxford English Literary History, Vol. 12: 1960–2000），Beijing: Foreign Language Teaching and Research Press, 2018, p. 430.

② 柳鸣九：《巴黎对话录》，湖南文艺出版社 1983 年版，第 15 页。

时期的社会对立和人性的复杂经验令她感到当代小说艺术面临的矛盾选择：一方面对现实主义的传统难以割舍，仍然力求通过文学创作反映社会现实并介入现实；但另一方面又迫切感受到传统的小说创作形式已不再能够胜任当代现实生活的表达，意识到小说形式必须有所变革与创新，以贴合新的时代语境和审美语境。此外，当代的语言表征危机，也促使莱辛对小说的发展做出新思考。随着当代社会的发展与变化，词语的意义也变得复杂而丰富，能指和所指之间的裂隙加大，出现了更大的意义空白，这导致了词汇在文本表述与解读中的歧义和不稳定。在19世纪文学中广泛运用的一些词语，现在不能再简单而自然地使用了。一些伟大的词汇，诸如爱、恨，生、死，忠诚、背叛等，它们的意义中往往包含了相反的意思，其中有一多半都包含着不确定的潜在含义。① 词语在表达经验与感受，进行判断和定性的时候显示出的不确定性对传统文体形式构成了语意挑战，词汇的多义、含混与模糊，它在表现人类的当代生活经验时有着深刻的无力感，正所谓语言的贫乏和厚重经验之间的矛盾。哈罗德·布鲁姆也曾指出了莱辛创作中表现出一种对于"词语的不信任"②，他认为这可能妨碍了莱辛在小说艺术上进一步取得更大的成就。但是，这种对于词语的不信任与悲观的文学情绪，反而成为一种创作的动力，促使作家尽可能地去探索不同的艺术形式、主题、题材和叙述技巧，寻找一种能够充分反映出复杂、矛盾、迷乱的当代社会场景以及破碎的当代生活经验的文本形式。

　　1962年出版的《金色笔记》成为莱辛在这一时期自觉探索小说艺术形式的重要成果。"在后现代理论家开始讨论宏大叙事崩溃之前，《金色笔记》就表达了'一种世界思维、一种世界伦理'尝试的

---

　　① Doris Lessing, "The Small Personal Voice", *A Small Personal Voice*：*Essays*，*Reviews*，*Interviews*，ed. Paul Schlueter, New York：Alfred A. Knopf, 1974, p. 5.

　　② Harold Bloom, ed.，*Doris Lessing*，New York：Chelsea House, 1986, p. vii.

失败,莱辛在这里集中讨论了精神分析学和马克思主义方面的问题,但也反映了小说所处的英国在特定历史时期(即苏伊士运河危机后不久)的崩溃感受。"①《金色笔记》预示了60年代后英国小说界在"十字路口"的艺术转向,其先锋性甚至早于 B. S. 约翰逊的"盒子里的小说"(novel-in-a-box)——《不幸的人》(*The Unfortunates*,1969)。它的出现代表了莱辛小说创作在叙事上的重要转变。从1952—1958年,莱辛一直在写编年体长篇小说"暴力的孩子们",这一系列作品明显采用了成长小说(*Bildungsroman*)的结构模式,不过这种手法没有一直得到贯彻:"考虑到她的知识背景以及自学成才的因素,莱辛以成长小说的形式转向了19世纪现实主义小说也很自然。但是这个形式并没有达到她的期望。'暴力的孩子们'前三卷所采用的现实主义小说形式产生了很大约束,不利于对未知的经验世界的表达。"② 在《风暴的余波》之后,她中断了这个系列的写作,并颠覆了此前的小说风格创作了《金色笔记》。《金色笔记》虽以当代女性生活为出发点,但作品内容丰富,囊括了当代政治思潮起伏、意识形态矛盾、殖民主义问题、两性关系、文学艺术论争,以及个体内在精神发展等。小说在主题层面依然延续了作家关注、反思、批判社会症结这一一以贯之的现实主义精神,但是在艺术上已经基本放弃了现实主义小说的叙事方法,女主人公的生命经历与外部世界变化的紧密联系,浓缩在人物的心理成长和经验积淀中,并且充分运用了后现代主义的叙事技巧来表达破碎、荒诞、焦虑、绝望的现实感受,比起此前的作品,小说在探索人物精神崩溃、碎片化以及非理性意识的复杂程度与广度上都更进了一步。③ 多重奏式的复合

① Randall Stevenson, *The Last of England?*　(The Oxford English Literary History, Vol. 12:1960–2000), Beijing: Foreign Language Teaching and Research Press, 2018, p. 428.

② Margaret Moan Rowe, *Doris Lessing*, Basingstoke: Macmillan, 1994, p. 22.

③ Roberta Rubenstein, *The Novelistic Vision of Doris Lessing: Breaking the Forms of Consciousness*, Urbana: University of Illinois Press, 1994, p. 71.

结构与早期作品的传统写作手法形成鲜明对比，被认为是莱辛对文学与生活的一种再思索。[①]

《金色笔记》的出版令莱辛大获成功，它展示了莱辛在小说美学上的积极探索，令她摆脱了"抗议作家"的标签，同时，也预示着她此后小说创作在风格上的多元、多变，并不拘泥于某种特定叙事模式。在 60 年代末，紧随《金色笔记》之后，莱辛相继完成了"暴力的孩子们"的最后两部长篇《瓮域之中》《四门城》。《瓮域之中》延续了前三部的编年史写实风格；《四门城》则在思想内容和艺术风格上体现出《金色笔记》的影响余音，它延续了前四卷关注社会政治现象、反映历史风貌的写实性，但又注重人物的精神分析与空间结构的处理，并加入了科幻小说元素。这部作品也具有艺术分水岭色彩，它不仅是"五部曲"的终结之作，也是莱辛在 60 年代最后一部以现实政治为题材的小说。在她 70 年代后的小说中，基于个人经历的现实主义写作和半自传体风格，用写实手法去再现意识形态之争、党派冲突等政治现象的创作倾向，几乎再难觅踪迹。

第三节　越界者莱辛：走向小说创作的
开阔之境

在一次访谈中，莱辛这样谈到自己的写作："我一直在驱策自己写作。你知道，我不做其他的事情。我没有很多的社交生活，我一直被生命中这样那样的环境所压制，正是这驱使我不停地写作。"[②] 亚当·史密斯（Adam Smith）用"自我放逐"（self-

---

① 黄梅：《不肯进取》，辽宁教育出版社 1996 年版，第 102 页。

② Adam Smith, "Interview: 'The Story dictates the means of telling it'", *Telephone interview with Doris Lessing following the announcement of the 2007 Nobel Prize in Literature*, 11 October 2007. http://nobelprize.org/nobel_prizes/literature/laureates/2007/lessing-telephone.html.

imposed exile）来形容她的写作状态，认为这恰恰创造了更多的可能性。的确，无论是在思想领域还是小说创作中，不愿意被主流秩序所同化的莱辛始终对新思想、新观念、新现象有兴趣，她乐于尝试新的体裁与写作方式，并以此超越思维的限度，这与她在作品中一贯表现出的那种反抗权威、传统、禁闭与限制的主导精神①具有一致性。

"那位使许多读者感到亲切的'作者莱辛'是个被认为具有正义感的关注社会现状的求索者，她不断寻觅、然而始终没有找到自己的精神家园。"② 大约在 1956 年，莱辛脱离英国共产党，她在自传中这样写道："1954 年后，我不再是一名共产主义者了，但直到20 世纪 60 年代初，我才感到真正的自由，摆脱了残存的忠诚。也就是说，我花了整整二十年的时间才不再感到愧疚，摆脱了罪恶感。我仍羞愧地记得，将自己的想法告诉那些忠诚的党员是多么的困难。"③ 她不再对党派政治怀有信任，转而投向宗教神秘主义学说和精神分析理论，试图从人的内在世界寻求社会探索的新路径，其中，苏非主义、R. D. 莱恩的心理学研究成果对她在 60 年代后的写作发展产生明显影响。

苏非派属于伊斯兰教中的神秘主义教派，是"自八世纪中叶以后以苦行主义和禁欲主义为发端，经过神智论、泛神主义而形成的伊斯兰神秘主义理论"，它"反传统、反理性，推崇个体的直觉，以省悟、出神的方式，追求信仰者与安拉之间的直接的知觉"④。马克思主义理论与苏非主义似乎是两种完全不同的方法论和世界观，

---

① Shirley Budhos, *The Theme of Enclosure in Selected Works of Doris Lessing*, Troy, NY：Whitston, 1987.

② 黄梅：《不肯进取》，辽宁教育出版社 1996 年版，第 113 页。

③ Doris Lessing, *Under My Skin：Volume One of My Autobiography, to 1949*, New York：Harper Collins, 1994, 397.

④ 刘一虹：《当代阿拉伯哲学思想》，当代中国出版社 2001 年版，第 167 页。

是从唯物与唯心完全相反的两极出发寻求对于世界的认识途径。而莱辛则轻易跨越了方法论的阻隔。但是，倘若不考虑这样或那样的意识形态定义，莱辛的转变是可以理解的，符合她一直以来探索求变、不愿画地为牢的精神追求。苏非派"是伊斯兰教内部赋予信仰和礼仪以奥义的神秘派，强调个人的内心经验（直觉）"①，但并不是与现实社会相脱离，而"是要从自我放逐中返回到现实中来，因为它仍依赖于现存的文化，也因为它不主张个体从社会脱离，而是应该处在社会中，同时又能看清其中的意义"②。这一学说的代表人物伊德里斯·沙赫在当时的英国很有影响力，虽然时人对他争议较多，但是他对苏非学说的阐释和推介，使得处在信仰失落、对外部改革失去信心的莱辛暂时找到了一条新路径，"苏非思想中对人的发展完善的信念和目标是她接受苏非哲学的最主要的原因"③。这与她一贯关注社会力量对个体命运的影响，以及寻求个体精神拯救的思想颇为接近。

苏非主义对莱辛小说创作的影响是很明显的，在《四门城》《瓮域之中》中，苏非小故事、苏非教义被放在每章开头的醒目位置。当然，更重要的是，苏非主义的一些理念为莱辛在小说情节的处理，主题阐释和人物心理描写方面提供了新启发：在《金色笔记》《四门城》中，个体意识的内在觉醒和非理性精神的探索成为人物自我救赎、弥合社会创伤的重要途径。在《天黑前的夏天》（*The Summer before the Dark*，1973）《幸存者回忆录》（*The Memoirs of A Survivor*，1974）等70年代的长篇小说中，对社会外部历史的描写被淡化，主

---

① 金宜久：《伊斯兰教的苏非神秘主义》，中国社会科学出版社1995年版，第38页。

② Ann Scott, "The More Recent Writing: Sufism, Mysticism and Politics", *Notebooks, Memoirs, Archives: Reading and Rereading Doris Lessing*, ed. Jenny Taylor, Boston: Routledge & Kegan Paul, 1982, p. 184.

③ 苏忱：《多丽丝·莱辛与当代伊德里斯·沙赫的苏非主义哲学》，《四川外语学院学报》2007年第4期。

人公也是通过调动内在意识获得超感官能力，超越了分裂的自我并自我治愈。

莱辛小说中对人物的心理感受的描写除了受到苏非主义的启发外，也和当时在英国非常活跃的精神病学家 R. D. 莱恩的一些思想主张有关。莱辛既是苏非派学说的推崇者，同时还接受 R. D. 莱恩的心理学治疗，并将他的一些心理学理论融入了小说创作。事实上，对人的潜意识心理和"艺术家思想中想象性创作与直觉意识之间关系的兴趣"[①] 在《野草在歌唱》中已初露端倪。有论者认为，玛丽·特纳人格分裂的心理描写已体现出 R. D. 莱恩在《分裂的自我》（*The Divided Self*：*An Existential Study in Sanity and Madness*，1960）中所谈到的自我"吞噬"的精神现象，即一种感觉空虚，却又害怕别人和外部世界带来的影响的状态。[②] 不过，莱辛在那时并未接触过莱恩的心理学。

1972 年，莱辛接受乔伊斯·卡罗尔·欧茨（Joyce Carol Oates）采访时说，她和 R. D. 莱恩都在"探索那些无法归类的体验所产生的现象，对传统文化称为'发疯'的状态进行心理学的'突破'"[③]。R. D. 莱恩对精神病的研究和治疗有个人独特见解，他反对采用电击等传统物理治疗手段或药物方式来"治愈"病人，相反，他认为不应干预精神病患者的疯狂行为和癫狂心理，而是让病人顺其病情发展获得"自愈"。在《分裂的自我》《经验的政治》（*The Politics of Experience*，1967）中，莱恩指出人格分裂并不一定是病态的，患者往往能在幻觉中恢复正常。他对精神分裂人格的新定义，

---

① Angela Hague, *Fiction*, *Intuition& Creativity*：*Studies in Brontë*, *James*, *Woolf*, *and Lessing*, Washington, DC：Catholic University of America Press, 2003, p. 277.

② ［英］卡罗莱·克莱因：《多丽丝·莱辛传》，刘雪岚等译，江苏人民出版社 2017 年版，第 188 页。

③ ［英］卡罗莱·克莱因：《多丽丝·莱辛传》，刘雪岚等译，江苏人民出版社 2017 年版，第 312 页。

是不将其视为"反常",反而看作一种特殊的心理活动方式,这和福柯(Michel Foucault)对什么是疯狂和健全的深刻反思(《疯癫与文明》)有不谋而合之处,都体现了挑战传统文化范式的激进精神,受到左翼知识分子的追捧。《坠入地狱的经历简述》(*Briefing for a Descent into Hell*,1971)中的主人公形象和情节设想明显受到《经验的政治》的影响,甚至可以说是对莱恩精神病学理论的文学复刻。莱辛在这部作品中刻画了一个男性精神病患者——沃特金斯教授,他患了精神分裂症,在幻想中神游天地人间,进入宇宙,甚至遇到了希腊诸神。神明们将地球称为"恶毒的地狱",降生在地球的婴儿就是"堕入地狱"。疯癫的沃特金斯教授得了健忘症,不记得现实中的人和事,只记得虚幻的经历,他后来接受电疗,恢复成所谓的"正常人"。这部小说被莱辛称为"内心空间小说"(inner space fiction),主要描写的是沃特金斯教授疯癫、迷幻、妄想等各种非理性的心理体验,以此表现人类社会的现实弊端与危机。这个人物的塑造,体现了她对 R. D. 莱恩的生存论心理学的认同。

莱辛 70 年代的长篇小说淡化了历史背景和社会写实,致力于探索人的内心世界,描写精神的动荡和非理性主义的神秘顿悟。《天黑前的夏天》的女主人公凯特·布朗是普通家庭主妇,人到中年后却被丈夫子女嫌弃,她试图通过重返社会寻求实现自我却徒劳无功,在地下室陷入疯狂的神思。《幸存者回忆录》更接近反乌托邦科幻小说,描写的是居住在战争废墟中疑似患有人格分裂症的女性,她陷入幻觉和谵妄,在幻想中建立空间,重新认识自我。总的来说,"在《四门城》之后的作品中,莱辛对个体的内在探索与爆发表现得更加复杂、全面"[1],与她早期创作的写实主义和历史主义叙事相去甚远。

---

① Margaret Moan Rowe, *Doris Lessing*, Basingstoke: Macmillan, 1994, p. 57.

1979—1983 年，莱辛出版了科幻小说"南船星系中的老人星座"（*Canopus In Argos：Archives*）五部曲，包括《关于沦为殖民地的五号行星：什卡斯塔》（*Re：Colonised Planet 5，Shikasta*，1979）、《三四五区间的联姻》（*The Marriages Between Zones Three，Four and Five*，1980）、《天狼星人的实验》（*The Sirian Experiments*，1981）、《八号行星代表的产生》（*The Making of the Representative for Planet 8*，1982）和《伏令王国的多愁善感的代表们》（*Documents Relating to the Sentimental Agents in the Volyen Empire*，1983）。小说虚构了银河系中的太空帝国，描绘了太空体系中处于不同社会阶层、气候环境和文化制度的星球帝国之间的冲突。"老人星"是善良、神秘而富有智慧的统治者，他们试图帮助落后星球的发展，对抗邪恶的沙特马星人的入侵。"天狼星"人掌握了进步的技术，工业文明程度高，他们野心勃勃，不满足于在本星球发展，和"老人星"争夺星际统治权。除此之外，还有邪恶暴力、生性嗜血，崇尚暴力和掠夺的"沙特马星"人。这套科幻小说富有想象力，作家将人类社会的现实场景搬到了银河系世界，但小说中反映的星际冲突和两性矛盾，不过是对现实世界中殖民主义问题的置换，以及当代社会两性冲突、女性存在困境的再书写，其内容依然来源于现实，只不过套上了科幻题材的外壳。但是，比起描写现实生活、富有个人经历色彩的作品，她的科幻小说有一种隔膜感，情节枯燥，缺乏艺术感染力，在评论界和大众读者中反响平平。①

此后，莱辛一度回归了她更为擅长的现实主义题材领域。《简·萨默斯日记》（*The Diaries of Jane Somers*，1984）和《又来

---

① 2007 年莱辛获得诺贝尔文学奖，哈罗德·布鲁姆接受采访时说："尽管莱辛在早期的写作生涯中具有一些令人仰慕的品质，但我认为她过去十五年的作品不具可读性，都是四流的科幻小说。"See Sarah Crown，"Doris Lessing Wins Nobel Prize for Literature！" 11 Oct 2007. Guardian News and Media Ltd.，http：//www. guardian. co. uk/books/2007/oct/11/nobelprize. awardsandprizes，Web. 25 Nov，2008.

了，爱情》（*Love, agine*, 1996）分别出版于八九十年代，但是主题具有相似性，都是触及老年女性的日常生活和情感世界。《简·萨默斯日记》由《好邻居日记》（*The Diary of a Good Neighbour*, 1983）和《岁月无情》（*If the Old Could*, 1984）两部小说组成，刚开始以匿名出版。据作者所言，她想体验不知名的作家出版作品的感受，考察作家声誉与作品批评接受的关系。小说描写了步入老年后的女性面临的各种困境，她们孤独无依、处境艰难，却少有人关注。人们恐惧衰老，但老年人的痛苦与孤独却很少成为文学的话题中心，他们对情感和陪伴的精神需求长期被大众所漠视，社会的同情心很少真正惠及这个群体。《又来了，爱情》讲述了一位 67 岁的女作家与两位青年男性的复杂微妙的感情关系，表达了老年人对爱情和两性关系的渴求。莱辛将老年女性的情爱心理作为表现对象，将这一群几乎处在社会生活和情感生活边缘的人，重新置于大众的视野之中，唤起人们对老年人生活处境的关注。

　　1985 年出版的讽刺小说《好人恐怖分子》（*The Good Terrorist*）以 20 世纪 60 年代的反文化运动为背景，一群来自社会不同阶层的无业青年们占据了一栋废弃房屋，他们是无政府主义者、左派激进分子，策划进行暴力革命，发动对政府的"恐怖袭击"。作品对这些年轻人身上的理想主义激情、业余的革命手段和幼稚的政治心理做了微妙讽刺，而在女主人公爱丽丝的遭遇中反映了女性牺牲精神不断遭到"利用"和"榨取"的严酷现实。这部小说可以看作是莱辛对 60 年代反文化运动的戏谑之作，作为曾经的"愤怒的青年"一员，她对个人和群体的历史反思中总是保持着冷眼旁观的理性距离。

　　1988 年莱辛推出的寓言小说《第五个孩子》（*The Fifth Child*, 1988）和续篇《浮世畸零人》（*Ben, in the World*, 2000）是其晚期小说创作中叙事特色鲜明、艺术主题具有代表性的佳作。小说的主人公是一个具有"返祖现象"的男孩,他力大无比、性格残暴、充满破坏欲,他的降生给一对安稳老实,渴求家庭温情的中产阶级夫妇带来了巨大的烦恼和不幸。最后,这个被家庭和社会所恐惧与排斥的"怪物",消失在悬崖下。这两部小说更像是寓言并具有"互文"色彩。《第五个孩子》是从社会主流群体的视角看待"异类",《浮世畸零人》则从一个被排斥的边缘人视角来重新审视中产阶级生活与价值观,带有反讽意味。小说显示出莱辛的晚期创作不再拘泥于社会生活的细节,她对人的存在问题的思考更加趋向形而上的本体论。

步入新千年后,80多岁高龄的莱辛依然笔耕不辍、勤力写作,不断有新作推出,且在风格上依然多变。比如现实主义题材的《最甜美的梦》(*The Sweetest Dream*,2001),幻想冒险题材小说《玛拉和丹恩历险记》《丹将军的故事》(*The Story of General Dann and Mara's Daughter*,*Griot and the Snow Dog*,2005)。"玛拉和丹恩"系列冒险小说完全剥离了真实的时空背景,融合了科幻文学、冒险小说、寓言文学的元素,作品的背景放在未来的冰川世界,男女主人公是一对姐弟,在逃避极端自然灾难的流浪迁徙中失散,历经磨难后重逢。《裂缝》的叙事策略复杂有趣,故事的背景放在人类史前文明,处于原始社会的男性和女性分别居住在各自领地,小说也可看作是对人类文明的演化历史和两性关系思考的寓言描写。莱辛的最后一部作品《我的父亲母亲》(*Alfred & Emily*,2008)是回忆录和虚构小说的合编。她回忆了儿时和父母在非洲农场的生活,缅怀他们并不愉快的人生;同时又通过一篇虚构小说做出假设,假如没有两次世界大战,父母的生活会是怎样的,他们将度过怎样的人生?

莱辛最后20年的小说创作,在艺术风格上与她前20年的长篇小说大相径庭,城市哥特、童话、科幻、冒险、生态灾难等被纳入松散的现实主义叙事框架，在写实主义细节描写和夸张的艺术幻想中形成微妙的平衡，同时，这类文本又关涉种族问题、文明冲突、性别冲突、战争灾难等严肃话题。莱辛晚年在小说文类上的刻意选择表明，她试图通过次要文类、通俗小说模式和现实主义、后现代主义的交叉融合的策略，以更加复杂和矛盾的艺术方式去讨论在后殖民主义、全球化和新保守主义政治影响下人类社会的命运走向。从这方面来看，她并未背离早年关注现实、介入现实的写作态度。

在黄梅看来，莱辛的小说创作和个人生活中所体现出的探索精神反映了 20 世纪西方知识分子在精神上的自我流放："在二十世纪文学中，流亡不但不寂寞，相反被不少人所热衷。一方面流亡代表了现代西方知识分子的一种处境——他们对他们所置身的社会的主导实践及其价值体系很难认同；另一方面，全面的不认同又在一个很深的层次上继续着西方关于独立自主的个人的神话。"[①] 莱辛的经历、思想和写作状态都表现出"流亡"的知识分子（exile intellectual）渴望从寻常生涯中解放出来的怀疑精神。莱辛兴趣广泛、视野广博、经历过多种"思想"和"主义"的洗礼，但从不谋求与主流秩序的投合，显示出精神上的特立独行，就像萨义德说的："即使不是真正的移民或放逐，仍可能具有移民或放逐者的思维方式，面对阻碍却依然去想象、探索，总是能离开中央集权的权威，走向边缘"[②]，并以大胆无畏的创新实践去回应惯常的逻辑。这种精神也融入了莱辛的小说创作，即多变、开放、自由的小说艺术追求和积极入世、关切现实、富有责任感的文学精神的有机融合，铸就了小说越界者的独特风格。她不轻易将个人写作划入某一流派或群体，不轻易定义个人的创作属性，纵观她的长篇小说，确实是

---

① 黄梅：《不肯进取》，辽宁教育出版社 1996 年版，第 113 页。
② ［美］爱德华·W. 萨义德：《知识分子论》，单德兴译，陆建德校，生活·读书·新知三联书店 2013 年版，第 56 页。

题材种类繁多、形式多样化、创作视野开阔，无论是贴近历史细节的社会生活描写、琐碎平凡的家庭生活场景、深入个体灵魂深处的直觉幻想，还是幻想冒险或科幻寓言，都反映了她力图透过文学见证当代社会的一些重要问题，思考人类文明的本质意义。对于作家而言，只有不断地挑战艺术的限度、思想认知的限度，抵抗成功范式的诱惑，才有可能在逃逸和流动中对主流文化意识形态中隐蔽的、习以为常的压迫和不合理发出质疑，并促使人们关注历史和政治、反思现实世界的危机。莱辛总是不安于现状的，她不断地前进，不断地探索，不断检验各种可能性的极限，寻求新的可能性去抵抗历史的噩梦循环①，这成就了她小说的丰富性和复杂性。

---

① Gayle Greene, *Doris Lessing: The Poetic of Changes*, Ann Arbor: University of Michigan Press, 1994, p. 14.

第 二 章

《野草在歌唱》:视角转换和 女性意识探索

　　《野草在歌唱》是莱辛的第一部长篇小说，1950 年在英国出版后广受好评，5 个月内再版 7 次，评论界认为《野草在歌唱》是继奥利芙·施赖纳[①]（Olive Schreiner）的《非洲农场的故事》（*The Story of an African Farm*，1883）之后英国当代描写非洲殖民地的最好的小说。[②] 之所以将《野草在歌唱》和《非洲农场的故事》相提并论，是在于这两位作家的身份和写作状态是如此切近：她们都生活在非洲南部的英国殖民地，有共同的族裔文化背景；她们都热心社会政治，关心妇女的权益；她们的小说也有相似的情感基调，施赖纳和莱辛都描写了殖民地的白人女性荒凉孤独的心理感受，以及农场上的白人女性幽闭单调的生活处境。阅读施赖纳的《非洲农场的故事》时，莱辛产生了强烈的情感共鸣，"我大约在 14 岁上下读到这部小说；对于其中描写的那种孤寂深有感触"，听到这部小说

---

　　① 奥利芙·施赖纳（1855—1920），南非女作家，在当时积极参与社会政治活动并发表个人主张，她反对种族主义政治、强调保护妇女的权益，代表作品有《非洲农场的故事》《妇女与劳动》（*Woman and Labour*，1911）。伊莱恩·肖瓦尔特称赞她"对女性传统作出了重要贡献"，参见 ［美］伊莱恩·肖瓦尔特《她们自己的文学》，韩敏中译，浙江大学出版社 2012 年版，第 185 页。

　　② Michael Thorpe, *Doris Lessing's Africa*, London：Evans Brothers, 1978, p. 11.

或作者的名字，"我内心深处的自我总会被触动"①。更令莱辛心有戚戚的是，施赖纳的小说不仅"写出了自己内心深处的感情，证实了自己对于生活的疑问，而自己对非洲那种爱得热烈却难免夹着一个殖民侵入者的孤独感的复杂情感，更是在书中得到了精准的描写"②，而且"她们之间还有另一方面的感情共鸣——对于身为女性在成长过程中遭遇的不公满腹怨言"③。"作为南非人，作为女人"，莱辛和施赖纳同是"在双重殖民主义中进行创作"④，但是与施赖纳不同的是，《野草在歌唱》中对女性经验的书写没有局限于"新女性在幽闭恐惧中的内心地貌"⑤，而是将性别、种族和伦理的讨论引入了家庭生活场景和女性性意识，通过女主人公在狭小的家庭空间中所承受的精神压力来透视社会文化和集体政治对女性命运和自我价值认识的潜移默化的影响。正如罗瑟琳·科渥德（Rosalind Coward）在评论当代女性主义小说时指出的："女性主义作品的小说都难逃全靠女人性欲来定义女人的窠臼，也是有局限的。偶尔也会有一些小说超越这种传统小说形式及偏见所造成的局限。譬如多丽丝·莱辛和费伊·威尔顿都曾打破过中心叙述声音或角色的成规，于是她们的作品一跃成为对历史、社会和性的关注的综合，不再为个人主观拥有。从政治角度看待性欲，是这些小说中最有意思的方面之一。"⑥

---

① Doris Lessing, "Afterword to *The Story of an African Farm*", *A Small Personal Voice*：*Essays*, *Reviews*, *Interviews*, ed. Paul Schlueter, New York：Alfred A. Knopf, 1974, pp. 98－99.

② ［英］卡罗莱·克莱因：《多丽丝·莱辛传》，刘雪岚等译，江苏人民出版社 2017 年版，第 77 页。

③ ［英］卡罗莱·克莱因：《多丽丝·莱辛传》，刘雪岚等译，江苏人民出版社 2017 年版，第 79 页。

④ ［美］伊莱恩·肖瓦尔特：《她们自己的文学》，韩敏中译，浙江大学出版社 2012 年版，第 191 页。

⑤ ［美］伊莱恩·肖瓦尔特：《她们自己的文学》，韩敏中译，浙江大学出版社 2012 年版，第 191 页。

⑥ 张京媛主编：《当代女性主义文学批评》，北京大学出版社 1992 年版，第 81 页。

第一节 女性身体的另类"审视"

莱辛在《野草在歌唱》中对性与政治的复杂关联进行了多角度演绎，虽然一些批评者认为莱辛在殖民地时的政治实践是游离于黑人社区的，她自己也承认几乎未有过和黑人群体的深入接触，这确实制约了莱辛对黑人形象的刻画，在《野草在歌唱》中，主要的黑人角色几乎是没有语言空间的，但是这并没有削弱小说中政治主题的表现力。在这部作品中，种族问题和性别问题、黑人问题和白人问题被统合在性别政治的视域中予以表现，莱辛对性别问题的讨论、女性自我意识的反思是放在种族歧视的社会大背景下进行表述的。而父权制社会中的性别压迫和女性歧视现象，与殖民主义统治下的种族压迫具有政治上的同源同质性。可以说，《野草在歌唱》的女性主义主题和反殖民主义的社会批判主题两者具有关联性。

小说以农场上的凶杀案为开端，通过倒叙的方式讲述了女主人公玛丽·特纳短暂的生活小史。玛丽被农场上的黑人雇工摩西所杀，丈夫迪克神志失常，夫妻二人别无亲友，只得由他人料理后事。这桩凶案事实清晰，没有异议，凶手业已归案，本身并无悬念，但是在犯罪现场的案情讨论中，莱辛以第三人称视角重点描写了警长德纳姆、农场主斯莱特和监工托尼·马斯顿的争论以及他们各自波涛暗涌的心理世界。警长和斯莱特是当地白人社区的中坚力量，两人阵线一致。在他们看来，玛丽虽已惨死，但不值得同情，因为她给本地白人带来的影响极为恶劣，当他们俯身看向玛丽的尸体时，并不掩饰脸上的恨意和鄙夷之情，"好像她是什么令人讨厌的、肮脏的东西，被人谋杀了正是活该"，流露出"极端的鄙视和忿怒"[1]。他们

---

[1] ［英］多丽丝·莱辛：《野草在歌唱》，一蕾译，译林出版社 1999 年版，第 4—13 页。

主张掩盖情杀"丑闻"，不想引起舆论非议和大众不安。警方隐瞒凶案真相的处理方式令马斯顿感到莫名愤怒，他刚从英国来到殖民地，在迪克家农场干活，他同情玛丽的不幸，怜悯她的死亡，认为其中隐藏着悲剧。然而，斯莱特二人所施加的捍卫白人文化的道德压力使他不得不屈服："'白种文化'决不允许一个白种人——尤其是一个白种女人和一个黑人发生什么人与人的关系，不管这种关系是好是坏。'白种文化'一旦允许建立这种关系，它本身就要崩溃了，无法挽救。"① 迫于此种共识所产生的心理压力，马斯顿只得同意闭口不言、保持沉默。在小说开篇对死亡现场的描写中，莱辛并不直接阐明对于殖民地问题的政治态度，而是经由三个次要人物的对话，以及马斯顿从矛盾到妥协的心理过程，让读者领会这不言自明的殖民地规矩。

在这个场景中，凶手摩西毫无存在感，他在现场是被边缘化的，就像一件沉默的道具，并不是众人关注的焦点。勘查犯罪现场和处置凶手成了次要问题，重要的是如何去界定和掩盖凶案中玛丽的通奸"罪行"。玛丽和摩西的性关系触发了肤色禁忌，引起了当地白人社区的不安和愤怒，可见即便在迪克家这样的偏僻农场上，种族主义的政治影响力依然无远弗届。此外，斯莱特二人的态度，他们对玛丽的尸体流露出的憎恶之情还隐含着对妇德的审判。性别歧视这个话题并没有像"白种文化"那样直接出现在人物的言语中，但是，在他们对玛丽身体的"视角"审视中，可以感受到一道厌女主义的目光。玛丽超越常规的行为举止令他们厌恶和惊惧，即便她已经死亡，他们依然从她的身体上读出一种"反动性"。在这里，作家运用视角和话语的冲突勾画出一幅具有性别政治色彩的画面，作为受害者的玛丽，她赤身露体地躺在地上遭受众人的非议和

---

① ［英］多丽丝·莱辛：《野草在歌唱》，一蕾译，译林出版社1999年版，第21页。

白眼，她是受害者，却遭到憎恨；她已经死亡，意味着无法为自己发声，最终她的死亡真相也被篡改了。被审视的身体和缺席的声音具有一种意义的指向，意味着玛丽在公共生活中毫无尊严、无权发声的被动处境。玛丽对自己的身体和命运无法拥有话语权，话语权被掌握在审视者斯莱特等人的手中，他们才拥有对玛丽的身体和归宿的最终处置权。与玛丽相似的是，作为家庭情杀事件的主角——凶手摩西也处在"无言"的缺席中，迪克则是因为疯了而失语。女人、黑人和疯子是这桩惨案的主角，但是对他们命运的表述却被三个局外人所掌控，这揭示了故事中殖民地权力话语的基本结构，即拥有财富、掌握了法律的白人男性才是殖民地的拥有者，而女人、黑人和失败者则是无法掌握自己命运的被操纵者。

小说开头的死亡审判这段情节中，作家赋予叙述视角特定的政治内涵，并通过视角的调度制造艺术冲突。"视角为表达故事的方式之一，在这个意义上，它属于话语范畴，而不是故事范畴。当叙述者借用人物感知来聚焦时，视角则会具有双重性质：既是故事的一部分（人物感知）也是话语的一部分（叙述策略）"①，对叙述视角的考察可以揭示出文本的潜在的价值意义。"在全知叙述中，叙述者有时透视人物的内心活动，有时则仅仅叙述人物的言行，这两种情况往往频繁更替。如果观察人物的内心活动算'内视角'，而观察人物的言行则算'外视角'，'全知叙述'就应被视作时而为'内视角'时而为'外视角'这样一种变化无常的类型，这显然不合情理。"② 但是，如果将视角运用的区分着眼于"聚焦者"，即谁在"讲"、谁在"聚焦"故事，"叙述者究竟是用自己的全知眼光来观察故事世界，还是尽量用人物的有限视角来观察故事世界这样

① 申丹：《叙事、文体与潜文本》，北京大学出版社2009年版，第91页。
② 申丹：《叙述学与小说文体学研究》，北京大学出版社2005年版，第215页。

一种质的区别"①，那么作品中视角的功能区分、各自承担的不同语境就会清晰地呈现出来。在随后追溯玛丽的生活史时，莱辛运用不同的叙述视角来呈现玛丽的形象，或聚焦于她的外在身体特征，或深入其内心世界。这些视角既有冲突，又构成互补，反映了殖民地特殊的社会氛围。

　　无论是作为单身女郎还是进入了婚姻生活，玛丽的身体总是难以挣脱来自他人的目光审视，这些次要人物的评价固然有主观差异性，但反映了社会公众对玛丽的一种"想象"，也展现了想象中所包含的某些社会价值取向。作家在呈现来自社会的审视目光和叙述视角时，有意让玛丽处于"失语"状态，她的身体醒目地呈现在众人的目光中，但是她的声音是缺席的，她丧失了为自己的身体申说、辩护的权利。玛丽的"失语"既是情节的需要，也反映了个体与集体的张力关系，外界社会的思想影响力表现在每一个个体身上，而作为其中一员的玛丽，她虽有微弱的反抗，但大多数时候处于被动的茫然应对中。她的"失语"既是无力的体现，也是内心茫然空洞的象征。对视角的这一处理方式，使得这部具有传统小说艺术风格的作品，具有了现代小说的不可靠叙述的特点，人物塑造和主题表达都具有了多义性。

　　玛丽出身在殖民地穷白人家庭，父亲是铁路上的送水工，他收入微薄，好酒贪杯，母亲一辈子生活在贫困与辛酸中，"为了这些账单，她的父母一年要打十二次架"②，因为无钱治病，一兄一姊相继夭折。16 岁起，玛丽离开学校独自在城里谋生，与肮脏贫穷的家庭生活告了别，成了无忧无虑的单身女人。25 岁的玛丽留着一头时髦的浅棕色头发，碧蓝的眼睛显得很严肃。她的朋友们称她是金发碧眼的美人儿，因为她总爱模仿孩子气的电影明星的打扮。30

---

① 申丹：《叙述学与小说文体学研究》，北京大学出版社 2005 年版，第 211 页。
② ［英］多丽丝·莱辛：《野草在歌唱》，一蕾译，译林出版社 1999 年版，第 29 页。

岁时"她的头发依然梳成少女式样披在肩上，她也常常穿着浅色的少女式上衣，态度还是那样羞怯天真"①。在公司，她工作得力，深受老板倚重。在社交活动中，她优雅知趣，有了一群亲密的朋友，但是，她一派天真的单身生活却在公众非议下失去平衡。因为大龄未婚，在一次社交聚会中，玛丽偶然听到朋友们的私下议论和嘲弄："她可不是个十五岁的小姑娘啦，真可笑！应该有个人去告诉她一声，她那种打扮太不像话"，"她在游戏娱乐时的那种样子真叫人恶心。她皮肤粗糙得像砂纸似的，人又那么瘦"，"其实她不是那么一回事，绝不是那么一回事。大概总有什么地方不对头吧。"②

　　从"金发碧眼的美人儿"到"恶心粗糙"，对玛丽身体外貌的非议不仅是单纯的自然性状的变化所造成的，其中还投射了某种微妙的社会态度："性并不简单属于肉体性的身体，而是属于在很大程度上决定身份的各种想象和象征的复合体。"③公众对玛丽的身体毫不避讳的批评态度实际指向了她不合时宜的单身生活，她干瘦的身体和大龄未婚的状态成为性冷淡的可疑指征："在时下性生活科学化的时代，性的冷漠才是再可笑不过的事呢。大家没有原谅她；大家都笑，觉得她有些活该。"④公众对玛丽身体的挖苦讽刺是玛丽的私人生活与社会意志的第一次冲突较量，舆论场的声音固然尖刻，但是对她身体的非议本身所具有的窃窃私语的鬼祟色彩恰恰又反证了这种批评本身的道德合法性的缺失。然而，玛丽既不敢当众斥责，也没有做出任何辩解，她彻底丧失了自信，毫无挣扎地向世俗投了降。她悄悄改变了自己的着装，尝试和不同异性接触，很快便与农场主迪克·特纳成婚，逃离了城市。然而这次投降后，社会

① ［英］多丽丝·莱辛：《野草在歌唱》，一蕾译，译林出版社 1999 年版，第 34 页。
② ［英］多丽丝·莱辛：《野草在歌唱》，一蕾译，译林出版社 1999 年版，第 36 页。
③ ［美］彼得·布鲁克斯：《身体活》，朱生坚译，新星出版社 2005 年版，"序言"第 3 页。
④ ［英］多丽丝·莱辛：《野草在歌唱》，一蕾译，译林出版社 1999 年版，第 39 页。

并没有放弃对玛丽的监视，即便僻居农场，玛丽的私生活、她的身体依然面临被他人审视和非议的处境。

富裕农场主斯莱特是特纳夫妇的老邻居，也是他们与世隔绝的农场生活中仅存的社会联系之一。斯莱特观念保守、行为专横，他信奉"皮鞭主义"，凭借精明冷酷积累了财富，成为成功的殖民者。斯莱特在经营农场时极力压榨土地资源和黑人劳动力，将自己农场的自然资源攫取殆尽后，又对迪克的农场虎视眈眈，想要吞并。这两人不仅是强与弱、成功与失败的对比，也反映了白人社区内部的贫富悬殊和阶层矛盾。然而，在吞并迪克农场的计划中，对白人种族主义政治秩序的维护超越了农场经济学，成为头等大事。斯莱特固然想从邻居的农场上获得更大的经济利益，但是对男性在家庭生活中的权威与地位的维护，对白人的种族地位和尊严的维护，又使得他不得不先后几次介入迪克的家事，充当起迪克的保护人与指导者的角色。在斯莱特的叙述视角中，玛丽的形象一直是糟糕的，这主要是因为玛丽故作清高、轻视农场生活，与当地白人社区疏离；而且她离家出走，破坏了家庭秩序，贬低了迪克的地位。他在心理和行为上从不掩饰对玛丽的轻视、厌恶和反感。

与特纳夫妇的最后一次晚餐中，莱辛描写了斯莱特眼中的玛丽：

> 她仍然犹豫不定地站在他面前，干瘪得像一根木头。她的头发被太阳晒成乱蓬蓬的一团，披散在瘦削的面孔周围……她那瘦长的淡黄色脖子，从她显然刚穿上身的一件衣服里突出地裸露着。她穿的是一件镶了绉边的木莓色棉布衣服；耳朵上戴着长长的、好像在沸水中煮过的糖果一般的红色耳环，耳环撞在她的脖子上，来回摆动着。
>
> 迪克一声不响，玛丽只管东一句西一句地闲扯着天气方面的事情，做出一种肉麻的羞怯样子，一会儿摇摇耳环，一会儿

扭动瘦削的肩膀,而且照着一般卖弄风情的方式,对查理抛媚眼。

她眼睛下面起皱的黄皮肤泛起了一阵难看的红晕,脸上的神情明白无误地表明她很忧虑不安。显然她已经明白查理注意到了她家里的一些蹊跷;她一直惭愧地望着查理,对他微笑。①

在斯莱特对玛丽身体的审视中,出现了大量贬低性的词汇,诸如卖弄风情、肉麻、调情、羞答答、扭捏作态等,这些用语流露出他对玛丽的厌恶之情。但斯莱特泰然处之,冷眼看着玛丽轻浮做作的表演。破败惨淡的居室,简陋寒酸的饭食,玛丽置身其中却毫无自卑之感;她热络的举止、奇怪的话语和形销骨立、憔悴不堪的体态极不相称,已然是半疯癫了。但斯莱特对她毫无同情,也没有任何不安,直至听见玛丽对土人摩西说话时用的也正是这种"羞答答的调情的声音"才被激怒。从默不作声到勃然大怒,并强硬地要求特纳夫妇尽速离开农场,斯莱特态度的急遽转变伴随着玛丽的身体在他视野中的投射,形成了一连串的情绪反应并推动故事情节的发展。他蔑视玛丽在艰难中难以自持、堕入疯癫的脆弱意志,更痛恨她破坏了夫权,损害了殖民地白人的尊严,但是在他的厌恶中,也没有什么个人见解,也不是因为他个人品质更加高尚,他的目光不过是复制了一遍父权制社会的厌女倾向的道德说辞,"众所周知,妇女关于自身性生活以及性欲感受的陈述,不得不受制于一些完全被扭曲了的所谓女性特质的约束,这些所谓的女性特质包括为了卖弄风情故意摆出的含羞姿态,为了达到控制的目的装出来的驯服等等"②,这和对玛丽性冷淡的挖苦来自同一个话语系统。此外,考虑

① [英]多丽丝·莱辛:《野草在歌唱》,一蕾译,译林出版社1999年版,第187—190页。
② [美]简·盖洛普:《通过身体思考》,杨莉馨译,江苏人民出版社2005年版,第110页。

到他一贯的歧视心理，玛丽在斯莱特的眼中不正经的做派是否是添油加醋的想象？究竟是对玛丽的恨导致了对其身体的色情性质的夸大描述，还是说仇视与色情想象本身恰恰构成了斯莱特的厌女心理的一体两面？

在紧随其后的叙述中，莱辛再一次让玛丽的身体出现在农场的英国新移民托尼·马斯顿的视野中，如果说玛丽的"疯癫情事"已经有了"目击者"，那么从马斯顿的第三人称视角对此再做重述的意义何在？马斯顿初来乍到，在迪克的农场当监工，学习农业经营，他直接目睹了玛丽与摩西在卧室中相会的场景：

> 只见玛丽坐在一只倒放着的蜡烛箱上，面对着墙上的那面镜子。她穿着一件很耀眼的粉红色衬裙，瘦骨嶙峋的肩膀凸露在外面。摩西正站在她身旁。托尼看见她站起来，伸出两条臂膀，那个土人便把她的衣服从后面套上了她的手臂。一会儿她重新坐下，用双手把脖子上的头发拨散开，那种姿势就像一个美女在欣赏自己的美貌一般。摩西替她扣好衣服，她自己又对着镜子照了照。瞧那个土人的神态，宛如一个溺爱妻子的丈夫一般。
>
> 这个可怜的、受尽折磨的女人，显然已经到了衰颓不堪的地步。她这会儿正走出卧室，一只手仍然放在头发上。他看见她的脸上显得容光焕发，天真无邪，虽然这种神气中带着点空虚和傻气的意味。①

马斯顿与斯莱特的叙述视角既构成互补又有差别。他们同是玛丽情事的目击者，均意识到玛丽的不正常，在斯莱特的视角中玛丽

---

① ［英］多丽丝·莱辛：《野草在歌唱》，一蕾译，译林出版社1999年版，第199—201页。

的身体反映了道德品格低下的人格特征；而在马斯顿眼中，玛丽与摩西的肢体接触，既有伦理道德的错位，又有夫妇间的温情，却没有色情或淫荡的感受。作为目击者，马斯顿感到尴尬，继而又很震惊，毕竟对于一个白人来说，这简直如同和野兽发生关系一样可怖可厌。但是联系到特纳夫妇的赤贫处境，他对玛丽更多是同情和怜悯。斯莱特与马斯顿的视角冲突在小说开始已有铺垫，后文再次出现不仅是呼应情节，点出人物的不同个性，也多层次地凸显了殖民地社会中种族歧视与性别歧视相交织的政治文化结构。在马斯顿眼中，玛丽举止古怪、作风别扭，整天魂不守舍，前言不搭后语，完全是精神失常了，他对玛丽身体的歧视色彩淡化了，显示了这个新移民良善的道德心理，但是他与斯莱特的视域在本质上又是一致的，他们有类似的社会理想——到殖民地寻求经济致富，以及彼此认同的价值观——白人至上主义。马斯顿对玛丽的同情与理解是在默认殖民主义和白人至上的前提下的，他对玛丽的保护是要防止她的身体免受黑人的侵犯，阻止黑人在白人家庭中的僭越，而玛丽和摩西之间是否存在人的感情联系，这类问题已被先天缺省。他将玛丽与摩西的情事理解为一种精神错乱的产物，"她一举一动都很率直简单，生活在自己的自由自在的天地里，别人的标准都不放在她心里。她已经忘了她同种族的人是什么样子了"[1]。

从"不是那么回事"的未婚生活，到"完全精神失常"的婚后生活，对玛丽私人生活的描写反映了个体生活与集体观念的冲突。但是，在与外界视角的几次交锋中，莱辛将玛丽的身体放在醒目的焦点位置，却又刻意收缩她的话语权，以话语权的不对等来凸显集体观念的强大，以及在殖民地的话语体系中权力是如何分配的。在斯莱特和马斯顿的眼中，玛丽和摩西的关系无论是色情的还

---

① ［英］多丽丝·莱辛：《野草在歌唱》，一蕾译，译林出版社 1999 年版，第 202 页。

是兽性的，都是非道德、反人性的，他们对玛丽身体的审判视角昭示了殖民地的社会制度和价值观，这是混合着种族压迫和性别压迫的双重殖民主义的目光，它鼓吹白人至上的文化理念，将黑人禁锢在金字塔社会的底层，还隐藏着对女性的戒备与敌意，将妇女的天地压缩在家庭中，限制女性精神的成长，肤色歧视与性别歧视具有同质属性，共同构成对女性和有色人种的压迫，让他们成为殖民主义父权制文化统治秩序中的一环。但玛丽无从辩解又惶惑不安的内心世界却反映了她对这种权力压迫的茫然无知。

第二节　肉体的困惑：女性意识的内在矛盾

那么作为一个身体被贴上道德标签，不断遭到偏见解读的白人妇女，玛丽·特纳是否只是单纯的受害者，一个填充了殖民主义和父权制观念的空心人？她与殖民主义政治的关联究竟是怎样的？除了以第三人称次要人物的有限视角来描述玛丽的生活外，莱辛也通过玛丽的情绪、幻想、焦虑等心理活动展现了女性个体对社会制度的内在感受，从而把殖民地的意识形态问题与女性的生存困境整合在了一起，将女性心理和政治文化相勾连。这使小说超越了传统的女性家庭小说的风格局限，不仅有了现代主义色彩，也触及了更深广的社会问题。

如果说玛丽的身体引起了公众的不安与反感，体现了父权制社会的厌女心理，那么多次出现在玛丽视野中的黑人身体则触发了她的冲动、仇恨和愤怒，反映了社会习俗与意识形态对她潜移默化的影响。

在婚后的农场生活中，农场上的土人成了玛丽不得不打交道的对象：他们是仆佣、劳工，也是她寒酸杂货店的顾客。与黑人打交道对她而言不啻是折磨，黑人的身体邋遢肮脏，散发出难闻的体味，不断唤起她对童年家庭生活中关于父亲的回忆。父亲是穷白人，对黑人十分冷酷，但他又是酒鬼，醒酲肮脏，不见得比土人更加体面。父母的婚姻生活是噩梦，但是与迪克的婚姻就好像是冥冥之中"亡父从坟墓中送出了遗嘱，逼迫她去过她母亲生前非过不可的那种生活"①。玛丽·特纳无法脱困、没有选择，将愤怒宣泄在对地位更加低下的黑人的滥施暴力中。她监视黑人劳作，态度严苛，她自己做家务时的狠劲就"好像要把一个黑人的脸刮掉一层皮似的"②。

在迪克患有疟疾无法劳动后，作为农场事务的临时管理者，玛丽怀着不得不与土人打交道的厌恶感，以及整饬农场的雄心走上了田间。可出乎她意料的是，训斥、鞭打、监视黑人劳作令她精神振作，贫乏生活中积攒的逆来顺受、麻木空虚被一扫而光，种族主义的暴力皮鞭，她运用得得心应手，父亲说过的套话不假思索地就从她嘴里流淌出来。而且她并不掩饰对黑人身体的憎恶。

> 她恨他们那样半裸着身子，弯着腰，蠕动着那筋肉结实的乌黑身体，漫不经心地干着活儿。她恨他们板着脸，恨他们跟她讲起话来总是把眼睛望着别处，恨他们隐藏在内心的轻慢无礼；而最使她厌恶的是他们身体上发散出来的一股浓烈的臭味，一种又热又酸的野兽气味，叫她一闻到就感觉难以忍受。③

在她的眼中，黑人的身体是非人化的，这些卖力干活、营养不良的身体并不属于人，只是由人的肉体组成的输送机。玛丽既想尽可能地把他们当作没有感觉的机器加以压榨，又想把他们的身体消

---

① ［英］多丽丝·莱辛：《野草在歌唱》，一蕾译，译林出版社 1999 年版，第 52 页。
② ［英］多丽丝·莱辛：《野草在歌唱》，一蕾译，译林出版社 1999 年版，第 67 页。
③ ［英］多丽丝·莱辛：《野草在歌唱》，一蕾译，译林出版社 1999 年版，第 119 页。

灭在尘土、湮灭在空气中，因为即便土著没有偷懒，其身体的存在本身也总是时时触发她的怒气，令她厌恶而不安。

不仅是男性，土著女人的身体也会挑起她的厌恶。在她经营的小卖店外，经常聚集着来挑选货品的土著女人：

> 她厌恶她们裸露的穿着、她们那柔软的棕色身子以及她们既忸怩又傲慢无礼的好奇面孔，她们那种带有厚颜无耻和淫荡意味的喊喊喳喳的声音，也使她极其厌恶。她们坐在那里，两条腿盘着，那种姿势是从她们先祖那儿一脉相传下来的……尤其使她厌恶的是，她们哺乳时，两只乳房就那样挂着，什么人都看得见。她们那种安然自得做母亲的样子，简直使她看得血液也要沸腾起来。"她们的婴孩偎贴在她们的胸脯上，就像水蛭一样。"她一面自言自语地说，一面不禁发起抖来，因为她一想到奶孩子，就不禁害怕。一想到孩子的嘴唇吸吮着她的乳房，她就要作呕；想到这里，她便情不自禁地用手抓住乳房，好像要保护住它们，不让别人来侵害似的。有许多白种女人也像她一样，不愿自己哺乳……现在看了这些黑种女人，真觉得是一种奇观；这些妇女都是些奇形怪状的原始人，她们那些龌龊的欲念，她想也不忍去想。①

在玛丽看来，土著女人当众哺乳的行为、裸露的身体都是尚未开化、缺乏道德意识的表现，她们身上不可思议的性本能以及旺盛的生育能力都是原始性的体现，印证了白人文化的叙事语境中一贯以来的种族偏见的话语。不过，除了肤色歧视外，土著女人的身体还引起了玛丽对女性生育和哺乳等属于自身性征的厌恶，这种心理

---

① ［英］多丽丝·莱辛：《野草在歌唱》，一蕾译，译林出版社 1999 年版，第 97 页。

延伸反映了玛丽思想中的厌女主义情绪。父权制文化对女性禁欲、贞洁的潜在要求使得女性常处于性的羞耻感中，怀孕哺乳和性行为总是联系在一起，当众哺乳引起的不安或拒绝哺乳行为本身都是性的羞耻感在作祟，再反观她与迪克冷淡的性关系、压抑的性生活以及被丈夫剥夺的生育权，她在父权制社会中既是厌女文化的受害者，又在不知不觉中复制了厌女主义者的目光。

在玛丽对黑人女性的身体审视中，我们可以体会到一种相似的思想结构在作祟。她对黑人身体的厌恶审视，对黑人女性的身体做出的"淫荡""厚颜无耻"等道德定义，那种本能的、不假思索的反感，与斯莱特对她身体的审视具有高度的相似性，都是殖民地父权制社会中种族偏见和性别偏见的产物。在白人男性的视角中，玛丽的身体被扭曲了、非道德化了，成为意识形态的投射物，但在看向黑人群体的目光中，玛丽的视角又何尝不带着冷酷专断、道德贬低的目光？玛丽与土人的种族矛盾，本质上是复制了父权制下的性别压迫关系，正如皮克林所言："只有在和黑人男佣及黑人雇工的关系中，她才表现出对男性的优势，毕竟，这是得到公众允许的。受公众观念的影响，她对迪克的支配欲表现出矛盾性；她觉得应该尊重这个男人，毕竟她依赖他，不管丈夫多么虚弱，和她相比是多么的无能，但这是公众的要求。他们的关联实质是建立在男性支配上。"①

《野草在歌唱》中对于不同"身体"的视角呈现与话语表达非常具有叙事学意义，这不仅塑造出一个立体、矛盾、自我分裂的女性形象，也更加清晰地揭示了殖民地的权力结构。玛丽既是被看者，又是审视者；既是失语者又拥有话语权，这种矛盾性并不意味着她的地位变动，而是更加印证了女性如同其他少数族裔和黑人土

---

① Jean Pickering, *Understanding Doris Lessing*, Columbia: University of South Carolina Press, 1990, p. 28.

著一般，都是殖民地父权制社会的被统治者，同时还充当了男性统治者的同谋。

"在《野草在歌唱》中，僵化保守的社会氛围如同一块铁板，特纳夫妇的生活在它面前没有更多选择余地，因此，当特纳夫妇拒绝了集体主义，他们都以各自的方式滑向了异化和疯狂。"① 莱辛描写了玛丽精神崩溃后丰富复杂的心理感受，"生动地描绘了从外部现实转入主人公自厌的内在世界的实际变化"②，玛丽远离了智性，堕入了白日梦与幻觉，与习俗渐行渐远，而黑人摩西的身体成为她非理性精神活动中的一个关键景象。

摩西是玛丽的情人，但他在作品中几乎没有几句对白，这个"黑色的希剌克里夫"并不需要典型化、性格化，他的作用是转译，将殖民主义的恶果具象化呈现。摩西在农场劳动时曾遭到玛丽掌掴，后来再去迪克家里料理家务时，玛丽已是精神恍惚。她憔悴得厉害、言语迟钝、词不达意，对家务和经济一概漫不经心，而摩西便尽心照料她的起居。在狭小农舍的日常相处中，摩西的身体，他下垂的肩膀和微微蜷曲的手掌；他倚墙而立的身姿，或靠墙半坐着伸长的双腿，他的睡姿、呼吸、体味充斥了房屋、占据了玛丽的意识，也唤醒了她。对于摩西的身体，玛丽既感到厌恶又感到着迷："他那健壮魁伟的身躯迷住了她……当他擦地板或是弯下腰生火炉的时候，肌肉就紧贴着衣服凸了出来，两只薄布的袖管看上去简直就要绷裂。"③ 而偶然看见摩西淋浴时的场景，在她头脑中留下刺激性的感官印象，"她记起了那罩满雪白皂沫的又黑又粗的脖子，那

①　Jean Pickering, *Understanding Doris Lessing*, Columbia：University of South Carolina Press, 1990, p. 21.

②　Roberta Rubenstein, *The Novelistic Vision of Doris Lessing：Breaking the Forms of Consciousness*, Urbana：University of Illinois Press, 1979, p. 30.

③　[英] 多丽丝·莱辛：《野草在歌唱》，一蕾译，译林出版社1999年版，第149页。

在水桶跟前弯着的健壮的背，这对她的感官实在是一种刺激"①。她试图用理智将摩西的身体屏蔽于感官和情绪之外，但这种矛盾令她煎熬，"她感到一阵极其强烈的、莫名其妙的恐惧，一种深沉的不安，甚至感觉到这土人有一股神秘的诱惑力"②，"她为那种不能承认、无法言说的黑色诱惑而痛苦"③。摩西对于玛丽的心理冲击主要在肉欲和情感这两方面④。比起迪克肤色灰白、肌肉松垮的病态躯体，摩西健康的体魄散发出性的吸引力，而他对玛丽体贴仔细的照顾令她感受到人性的温暖，她生平第一次将土人看作"人"而不是机器或牲畜。玛丽对摩西身体产生的情欲包含着人性与情感的关联，这层联系突破了殖民主义政治对白女人和黑男人关系的兽欲定位，人与人的联系被建立起来了，种族主义的偏见开始松脱，但这个过程对玛丽来说却异常痛苦。摩西的身体激发的不仅是情欲的诱惑，它还裹挟着种族主义的道德原罪，这种分裂的情感反映在玛丽对摩西的幻觉想象中。

"根据荣格理论，摩西代表了她的阴暗面，是无意识的一部分，是个性中受压抑部分逐渐累积的结果"⑤，与摩西接触后，玛丽受到压抑的情感爆发出来，显得脆弱而恐慌，她渴望摩西的照顾，却又恐惧他的接近，紧张错乱加重了她的神志不清，竟然在摩西的身上看到了"亡父"的身影：

> 这个黑人的手碰在她肩上，真使她要作呕；她生平从来不曾碰过土人的身体……她觉得头直发晕，骨头也软了。"夫人

---

① ［英］多丽丝·莱辛：《野草在歌唱》，一蕾译，译林出版社 1999 年版，第 151 页。

② ［英］多丽丝·莱辛：《野草在歌唱》，一蕾译，译林出版社 1999 年版，第 163 页。

③ Jean Pickering, *Understanding Doris Lessing*, Columbia：University of South Carolina Press，1990，p. 30.

④ Michael Thorpe, *Doris Lessing's Africa*, London：Evans Brothers, 1978，p. 12.

⑤ Jean Pickering, *Understanding Doris Lessing*, Columbia：University of South Carolina Press，1990，p. 29.

躺一下吧。"他又说了一遍,这会儿的声音是温和的,几乎像
父亲对女儿说话一般。

她被吓住了,恨恨地往枕头里钻,忍不住哭出声来,好像
身上沾染了污物似的。在痛苦的折磨中,她仿佛又听见了他刚
才的声音,那样坚定,又那样亲切,好像她的亲生父亲在命令
她一样。①

与摩西的身体接触不免让她产生本能的厌恶,可其中却莫名感
受到父性的关怀。在另一个梦中,死去的父亲从地狱中显灵并在摩
西身上"复活",土人的身体彻底和亡父合而为一:

土人慢慢地走近前来,那么猥亵,又那么强壮。她好像不
止受着他的威胁,而且还受到她亡父的威胁。这两个男人合并
成了一个。玛丽不仅闻到了土人的气味,而且闻到了当年她父
亲不洗澡的那股气味。这股发臭的气味弥漫在整个屋子里,好
像野兽身上的气味一样……他走上前来,把手搁在她胳膊上。
她听到那是一个非洲人的声音。他安慰她,叫她不要为了迪克
的死而过分悲痛。他俨然以一个保护人的身份安慰着她。但同
时那又好像是她父亲的声音,那样可怕,那样充满着威胁的意
味,一面带着欲望抚摸着她。②

在幻梦中,玛丽平生最厌恶的两个人:父亲与黑人重叠在了一
起,他们散发出相同的气息,有着相似的语调,他们的触碰既猥亵
可怕,又具有不可抗拒的安全感。梦中那个既肮脏下流又给人安全
感的父亲为何与摩西重叠?亡父为何在摩西身上复活了?这段梦境

① [英]多丽丝·莱辛:《野草在歌唱》,一蕾译,译林出版社1999年版,第160—161页。
② [英]多丽丝·莱辛:《野草在歌唱》,一蕾译,译林出版社1999年版,第175页。

描写别有深意,暴露了玛丽潜意识思绪中情感与政治的割裂,欲望和伦理的错位。在她的梦中,那个可怕可憎、猥琐无能的父亲源自她对亲生父亲的记忆,而那个强健温和的保护人则是现实中摩西的化身。她童年父爱缺失、婚姻中丈夫无能,摩西满足了她现实中的情感缺失,符合她所渴望的那个温和亲切的男性庇护者的形象。但是,政治将人性一劈两半了。殖民地的教育宣讲中关于黑人肮脏下流、狡猾阴险、侵犯白人女性的事情是她自小听到大的,这和实际生活中摩西给她留下的自尊坚强、温和体贴的印象相抵牾,玛丽无法分辨种族主义话语中的伪善和偏见,更无法基于合理的人性经验做出独立判断,推翻思想的禁锢。她把憎恶和爱欲、亲切和猥亵嫁接在亡父身上,并与摩西合二为一,不仅表现了她在情感深处的分裂性,也使得她对摩西的感情带有了种族主义的道德原罪。

玛丽被摩西的人格和体魄所吸引,这发乎人性,但这触犯了殖民地的种族禁忌,在玛丽的性梦中,亡父复活了,在摩西身上显灵,这是一个种族主义的幽灵,是她头脑中残存的种族观念向她发出的"道德"警告,如果白人女性和黑人发生性关系就会产生灾难性的道德恶果,就如同违背了人伦道德的性关系一样是可耻可怖的,其恶劣的程度不亚于父女间的乱伦。玛丽在梦中的恐惧之情,与其说是对生父的憎恶,不如说是对自己的感情的惧怕,"她将种族隔离内化了,这使她对摩西的那种渴望成为不可接受的;更进一步,她将摩西与她父亲联系在一起。这两种性关系都是被公众严厉禁止的"①。

这个乱伦色彩的梦境不只表达出种族歧视与人性欲求的矛盾,也反映了殖民地女性所遭受的种族与性别的双重捆绑。在莱辛小说里,白人女性与黑男人发生性关系是可耻的禁忌,但是,白人男性

---

① Jean Pickering, *Understanding Doris Lessing*, Columbia: University of South Carolina Press, 1990, p. 32.

与黑人女性发生性关系却不会披上这层伦理外衣，《黑皮肤的圣母》（"The Black Madonna"，1964）中，白人军官有一个黑人小妾，她独自住在部落；《猎豹乔治》（"Leopard George"，1951）中，乔治与农场上的土著女人们厮混，并不觉得羞耻。《蚁丘》（"The Antheap"，1953）中，白人矿场老板在黑人聚集区生下了众多混血小子，但这并没有动摇他的社会地位。男女两性在同一个问题上的道德标准差异反映了殖民地社会的双重标准，女性面临更加严苛的性道德审查。

玛丽·特纳对黑人身体的审视态度反映了种族主义观念在她思想中的内化，这与她日常生活中对黑人身体的虐待行为是一致的。然而，当她以扭曲的眼光审视黑人的身体，赋予其淫荡、野蛮的异化想象时，她自己的身体也遭到男性目光的贬低和扭曲，同样是疯癫放荡的异类。通过叙事视角的分层与并置，莱辛将种族主义与性别歧视相勾连，揭示出隐藏在种族压迫中的性别压迫。性别歧视与种族歧视是相互交织、彼此作用的。女性与有色人种、少数族裔都具有亚文化属性。在殖民地占据文化主导地位的是白人中心主义和男权文化，白人女性在种族政治中具有肤色带来的地位优势，作为殖民主义政策的协助者她们似乎分享了殖民地的政治权威。然而，和男性相比，她们在权益上的不平等又使得这种政治地位显得虚假。关于白人女性与土著男性的各种流言与禁忌，是白人/男性中心主义话语进行身体控制的另一种表达。她们不过是在家庭、社会和政治经济活动中巩固了男性在殖民地的统治，倘若行为触犯了父权制度，就会遭到社会的批判和惩罚。因此，在这肤色歧视的暴力怪圈中，白人妇女又如何能独善其身？她们与殖民地政治/父权制度的联系必然导致更深层的精神分裂与自我贬抑。正如有评论者说的，"作者的社会政治态度在文本中是很明确的，她强烈地批评了任何形式的针对黑人的种族歧视。她也试图描写了白人的困境，特别是白人妇女在非洲语境中挣扎生存,寻求身份的困境"①。

第三节 "灌木复仇":自然恐惧与女性 意识的沉没

《野草在歌唱》的最后一章是对玛丽被害前内心意识的描画。这部分以女主人公内省化的有限视角来进行叙述,全知叙述者的隐匿和撤出是否意味着玛丽突破了社会压力和思想局限,获得身心自由、精神觉醒的可能?

在玛丽的临终叙述中,非洲的自然景观成为她非理性意识活动的观察中心,在短暂地感受了静谧美好的草原黎明后,玛丽很快陷入日出后炙热的自然景象所带来的精神折磨中。太阳又大又红,郁闷地冒着烟,低低地悬在空中,好像一伸手就可以把它摘下来似的,她陷入焦灼的臆想,从头顶的太阳到房屋四周的灌木,从草棄里的甲虫到蛰伏于树木的蝉儿,都形成了一张令人精神紧张、具有压迫感的死亡之网:

> 她听到一种叫她怎么也受不了的声音——那是从树林中什么地方发出的第一声尖锐的蝉鸣。蝉声好像就是太阳发出来的声音,而她是何等地恨太阳呀!……她仿佛觉得,那一阵阵无休止的低低蝉鸣声,就是那滚烫的、内核不停翻滚的太阳发出的噪声,是那刺眼的黄铜色阳光所发出的声音,是越来越厉害的热气所发出的声音。她的头开始颤悸,肩膀开始发痛。那暗红色的火球突然升到正空,照临着草原。②

---

① Eve Bertelsen, "Veldtanschauung: Doris Lessing's Savage Africa", *Modern Fiction Studies*, Vol. 37, No. 4, Winter 1991, p. 655.

② [英] 多丽丝·莱辛:《野草在歌唱》,一蕾译,译林出版社 1999 年版,第 208 页。

太阳如同一个暴君，这团巨大的火球、炽热的气体驾临草原的上空，近距离沸腾着，昆虫的噪声和刺眼的光线相互配合拧成了一股鞭子，不断鞭笞她的身体、刺痛她紧绷的神经，日出的景象不仅毫无美感，反而引发了焦躁和痛苦。自从婚后住到了草原农场，非洲的酷暑和日复一日的贫穷一直折磨着玛丽的身心。在夏季，没有天花板的铁皮屋就像一座蒸笼炙烤着人的意志，玛丽只得靠冲凉解暑，可是农场坐落在高地上，没有水源，家中所需用水都要雇人用牛车送来，迪克因此责备她浪费了水、浪费了钱。这番口角引发了两人婚后的第一次冲突。后来，玛丽又鼓励迪克孤注一掷地在农场大规模种植烟叶以扭转贫困，但因为干旱缺水，烟叶都死光了，两人彻底破产。贫穷让大自然带来的苦楚又翻了倍，变得更难以忍受，在玛丽的眼中，非洲的烈日、无情的大自然便是那个一直折磨她、令她陷入不幸命运的"暴君"。

除了头顶高悬的太阳，农场四周密集的灌木丛也如同潜伏在黑暗中伺机行凶的猛兽，张牙舞爪、咄咄逼人，随时会将她和这片农场吞没：

> 这片灌木丛一直那样恨它，不吭一声地站在它的周围，等待着有朝一日朝它猛扑过来，把它完全盖没。
>
> 现在她还没有死，灌木丛就征服了这片农场，派了草兵树将向这片肥沃的红土袭来，连灌木丛也知道她快要死了！①

"盛气凌人的灌木丛""怀有敌意的树林""逼近的树木""一声不吭的树林"这些拟人化的修辞使静止、被动的植物具有了攻击

---

① ［英］多丽丝·莱辛：《野草在歌唱》，一蕾译，译林出版社1999年版，第211—214页。

性和主动色彩,它们就像准备发动起义的奴隶一样怀揣着仇恨在静默中寻求报复的机会。玛丽感到自己和这座农场长久以来一直被灌木丛和树林憎恨着,她的农场很快将被草木吞没,而她自己也将很快死于草木的讨伐。在被摩西砍杀的刹那,她脑海中最后的一闪而过的念头是:灌木丛向她报仇了,树木像野兽一般冲过来,隆隆的雷声好像就是它们逼近的声音。

玛丽临死前的这段心理描写非常具有康拉德小说（Joseph Conrad）的色彩,玛丽对大自然发出的令人费解的喃喃低语,如同《黑暗的心》（*Heart of Darkness*,1899）中库尔兹在临死前的恐怖低语,似乎成了殖民者的临终忏悔。如果从艺术描写来看,莱辛对人物的自然恐惧的心理描写沿袭了欧洲文学的传统,"在欧洲人看来'未受污染'的自然中潜藏着暴力元素"[①],"在小说中,莱辛将非洲的灌木描述为黑暗的,对白人的生命充满敌意,随时会猎捕并控制他们"[②],这延续了原始自然和文明社会相冲突的浪漫主义表述。但是,如果将对主题的认识、人物命运的分析仅落在殖民者与大自然的争斗,那么玛丽的死亡则降格成一个殖民者拓荒失败的故事,小说的政治主题和批判精神也被削弱了。在莱辛的非洲小说中,人与自然的冲突所表达的精神内涵要更加复杂,一个白人在非洲大自然中产生的恐惧和孤独,无力和愤恨的心理是反复出现的情感基调,这不仅是为了表达文化上的冲突感,其中还引入了批判性的视角,拉开了反思的距离,莱辛要从内在恐惧的基点上反思殖民主义带来的精神危机和人性扭曲,她对非洲景观的描写是服务于对主人公的内在意识的检视。

对于殖民地白人来说,非洲的自然资源和黑人劳动力是殖民经

---

① Eve Bertelsen, "Veldtanschauung: Doris Lessing's Savage Africa", *Modern Fiction Studies*, Vol. 37, No. 4, Winter 1991, p. 655.

② Eve Bertelsen, "Veldtanschauung: Doris Lessing's Savage Africa", *Modern Fiction Studies*, Vol. 37, No. 4, Winter 1991, p. 656.

济活动的基础，是他们剥削和占有的物质对象。在玛丽的眼中，自然和土人也具有同质化的属性，代表了野蛮落后的生活方式，是西方文明的对立物。沉默的黑人是道德可疑的，身体散发出令人厌恶的原始气息；而沉默的大自然则是神秘莫测、富有敌意的物质存在，而无论处于何种语境，她和"他们"始终是敌对的，若不能将其征服，则必将葬身其中。她临死前将摩西举起的屠刀视同为大自然的复仇，她将自己的死亡、农场的毁灭归咎为长久以来人与自然对抗的失败，这种顿悟本身是空洞的，不过是她的殖民者心理的本能反应，死亡并没有令她觉醒，她对自然的攻击性臆想和强烈的恐惧几乎吞噬了她的理性意识，展现了一种纯粹的精神恐慌和巨大的空虚感。

"玛丽的危机是由她的过去决定的，她无法找回过去，也无法在意识中承认过去，更无法在集体无意识中探索挫折的根源……作为缺乏理解能力的受害者，性格注定了她的命运。她在莱辛的小说世界里无法生存，因为在这个世界里，生存取决于内在的自我意识和内在经验的发展——这恰是玛丽始终无法到达的境界。"[1] 无论是在父权制社会中遭到男性批判的女性"她者"，或是在种族政治中遭到虐待、被厌恶和敌视的黑人"他者"，抑或是作为西方文明对立面的原始非洲，都具有相似的处境和被支配的命运。但玛丽对殖民地社会的政治结构，尤其是女性的处境却毫无知觉。在她的生命中，在每一次遭到环境和习俗的压迫时，她最终还是屈从于社会偏见，迎合于集体意志的目光，她虽然感到了强烈的内心冲突，并产生了一股反抗的情绪却无法在理性层面对社会制度、两性关系做出反思和质疑，因此即便遭到外界眼光的扭曲，她也无法发声反抗。直到死亡，她将个人的不幸归咎于非洲的无情和敌意，她所感受到

---

① Shadia S. Fahim, *Doris Lessing: Sufi Equilibrium and the Form of the Novel*, New York: St. Martin's Press, 1994, p. 49.

的精神压迫、人身压迫，并未促使她觉醒，去反思制度、阶级、种族和性别问题，而是一股脑儿地抛向了对野蛮非洲的笼统想象和憎恨中。玛丽的不幸固然有外在的原因，但并非是来自单一社会力量的主导，而是个体内在意识与外部社会环境反复交换的结果。"自由的前提是在异化和集体主义无意识中做出创造性的选择"①，现代人异化的原因恰恰是个体被过度的体制化所侵蚀，失去独立思考的能力。对于玛丽而言，殖民地的政治制度、家庭制度对她的驯化使她几乎没有可能做出发自个人自由意愿的选择。她是高压政治的受害者，也是加害者、操作者、实践者。这种性格特征的女性主人公在莱辛的小说中并不多见。在莱辛此后的长篇小说中，女性依然遭遇各种困境，各种矛盾依然无法解决，但是她们却普遍具有突出的自我意识，并积极进行着精神探索。她们的痛苦多来自自我意识与社会需求间的矛盾，对自我发展的道路感到焦虑，以及对不合理的性别关系和政治制度的认知。而对于玛丽·特纳来说，她的意识中没有对现实的质疑和自我反思，她精神尚未觉醒便死亡了。"在这个群山环绕的腐朽山洞里/在淡淡的月光下，野草在歌唱"，《荒原》(*The Waste Land*，1922)中的诗句被莱辛作为小说题名，用意耐人寻味。《荒原》"表达了战后精神上与经济上的变化所带来的普遍的绝望与幻灭、现代文明的各种误解与分歧、科学与哲学似乎都无从逃脱的死胡同，以及给生命带来喜悦与激情的所有伟大目标的崩溃。它是一种博学的绝望"②。而《野草在歌唱》同样也展示了被绝望所吞噬的主人公在精神上的巨大的空洞感。

　　《野草在歌唱》采用了传统现实主义的叙述模式，但小说中叙述视角的变换与冲突，对女性经验意识的内在挖掘又具有现代文学

---

① Jean Pickering, *Understanding Doris Lessing*, Columbia: University of South Carolina Press, 1990, p. 34.

② [美]彼得·盖伊:《现代主义:从波德莱尔到贝克特之后》，骆守怡、杜冬译，译林出版社2017年版，第155页。

的特征。莱辛一方面通过叙述视角聚焦下的身体审视与想象,表现了南部非洲的社会现实和传统的价值观;另一方面又将经验视角深入到女主人公破碎的、趋向瓦解的内心世界,这两者的辩证关系,即外在的社会写实和弗洛伊德式的心理分析相融合,构成了情节叙述的发展动力。叙述视角的多变在不知不觉中拉开了隐含作者和叙述者的距离,不同视角的切换在叙述中形成情节的对照、补充和冲突,营造出耐人寻味、发人深思的意义空间,赋予作品以多元化的主题意蕴,也艺术性地再现了种族主义政治的内化和父权制的压迫所造成的女性精神世界的分裂体验,反映了莱辛对女性生活状态和社会处境的深入思考。这部作品对女性和社会的关系审视,"预见了莱辛此后小说中不断涌现的主题兴趣和进一步探索,为探索个人和集体之间的关系确立了基本标准——即发展内在自我和达到内在平衡的必要性"①,这是个体抗衡集体意志的外在压力,保持个人与外在世界关系平衡的基本原则,这一理念在她此后的长篇小说中还会多次出现。

---

① Shadia S. Fahim, *Doris Lessing: Sufi Equilibrium and the Form of the Novel*, New York: St. Martin's Press, 1994, p. 50.

第 三 章

《四门城》的三重维度:政治、疾病与乌托邦

    1969 年出版的《四门城》是"暴力的孩子们"五部曲的终结之作。"暴力的孩子们"前四卷以非洲殖民地为背景,而《四门城》则讲述玛莎·奎斯特①从南罗德西亚回到英国后从 1950 年至 1965 年在伦敦的生活,小说用现实主义的艺术手法对冷战时期英国社会的政治环境和文化氛围做了细腻翔实的描写,"它的大量细节让人联想到英国 50 年代的黯淡情绪,这种情绪和冷战、'二战'后消费品短缺,以及摇摆不定的 60 年代相关。当时,以披头士音乐和卡纳比街时尚为代表的英国流行文化席卷了西方,而通过冥想和药物使用来提升人的意识能力也成为一种流行,在大西洋两岸都受到关注"②。作品透过玛莎的经历和视角叙写了冷战时期英国人面临的政治冲突、党派斗争、文化转向和家庭危机在人们的情感、道德、信仰和精神领域激发的连锁反应。比起《金色笔记》复杂的叙

---

    ① 在"暴力的孩子们"第 3 部《风暴的余波》中,玛莎·奎斯特再次结婚,嫁给了德国人安东·休斯,她婚后的名字是玛莎·休斯(Martha Hesse)。在《四门城》中,离异后回到英国的玛莎依然保持了休斯的姓氏,但是在本文中,为了便于在论述中辨识人物,保持对人物分析的连贯和完整,依然使用玛莎·奎斯特这一称呼。

    ② Jean Pickering, *Understanding Doris Lessing*, Columbia:University of South Carolina Press, 1990, p. 72.

事艺术，《四门城》的故事线索简单、叙述视角稳定、结构更容易把握，具有清晰的历史写实意识，标志着作家似乎又回归了现实主义的传统文风；但是，在人物塑造方面，女主人公玛莎经历的精神崩溃、神智疯狂和内在意识的发展过程与《金色笔记》中的心理描写无论在艺术还是理念上都有相似性，这一精神分析的心理维度与小说中的冷战历史写实、科幻乌托邦想象共同构成了作品的三重空间主题，这使得《四门城》又具有了不同于传统成长小说的艺术特征。

作为60年代最后一部现实主义题材的小说，《四门城》结尾的乌托邦想象和女主人公的死亡，似乎暗示了现实主义艺术、半自传性写作和当代历史政治书写在莱辛小说中的"退场"，如何看待这部小说的艺术分水岭地位？结合战后20年英国左翼知识分子所处的政治语境的裂变，可以发现，经历了1956年的政治危机后，莱辛对当代社会现实和历史政治的关注不再囿于早年的共产主义经历和马克思主义的世界观，她从政治创伤、个体精神异化等时代病症的角度反思个人命运和集体政治的冲突，并以理想主义的乌托邦想象来寻求战争危机下人类和平的到来方式。这也是莱辛走出政治阴霾后对个人文学信仰的回答。在《金色笔记》之后，莱辛克服了现实中面临的艺术危机和政治信仰"崩溃"，为个人创作明确了新的艺术方向。

第一节　伦敦：现实空间的政治暴力

在《四门城》开篇，莱辛不吝笔墨描写了玛莎在1950年的伦敦城四处闲逛漫游的场景，这一情节和她在《追寻英国人》（*In Pursuit of the English：A Documentary*，1960）中所记录的自己刚回国时目睹的破败灰暗、"糟糕、可怖的城市"① 印象不谋而合。玛莎带着返乡者的探索眼光观察伦敦。此时"二战"结束已有五年，但城市的大街小巷还遍布着建筑废墟，大轰炸造成的残酷破坏，阴暗丑陋的商业建筑和隐蔽在街角的色情交易市场，这些景观令玛莎阴郁失望，她思绪晦暗，如同陷入了柔软空洞的黑色真空。和安娜·伍尔夫不一样，玛莎并没有"一间自己的房间"或"幽闭的阁楼"可以逃遁，她始终是寄居者，爱丽丝的餐馆、杰克的房子和马克·科德律治的家宅是她先后落脚的藏身之所。因此，和安娜在自己的"笔记"本中所进行的自我审视，以及更加倾注于自我分裂的内化经验相比，作者赋予了玛莎以社会历史观察者的视角，她必须通过对其他私人空间的审视来获得自我意识的发现。而玛莎的经历和眼光，她对特定空间场景中的社会群体的生存状态的观察，也构成了小说中的现实维度，相比起《金色笔记》，主人公虽然剥离了政治的和艺术家的身份，不再置身各类政治议题与抗议活动的思想中心，但小说对50—60年代英国政治与历史的表现分量没有降低，并更具有一种可靠的历史真实的效果。②

　　成长小说在表现现实生活时总倾向于从私人生活中取景，《四门城》也不例外，小说既包罗了当时英国社会发生的一系列重大历史事件，也以更加细致入微的视角去审视个体在历史冲突和政治重压下承受的困厄，这种私人生活的观察角度集中表现在对几个不同的家庭空间的描写和分析中。其中，杰克的住所和马克·科德律治的家庭生活反映了不同群体在"二战"前后的生活状态，前者居住空间的色情与纵欲特征表现出战争对个人道德良知的毁灭，而后者家庭生活的破裂则见证了冷战时期集体政治的歇斯底里和荒谬，这

---

① Doris Lessing, *In Pursuit of the English*: *A Documentary*, HarperCollins e-books, 1996, p. 163.

② Jeannette King, *Doris Lessing*, London: Edward Arnold, 1989, p. 26.

两个空间的意义指向不同，但共同检视了政治暴力对个体生命造成的压迫和创伤，它们对于玛莎的自我探索都具有一定的精神启示意义。

"二战"老兵杰克战时在英国海军服役，亲身经历过多次惨烈的海战。战争结束，他回到伦敦，从城市废墟中捡到一座千疮百孔、破败不堪的住宅，经过清扫和修葺，杰克重建了房屋，他拯救了这座废墟，而废墟也"拯救"了他。他把这里当作家——一个实现他所有荒诞不经的性幻想的乐园，和不同的女人在家里发生性关系，幻想她们将怀有他的孩子。杰克对性关系的迷恋，对情欲关系的无尽渴求与他在战争中的经历有直接关系。在一次海战中，扫雷舰被炸毁、伤亡惨重，他泡在染成一片红色的海水中，四周漂满了肢体残骸，他虽然侥幸生还，但泡在冰冷血水中的 12 个小时的濒死体验抽空了他的心灵，也摧毁了一切神圣信念。杰克通过了身体的极限考验活了下去，回到活人的世界。生与死的界限只挂在那血肉之躯上，"他肉体的存在就是奇迹"①，杰克认为自己战胜死亡靠的是身体能耐而不是别的什么信仰，他也是凭着强健的体魄在废墟上重建了一个家，这些事情教他只看重人的血肉本能，而性和生殖欲被他作为生命本能的确证，从此"只对待性严肃"②。

玛莎也是杰克的女友之一，她来到杰克的房子，与之发生性爱，她渴望在性关系中找到与曾经的情人托马斯③所经历的完整情感联结，"在性的真实的高潮，所有的东西都融合了。在那个瞬间，所有的事物聚合在一起，将齿轮上移"④。性经验在女性自

---

① Doris Lessing, *The Four-Gated City*, New York：New American Library, 1976, p. 49.

② Doris Lessing, *The Four-Gated City*, New York：New American Library, 1976, p. 52.

③ 托马斯·斯特恩是《雍域之中》的男主人公，他是玛莎的情人，一个来自波兰的流亡者，后在非洲死去。

④ Doris Lessing, *The Four-Gated City*, New York：New American Library, 1976, p. 61.

我认知的心理过程中发挥的微妙作用是莱辛小说中常见的主题，《野草在歌唱》《玛莎·奎斯特》《良缘》《金色笔记》等都有所描写。莱辛正视情感和性经验在女性心理结构中的重要作用，却不愿意过多强调感官刺激，而是将性作为克服虚空和恐惧的精神治愈手段，最终还是要从身体经验回归理性思考。在和杰克的性关系中，玛莎意识到在和伴侣的性高潮体验中肉体快感是唯一目的，他们没有感情交流和精神共鸣，"和杰克在一起只有单纯的肉体交流，思想被肉体抛弃了"[1]，淹没在性本能的脉搏中，这段关系的精神目的被废止了。

多年之后，玛莎再次造访杰克的家时发现整个房屋已发了诡异变化："房间高雅、正统，但是也是诱惑性的——那里藏有什么狡猾的东西"，"这是一座奇幻的房屋：或者说，是为了幻梦而造的房屋。"[2] 在这座散发着色情气息的奢华房屋内，杰克向玛莎倾诉了他的性幻想，他为和自己有性关系的年轻女性装饰了房间，希望她们和他一起生活在这里。杰克的描述令玛莎感到震惊，尤其是他对于六角形房屋和六个被锁在壁龛里的裸体女孩的色情臆想充斥着对女性的贬低、矮化和侮辱，这仅是为了他个人的身体享乐。玛莎认识到，"十年前的杰克和现在的杰克已经不是同一个人"，这些年来，当玛莎不在这儿的时候，"杰克在这儿创造了他的房子，这座房子就像是一个性变态的百万富翁的妓院，当女人们来来往往的时候，杰克就像是一只蜘蛛盘踞其中"[3]，他彻底堕落成卑鄙油滑、操纵女性的"妓院经营者"。

杰克以追求性爱的肉身经验确认自我的存在、生命的价值，来抵抗精神创伤，就像塞普蒂莫斯[4]聆听幻觉中的希腊鸟语抵御血肉

---

① Doris Lessing, *The Four-Gated City*, New York：New American Library, 1976, p. 63.

② Doris Lessing, *The Four-Gated City*, New York：New American Library, 1976, p. 382.

③ Doris Lessing, *The Four-Gated City*, New York：New American Library, 1976, p. 386.

④ 弗吉尼亚·伍尔夫的小说《达洛卫夫人》（*Mrs. Dalloway*, 1925）的男主人公。

横飞的记忆碎片。然而，幻觉不能阻挡塞普蒂莫斯走向死亡的脚步，对性的追求也不能治愈杰克的精神创伤。几年之间往来于杰克的家，目睹房屋与主人所经历的毁灭、修复、堕落的历史过程，玛莎看到遭受暴力摧残的人性试图克服历史噩梦、重构意志的努力，然而基于纯粹的肉体享乐、否定精神追求的性爱欲望注定是残缺的，它只能在力比多（libido）的陷阱里盘桓，无法获得精神和道德补偿，更遑论重建人的主体价值了。

"杰克的房子是玛莎漫游中的一个重要环节，是她精神异常的心灵地图上的一个标志物。此外，拉德利特街的科德律治家是玛莎·休斯漫游中一个更加持久的背景。她作为一个观察者进入那座位于布鲁姆斯伯里地区的房屋。"① "布鲁姆斯伯里"这一地名显然意在提示读者，小说中虚构的科德律治家族和那个在 20 世纪初期活跃于英国思想文化界的知识分子团体（Bloomsbury Group）一样，都荟萃了时代的精英，而位于布鲁姆斯伯里的科德律治家宅见证了"二战"后的英国在政治和文化领域的历史变动。

已经去世的老科德律治曾是保守党议员，他有四个儿子：长子死于战争；次子科林是剑桥大学的物理学家；三子亚瑟是工党中的左派；幼子马克则是一个自由派作家。不同于性瘾者杰克的社会边缘人身份，科德律治家族成员具有稳固而受人尊敬的社会地位，和权力阶层联系紧密，他们积极参与社会政治，反映了 50 年代英国政治生活的特点。然而 1951 年发生的叛逃事件改变了家族成员的命运，古老的宅邸陷落于政治旋涡，家庭结构面临崩塌。

在剑桥工作的科林是左翼激进分子，苏联共产党的同情者，他对共产主义运动具有柏拉图式的崇拜，"对于他来说，献身科学、献身共产主义是因为共产主义意味着国际主义，意味着科学的共

---

① Margaret Moan Rowe, *Doris Lessing*, Basingstoke：Macmillan, 1994, p. 51.

享"①，他强调自己是"马克思主义者而不是共产主义者"②。在紧张的冷战氛围中，剑桥的一些具有共产党员身份的学者被指控为间谍遭到逮捕，科林感到恐慌，在 1951 年突然抛弃家庭秘密逃往苏联。科林的逃亡事件引发了一系列家庭危机。他的妻子莎莉是德国难民，大屠杀的幸存者，她不堪忍受政治压力，开煤气自杀，儿子保罗成了事实孤儿。其他的亲友也因此受到政治牵连：马克的继父失去了去美国讲学的机会；特工来家中刺探情报，马克和家人的生活遭到政府监视；亚瑟与菲比本是持反共立场的工党党员，但也成了可疑分子。这桩政治事件令科德律治家在整个 50 年代饱受折磨，社会精英地位不保，一夜之间沦落为人民公敌、反共情绪的出气筒，社会处境跌到了谷底。科林叛逃事件及其后续影响反映了冷战时期意识形态焦虑带来的社会恐慌，敌对的政治情绪不仅围猎异己，也不加选择地扑向普通人，政治压力对个体生活产生了不可逆转的影响，包括作家马克的艺术道路也受到波及。

马克是自由主义知识分子，对政治活动不感兴趣，但是被社会孤立的处境反而刺激了他对马克思主义的兴趣，他家一度成了共产党员聚会的小据点，而他的创作理念也受到社会主义现实主义文学的影响发生了变化。马克认为自己早年完成的小说《沙漠中的城市》（*A City in the Desert*）是"象牙塔文学"，没有任何现实意义，想将其销毁。然而在 50 年代后期，这部小说却得到了出版机会并大获成功，原因正在于作品的纯文学特色。这部小说无关政治争论与社会写实，不符合马克思主义的文艺观，和社会主义现实主义文学的风格相去甚远。评论界认为，共产党员写不出这样的作品，也不欢迎这样的作品。对小说的政治内涵和美学动机的分析令马克及其家庭洗脱了共产党分子的可疑身份，重新回归社会生活。马克生活

---

① Doris Lessing, *The Four-Gated City*, New York: The New American Library, 1976, p. 105.

② Doris Lessing, *The Four-Gated City*, New York: The New American Library, 1976, p. 113.

中发生的命运反转显然是作者在讽刺政治运动的荒谬性，社会对个人政治态度的定性有时无关客观事实，而是取决于话语权的拥有者的主观臆断。此外，对小说美学动机的政治话语介入并将其作为党派斗争的武器，也是当时左翼知识分子面临的另一个困境。马克反感政治运动，厌恶党派斗争，但是糟糕的政治环境却不允许他独善其身，"政治问题上没有中间道路可走"①，"公共生活中没有任何尊严和荣誉可言"②。

在政治风暴中，个人的前途和命运全凭社会意志的裁决，而血缘亲情、人伦情感也难逃政治关系的荼毒。1958年马克去莫斯科，与断绝音讯多年的兄长重逢。对于当年逃亡苏联的原因，自己的鲁莽行为对家人带来的伤害，科林只字不提，既没有道歉也没有解释。马克感到痛苦、困惑和愤恨，他希望得到一种基于内心情感的真诚解释而不是政治套话，但政治隔阂已经阻挡了情感沟通的可能。政治创伤也波及这个家庭的下一代。因为父辈受到政治冲击，家族第三代子女自幼便生活在动荡破碎的家庭结构中，他们多数患有精神异常或药物成瘾的症状，难以与他人建立稳定的情感关系，性生活混乱。在成长中，他们有意识地远离社会主流，对社会政治怀抱敌对情绪，转而寻求离经叛道的独立性，追逐嬉皮士精神，组建乌托邦公社，投身到60年代的反文化运动中，弗朗西斯·科德律治说："我们中的很多人都有这样或那样的精神病，这也许是一种过度暴力的反映。我们中的大多数人都和政治有千丝万缕的联系。"③ 这个家族几代人的经历似乎印证了小说的副标题——"暴力的孩子们"。

经历了政治动荡后的马克一家人没有更加亲密，反而越发孤

---

① Doris Lessing, *The Four-Gated City*, New York：New American Library, 1976, p. 191.

② Doris Lessing, *The Four-Gated City*, New York：New American Library, 1976, p. 204.

③ Doris Lessing, *The Four-Gated City*, New York：New American Library, 1976, p. 564.

独，彼此疏远，人人都蜷缩在自己的小空间中提防着他人的入侵，这座装修考究的古老宅邸仿佛被错位的时代政治击垮了，处在颓唐下沉的分崩离析中：

> 整个房子都是这样，没有什么明显的破损或剥落，但到处都破败不堪，而且——重点是——房子似乎没有中心，没有东西可以把它维系在一起（而过去这房子作为真正的家庭住宅时，曾经一度有过中心吗？）。这一堆分裂的小物件，表面、形状，全都需要不同的关注和不同的修复。这是一个中年人，一个处于房屋中心的管理者，一个经营诸事、保持协调运转、维持局面的人的所处境况。这是一场永无止境的斗争，充满琐碎。尽管这所房子自玛莎住进来已经彻底翻修了两次，但仍然不对劲儿，每样东西都是次品。这就是正在发生的事实真相，不仅于斯，简直处处皆是：所有的东西都在破败、磨损并裂为碎片，大把的碎片，就像砸碎的镜子一样。[①]

玛莎不是党员，没有成为政治运动的参与者，她是旁观者。莱辛把个人在50年代经历的艺术与政治信仰的冲突转移到了作家马克身上。但是目睹政治冲突对人与人关系的破坏性影响，令玛莎感到痛苦，置身这座老宅的房屋空间，玛莎感受到这个家族和老宅一样即将被时代淘汰和瓦解。

玛莎表面的生活忙碌有序，但是内在危机不断积蓄，她每天被繁杂的家庭事务、无数的细节和碎片填满，枯燥无味又精疲力竭。她逃遁到疯女人琳达的地下室，接受了一个精神病患者的启示。如果说，科德律治家的楼上空间投射了时代政治的起伏变动，那么地

---

① Doris Lessing, *The Four-Gated City*, New York: New American Library, 1976, pp. 336 – 337.

下室则是非理性人格的空间象征，体现出对日常生活逻辑和外在世界的拒斥，玛莎在地下室经历的"疯癫"体验，是她通向非理性意识的一次生命探索。

第二节 地下室：个体的心灵地图

鲁宾斯坦认为《四门城》中同时展开了两个层面的内容：一方面作家以现实主义手法记叙了五六十年代英国社会领域发生的各种事件和彼此的影响，这些文字描写构成了对外部宏观世界发展进程的追踪；另一方面与之对应的，则是对玛莎·奎斯特的内在意识领域的探索。玛莎的内心现实和意识发展成为小说中客观世界现象的象征对应物，外部宏观世界的意义通过与之平行的微观心理世界的呈现而得到进一步强化。[①] 对外部世界的写实记录和主人公内在心理地图的描绘，这两个层面各有其独特的叙事机制与主题诉求，但最终的探索依然指向处于社会历史发展中的个体如何在与集体的关联中保持内外平衡。在玛莎的社会漫游过程中，作家对冷战政治的深度写作表达了对特殊时期历史现象的反思，而对玛莎的潜意识心理世界的刻画又体现出将非理性意识的自我探究作为重新反思现实困境、恢复个体与外部世界沟通的必要途径，正如肖瓦尔特指出的："莱辛并不希望我们把女人处理潜意识的能力理解为老套的'女性直觉'。她笔下的女性在阐释心理空间方面比男性更训练有素。"[②]

精神分析学理论认为，对人的非理性意识的探索有助于提高人的自我认知和自我分析能力，就像荣格说的："人在仔细、毫

---

① Roberta Rubenstein, *The Novelistic Vision of Doris Lessing*: *Breaking the Forms of Consciousness*, Urbana : University of Illinois Press, 1979, p. 130.

② ［美］伊莱恩·肖瓦尔特：《她们自己的文学》，韩敏中译，浙江大学出版社 2012 年版，第 287 页。

不留情地审视自己后就会发现，内心总有些东西会乐于去隐藏和掩盖生活中的困难和可疑之处，从而为自己开辟一条坦途。失智会使之放任，而一旦它占了上风，现实就会在理智中被遮蔽……我们不能发现任何新的和未知事物；我们正在直视我们自身的根本，直视我们都在面对的那些重要问题的矩阵。"① 莱辛也深受精神分析理论的影响，在她对玛莎经历的描写中，神智疯狂和歇斯底里成为一种特殊的认知手段，"莱辛的女主人公选择尝试一种被她的焦虑感所引起的能量去探索自我。她尝试在自身内部得到认同的知识的束缚和深层经验知识这两者的断裂处建起桥梁"②。在《四门城》中，疯癫是人物精神发展中的一个特殊的心理阶段，进入疯癫就像进入一间屋子那样成为一种仪式性的举动，成为自我精神启示的环节。

马克的妻子，精神病患者琳达在玛莎的精神探索中扮演了导师的角色。在少女时期，琳达因为具有能听见别人"心声"的异常能力而被诊断为精神病患者，开始接受精神治疗。与马克结婚后，她对性生活始终有心理障碍，难忍丈夫的碰触，对夫妻生活的恐惧和厌恶所产生的心理压力导致了她再度精神失常，不得不长期在精神病医院接受治疗。回到家后，她拒绝履行妻子和母亲的职责，住进了家中的地下室。玛莎对这个疯女人的生活感到好奇，她尝试与琳达接触，来到这间疯人的地下室居住，观察琳达的生活状态，模仿她的举止。

在玛莎的观察中，居住在地下室的琳达犹如困兽一般，时常做出令人费解的举动：

---

① See Roberta Rubenstein, *The Novelistic Vision of Doris Lessing: Breaking the Forms of Consciousness*, Urbana: University of Illinois Press, 1979, p. 144.

② Nancy Shields Hardin, "Doris Lessing and the Sufi Way", *Doris Lessing: Critical Studies*, edited by Annis Pratt and L. S. Dembo, Madison: University of Wisconsin Press, 1974, p. 156.

　　她在看得见和看不见的两面墙之间的空间里走来走去，背对着房间。她慢慢地移动，目不转睛地凝视着她所面对的那堵墙壁及四周；她绝望而急迫地将手掌压在墙上，仿佛这样做可以推倒它，让她跨过瓦砾和砖块走出房间。抑或她手的动作有试探的感觉：它有多坚固？它到底是用什么做的——你确定它不是软的吗？抑或，她会背对着墙，面向房间，保持自己从头到脚站得笔直，用身体有规律地、短促地一次次撞击墙面，发出砰砰声。砰的一声，砰的一声。这个动作似乎在说："我必须继续这样做，必须以某种动作继续下去，直到它产生足够的能量让我转身继续……"[①]

　　琳达不断用手敲打、按压墙壁，就好像在测量某种具有弹性的物质；她不眠不休、不吃不喝，弄得自己浑身汗水淋漓，散发出难闻的体味。这些毫无尊严、没有意义的单调行为令人感到痛苦、疑惑，也将人物压抑的心理感受外化了，不过玛莎对这些异常的举动不仅没有排斥，反而从中领悟到一种超越常规的精神能量："当她按压、评估、测量那些墙的时候，她探索的是自己的心灵之墙，她在问：为什么我不能出去？是什么东西把我困在里面？在我可以想象，甚至对外面的世界尚有部分记忆的时候，为什么它会如此强大？"[②]她和琳达同居于地下室中，不吃不喝、不眠不休、完全打破日常生活的规律与习惯，在身体的疲乏消耗中有意识地诱发精神的刺激与亢奋。

　　她的头脑变得非常清醒，非常轻盈，拥有很好的接受能力，是身体狂潮之上的一个柔和的泡泡，她的四肢想动，想抽

---

① Doris Lessing, *The Four-Gated City*, New York：New American Library, 1976, p. 462.

② Doris Lessing, *The Four-Gated City*, New York：New American Library, 1976, p. 469.

搐，甚至想跳舞；她的性意识活跃，随时可能兴奋，燃起欲望；她的一波又一波的——什么？——来了又去，奔跑消退，形成了无形的力量之海。如果她静静地坐着，或者平稳地来回走动，那么她头脑中的空间就会保持稳定，或者像不规则的大海脉搏一样，脉动明暗。她很早以前就已经体验过这种轻巧和清晰的感觉，是的，很久以前穿行伦敦时就知道。于是，这也成为不吃不睡的回报，用她的身体作为引擎，把她从每天昏暗的小监狱里救出来。①

在这过程中，玛莎慢慢进入一个"倾听空间"，她的脑海中回荡着他人的思绪中传来的声音"电波"，她听见了马克渴望琳达回到自己身边的心声；听到保罗的白日梦中充斥着对权力的渴望和卑鄙猥琐的报复心。她也听到了琳达的心声，理解了她精神疾病的肇因。刚开始这个过程是痛苦的，各种思想的声音如同电钻进入大脑，这些外来的意念不仅仅是一些单词、词组或句子，而是如一道道河流直接倾泻进入她的思想，她试图去控制这些强行进入她思想的外来声音，反而令自己陷入声音的海洋无法自拔，就像一百万台收音机同时开启，她的大脑迅速插上了另一个大脑的电源，单词、短语、歌曲一起袭来又渐渐消失，"音波一波波来又消失，她的身体被声音的海洋所征服，经历一波波战栗"②。

"倾听"并不是真正意义上的听觉活动，而是玛莎将日常生活中对他人的观察和思考做出了综合性的心理解读，这不是依托于逻辑分析，而是非理性意识活动的一次精神爆发，是玛莎接近并理解他人思想的重要前奏，也可看作是将自我与他人、外部相连接的心

---

① Doris Lessing, *The Four-Gated City*, New York：New American Library, 1976, p. 472.

② Doris Lessing, *The Four-Gated City*, New York：New American Library, 1976, p. 474.

理形式。在各种思想低语的音浪冲击下，玛莎的意识深入到他人生活与思想的内部："她思考着，感到疑惑：这是琳达头脑中的还是我头脑中的？当然，究竟是'琳达的思想'还是'玛莎的思想'这本身并不是一个问题；这是人类的思想，或者是人类思想的一部分，琳达、玛莎，她们可以来选择是否要插入这个电源。"① 在"声音"的倾听中，玛莎体验到了琳达的疾病之苦。琳达在漫长的精神治疗中，一直深陷各种外界思想的声浪而无法自拔，她不是囚禁于自己的心灵而无法迈出地下室，而是无法逾越声音与思想的围墙："有一些人的机器出了故障，就像是一台收音机，本来只能收听一个频道的，却同时收听数十个频道。他们不知道该怎样关掉。"②

"莱辛和 R. D. 莱恩等激进的精神病学理论家有相似看法，即认为疯狂、梦境和幻觉体验起源于心灵的相同维度"③，在莱辛笔下，女主人公都遭遇过精神失序的危机，玛丽·特纳、安娜·伍尔夫与玛莎都曾进入相似的意识空间：她们打破日常生活的逻辑规则，从身体消耗、行为偏执滑落到非理性精神状态。玛丽·特纳在自我意识的萎缩中坠入对非洲自然景观的恐惧想象；安娜在梦境和冥想中超越了崩溃，达到艺术与人格的完整；而玛莎则在"倾听"中获得对当下生活危机、人际隔膜的社会状况的反思和领悟。玛莎意识到个体与他人、社会的疏离是思维机制造成的："人类的头脑具有一种机制，将相互关联的事实 A 和事实 B 分别放置在不同的间隔中；二者可以长期并存而不融合在一起。我们可以这样理解人的大脑：'它是一台分工工作的机器，包括了好几个部分，每一部分

---

① Doris Lessing, *The Four-Gated City*, New York: New American Library, 1976, p. 473.

② Doris Lessing, *The Four-Gated City*, New York: New American Library, 1976, p. 491.

③ Roberta Rubenstein, *The Novelistic Vision of Doris Lessing: Breaking the Forms of Consciousness*, Urbana: University of Illinois Press, 1979, p. 144.

的功能被锁在不同的间隔里。'"① 思维的单一性与整合能力的缺乏导致人们容易陷入孤立的处境和自相矛盾的偏执，加深了"一个憎恨另一个"的"自我憎厌"。如果说个体陷入自厌和自憎，那么群体则往往被盲目无序的大众情绪所诱导陷入狭隘、狂热的仇恨主义的浪潮。

在尝试"第三次绘制声音地图"时，玛莎孤身一人待在公寓里，她在纸上随手写下大量思考片段，这些以第一人称仓促写就的斜体字看上去内容潦草，是信手涂鸦，反映了人物快速、深沉而紊乱的思绪。其中，出现最多的关键词是"仇恨"，既有对他人的仇恨，也有"自我仇恨"。"她开了开关进入仇恨黑人的情绪，然后，很快她发现自己使用的语言和情感来自仇恨白人的黑人，来自仇恨黑人的白人，来自对德国人和犹太人，对阿拉伯人和英国人的仇恨。""如果我偶然接通了仇恨者的电源，我将也是怀恨者。希特勒是偶然接通仇恨的电源吗？一个国家也会接通某种什么电源？一个国家可以通过一个人，或者一群人插入任何可能的电源，我、玛莎接通了仇恨犹太人、黑人、白人、德国人、美国人的电源。现在仇恨的电源中断了。但也许十分钟后又会再次接入仇恨的电源。"② 在这"无序"的思考与写作中，玛莎认识到，蔓延社会的敌对情绪，歇斯底里的政治狂潮在大众群体传染开去时就像一台接通了电源的机器一样粗暴而快速的运作，把它发动起来既无须任何道德良知为基础，也毫无理性思考的空间。联想到科德律治家族的经历，他们中无论是左翼知识分子还是保守主义者、自由主义者，都受到冷战时期集体政治情绪的无差别伤害。玛莎在潜意识精神活动中，将冷战这一孤立的政治事件和

---

① Doris Lessing, *The Four-Gated City*, New York：New American Library, 1976, p. 496.

② Doris Lessing, *The Four-Gated City*, New York：New American Library, 1976, pp. 511 – 513.

当代历史中的所有政治灾难联系在一起，透视其背后的非理性狂热情绪，反映了莱辛对人类历史的思考。"我如今已走过六十六载，回顾我这一生，我看到的是一系列大型群众事件、情绪的舞动、狂热的党派热情连绵起伏"，"每一套观点都支撑起某个思维框架——暴力的、情绪化的、党派间的，这些思维框架总是压制那些无法与之匹配的事实真相，它们说谎，使冷静、平和、理智的低调讨论不再可能"①，这也是莱辛小说中常常要点出的现实问题，面对更具有凝聚力和狂热情感的集体意志的思想压迫和政治驱使，个体如何在现实重压下保持独立冷静的理性思考？

"冷战就是一场毒雾。今天我们很难理解那种疯狂的思维方式。屈服于癫狂的只有一个女人吗？并非如此。我们整整一代人都成为某种社会精神病或集体自我催眠的一部分。现在我并不想去证明，但我相信所有的群众运动、宗教的、政治的都具有一种群体性歇斯底里的性质。"② 作为第一次世界大战的"婴儿"③，第二次世界大战的"旁观者"，"冷战"的亲历者，莱辛一直在写作中反思政治狂热、战争暴力的本质问题。政治斗争、种族歧视、暴力屠杀这些集体行为与个人的关系是什么，个体又是如何被卷入集体仇恨中并进而推动了战争和屠杀的。她曾追随弗洛伊德和荣格的脚步从性本能、集体无意识等心理机制层面探索社会现象背后的大众心理动机，后受到 R. D. 莱恩心理学及苏非主义影响，继而从社会异己者——疯癫的个体的心理角度透视集体运动的歇斯底里本质。疯人亦可在思想的癫狂中寻找真相，做出个人的

----

① ［英］多丽丝·莱辛:《画地为牢》，田奥译，南京大学出版社2019年版，第60—61页。

② Doris Lessing, *Walking in the Shade*: *Volume Two of My Autobiography*, *1949 – 1962*, New York: HarperCollins, 1997, p. 53.

③ 莱辛出生时第一次世界大战已经结束，但她的父母都是"一战"受害者。她在自传、回忆录和小说中，多次谈到战争对父母造成的身心伤害是如何延续了他们的一生，渗透了他们的日常生活，使她的童年也蒙上了阴影。

反抗。

苏格兰精神病医生 R. D. 莱恩是莱辛的好友，他对精神病医学的认识受到存在主义哲学的一些影响，莱恩否定了传统精神病学的认识论基础，对当时主流的精神病诊断和治疗方法提出反对意见，他的很多观点"最能体现当时激进政治和传统心理分析产生严重分歧的历史时刻"①，因而在左派知识分子那里深受欢迎。莱恩认为："对疯狂不必进行彻底围剿……因为它也可以成为突破"，"他认为不必去防治和阻止精神病的发作。相反，他觉得应该尊重精神病，甚至去加速病情的发展"。② 他言之凿凿地宣称："如果人类幸存下来，我相信，未来的人类在回顾历史时，会把我们这个开明的时代看作是名副其实的黑暗时代。……他们会认为，我们称为'精神分裂'的状态，不过是光明开始透过缝隙，穿透我们过于封闭的头脑的一种形式而已，它通常通过非常普通的人表现出来。"③ 莱恩的一些观点与莱辛不谋而合，比如"他认为精神分裂症首先是对自我的疏远，这也导致对他人的疏离"④，以及对遭到拘禁和虐待的精神病患者的同情，"莱辛也像莱恩一样，对精神病院的存在感到不平，莱恩说，精神病院将那些精神病患者监禁起来，使他'丧失了公民自由……丧失了作为人的生命'"⑤。莱辛在作品中也表达了对精神异化者的深层次理解，从正面去描写主人公所接受的疾病"启示"。从《野草在歌唱》《金色笔记》《四门城》到 70 年代的《坠入地狱

---

① ［英］卡罗莱·克莱因：《多丽丝·莱辛传》，刘雪岚、陈玉洪译，江苏人民出版社 2017 年版，第 298 页。

② ［英］卡罗莱·克莱因：《多丽丝·莱辛传》，刘雪岚、陈玉洪译，江苏人民出版社 2017 年版，第 300 页。

③ ［英］卡罗莱·克莱因：《多丽丝·莱辛传》，刘雪岚、陈玉洪译，江苏人民出版社 2017 年版，第 300 页。

④ Barbara Hill Rigney, "'A Rehearsal for Madness': Hysteria as Sanity in *The Four-Gated City*", *Doris Lessing*, ed. Harold Bloom, New York: Chelsea House, 1986, p. 134.

⑤ Barbara Hill Rigney, "'A Rehearsal for Madness': Hysteria as Sanity in *The Four-Gated City*", *Doris Lessing*, ed. Harold Bloom, New York: Chelsea House, 1986, p. 144.

的经历简述》《黑暗前的夏天》《幸存者回忆录》，我们看到精神崩溃的主人公身处幽室或禁闭空间，在歇斯底里的梦境和压迫性的冥想中达到顿悟和理性，在莱辛看来，精神异常与疯癫是社会结构的一部分，是历史与政治的错乱制造的病症，而精神疾病是疯人的真理，"疯狂可以是一种反叛的形式"①。"精神错乱之所以引起莱辛的同情和兴趣，这与她一直以来对此问题的关注是不谋而合的。她将疯狂作为主题，不是因为混乱可能使她体验到理性边缘的丰富性，而是因为它是当代生活中心的'主流'之一部分。从本质上讲，她是现实主义者，她与文化并行，关注文化的动向。此外，疯狂还具有政治维度和激进色彩。莱辛关注精神病患者的糟糕待遇，他们的异议使他们丧失权力，但是，她的目标不仅仅是自由主义的改革或社会条件改善。相反，她希望废除关于理智和疯狂的传统等级制度，承认疯癫所具有的革命属性。"②

　　除了莱恩的反精神病学（anti-psychiatry）理论外，在玛莎的心灵探索中也具有明显的苏非主义模式，"苏非主义有两个主要的目标：一是展现人的真实的自我，二是帮助人发掘真实而永恒的内在部分"③。玛莎的精神发展经过了非理性意识环节的"倾听"，继而从"倾听"进入冥想，这个过程不仅是发现自我，也是要从自我走向他人，重构自我与他人和世界的联结，从分裂的差异性上升到普遍性的共鸣融合。正如伊德里斯·沙赫在《苏非之路》（*The Way of the Sufi*, 1968）中指出的："苏非主义者声称，人的某些精神活动在特殊条件下，依靠独特的努力方式，能形成更高层次的思维活

---

① Jonah Raskin, "Doris Lessing at Stony Brook: An Interview", *A Small Personal Voice: Essays, Reviews, Interviews*, ed. Paul Schlueter, New York: Alfred A. Knopf, 1974, p. 69.

② Lynn Sukenick, "Feeling and Reason in Doris Lessing' Fiction", *Doris Lessing: Critical Studies*, edited by Annis Pratt and L. S. Dembo, Madison: University of Wisconsin Press, 1974, pp. 114 – 115.

③ Nancy Shields Hardin, "Doris Lessing and the Sufi Way", *Doris Lessing: Critical Studies*, edited by Annis Pratt and L. S. Dembo, Madison: University of Wisconsin Press, 1974, p. 163.

动，从而产生独特的感知，这种感知机制也存在于普通人身上。因此，苏非主义就是要超越普通人的局限。"① 超越普通人认识的局限意味着在与世界、整体的融合中克服精神的异化与碎片化，玛莎最终在苏非冥想中恢复了精神平衡，她走出地下室、步入伦敦街道，感受到冲破了身体和思维的禁锢后再度与世界万物相互融合，获得重生般的喜悦：

> 主啊！她祈祷，让我留住它吧，让我不要失去它，哦，我怎么能忍受这么多年，这么久，死了，睡着了，看不见，什么也看不见。现在，一切都在那里，存在着，存在于一种喜悦的光辉之中，并把一切奉献给她，直到她觉得它们和她互为延伸，或至少是它们的欢乐和她的喜悦在一同歌唱，以至于她觉得它们几乎要喊出来了，玛莎！玛莎！为了快乐，因为她正看着它们，在离开它们很久之后再次感受它们。她走着，走着，注视着，凝视着，她的眼睛变成了云朵、树木、天空，变成了发出光芒的高墙上温暖阳光的致意。②

玛莎对大自然产生的喜悦，这种富有灵性的愉悦之感和小说开篇她怀抱忧思漫步于城市的阴郁感受形成截然对照。如同在一滴水中窥见宇宙的安娜·伍尔夫，玛莎与自然万物的融合象征了她在意识领域的高峰体验，她超越了对时代与人生的悲观的、碎片化的感受，与自然万物相统一，她从微观世界中辨识出宏观世界，这一具有超验主义色彩的灵魂发现的过程虽然神秘而抽象，但却并非不是一种对自身认知限度的超越。

---

① Nancy Shields Hardin，"Doris Lessing and the Sufi Way"，*Doris Lessing：Critical Studies*，edited by Annis Pratt and L. S. Dembo，Madison：University of Wisconsin Press，1974，p. 163.

② Doris Lessing，*The Four-Gated City*，New York：New American Library，1976，p. 480.

　　肖瓦尔特指出：“莱辛的女主人公系统地使用一种半神秘的、半政治性的思想移情理论，以避免对她们自身的感官感觉和情感负责。”① 这与林恩·苏尼克的看法有相似之处：“莱辛对非理性的处理，就像她对梦境的偏爱一样，尽管她尊重潜意识，但通常是务实的，理性的，甚至是机械的。正如布鲁斯特所说，‘对于莱辛，做梦似乎是一种训练的方式。’”② 的确，莱辛在小说中注重挖掘人物的非理性思维，但是又回避一种感性的、直觉主义的表现手法，同样描写精神病患者的意识流，莱辛绝无伍尔夫那种敏感纤细、视觉想象充沛的诗化风格，相反，她追求的是理性、客观、纯粹科学色彩的意识发展过程，“与女性的感性传统截然不同。她的小说是坚韧的、笨拙的、理性的，关注社会角色、集体行为和良知，而并不在意文体的精妙和情感本身的微妙”③。在描写玛莎的疯癫经验中，莱辛回避情绪化表达和意识的飘忽不定，而是以冷静客观的艺术笔致将“疯癫”展现为可以随时自主进入和抽离的一种可控的精神行为，人物的非理性意识活动具有明显的层次渐进性，思维的弹性、扩张性和暧昧性被压缩为抽象的思考、神秘的心灵顿悟。对情绪化感受的拒斥、对心灵的不确定性的逃逸，不仅反映了莱辛在心理学理论上对疯癫定义的重新吸收，也与她对重大社会历史问题的投入以及政治立场的追求具有一致性：“实际上，莱辛笔下的角色存在许多重叠，部分是因为，莱辛对创作精致、鲜明、令人难忘的角色兴趣不大，她更加看重的是传递责任意识的角度和压力，良知与文化的粗糙对抗，传递某些想法的吸引力以及个人思考时所发生的思

---

① ［美］伊莱恩·肖瓦尔特：《她们自己的文学》，韩敏中译，浙江大学出版社2012年版，第289页。

② Lynn Sukenick, “Feeling and Reason in Doris Lessing' Fiction”, *Doris Lessing: Critical Studies*, edited by Annis Pratt and L. S. Dembo, Madison: University of Wisconsin Press, 1974, p. 112.

③ Lynn Sukenick, “Feeling and Reason in Doris Lessing's Fiction”, *Doris Lessing: Critical Studies*, edited by Annis Pratt and L. S. Dembo, Madison: University of Wisconsin Press, 1974, p. 99.

想变化，以此作为贯穿生活和情节的方式。"①

在《四门城》中，关于现实生活的历史记叙和人物的内在意识的描写形成了对位，可以做出对照性解读。作为观察者的玛莎，她目睹了个体在现实压力下形成的精神创伤：在操纵着性幻想的废墟房屋，力比多的信徒杰克否定了社会秩序和人的道德性，最终成为性的残忍囚徒；在布鲁姆斯伯里地区的老宅，被社会孤立的马克在写作中寻求通往真理的道路；"疯女人"琳达无法屏蔽纷乱的社会思绪，独自承受与世隔绝的痛苦，成为地下室的受难者；科德律治家的孩子们也不得不忍受时代病造成的心理紊乱。玛莎的精神危机是对受到集体意志碾压的个体所承受的精神创痛的共鸣和回应。但是，在个人的非理性思维发展过程中，她肯定了精神病患者所拥有的超能力，以超验主义的神秘思考去消化、反思集体政治的盲目冲动，最终恢复了个人与社会融合的信心。

第三节 科幻预言：乌托邦之城的启示

1956 年爆发的苏伊士运河危机和苏共二十大对斯大林的政治清算，成为压垮英国左翼知识分子对社会主义信仰的最后稻草，在忠诚于组织还是忠诚于历史面前，莱辛选择以缄默的方式退出英共，"在这个经历了伟大的革命浪漫主义的世纪之末，为了实现人间天堂，为了国家摆脱衰落，人们做出了重大牺牲；对乌托邦、奇境和完美城市的狂热梦想；在尝试了公社、共同体、合作社、集体农场和集体农庄——所有这一切之后，我们中有谁会相信世界上大多数

---

① Lynn Sukenick, "Feeling and Reason in Doris Lessing' Fiction", *Doris Lessing: Critical Studies*, edited by Annis Pratt and L. S. Dembo, Madison: University of Wisconsin Press, 1974, p. 102.

人会感激地接受政府的些许诚实和能力？"① 她批评意识形态政治的虚伪无聊，僵化的官僚体制就像"一个有机体，最重要的是它不能思考……就像那些触手或手臂上装有麻木毒药的海洋生物一样"，"将所有新鲜的事物麻痹到静止不动"②。莱辛虽然对现实政治感到灰心，但是，在历史的灰色描述之后，作家在小说最后的"附录"（Appendix）中依然去设想人类在未来建设一座乌托邦之城的可能性。

"附录"是一篇由笔记、公文及信件组成的科幻寓言故事，故事的时间背景大约是在未来的 1997 年，材料来自"弗朗西斯·科德律治的侄女阿曼达所拥有的一批 1995—2000 年间的私人和官方的文件档案"③。莱辛在"附录"中虚构了在未来时空爆发的一场规模空前的世界战争彻底摧毁了地球文明，欧洲大陆遭到核武器破坏和生化武器的污染，英伦三岛也未能幸免。大灾难后，幸存者们开始重建家园，非洲、蒙古、墨西哥和巴西逐渐繁荣起来，成为世界文明的中心。玛莎和科德律治家族的成员们在灾难中流散到世界各地：马克·科德律治在埃塞俄比亚的亚德斯亚贝巴建立了难民营；弗朗西斯·科德律治成为"地区重建与修复的副领袖"，带领难民们在内罗毕附近重建家园；玛莎乘一艘小船逃离了英国，她和难民们漂流到一个名叫法瑞斯的苏格兰小岛。小岛四面环海，远离战争、文明和污染，人们历经艰难活了下来，岛上的幸存者中有一群具有超能力的孩童，他们预言玛莎将会在下一个冬季来临前死去。

"附录"中的科幻故事虽然是纯虚构的，但并非与现实无关，

① Doris Lessing, *Walking in the Shade*：*Volume Two of My Autobiography*, *1949 – 1962*, New York：HarperCollins, 1997, p. 368.

② Gayle Greene, *Doris Lessing*：*The Poetics of Change*, Ann Arbor：University of Michigan Press, 1994. p. 88.

③ Doris Lessing, *The Four-Gated City*, New York：New American Library, 1976, p. 562.

它和笼罩在整个五六十年代的紧张的国际政治局势有一定的关联："美国和苏联两大阵营之间的冷战完全主宰着掐头去尾的 20 世纪后半期的国际舞台，它毫无疑问是这样一段漫长的时间。在全球核战争阴影下成长的一代代人普遍相信，核战争随时都可能爆发，并且毁灭人类。事实上，有些人以为任何一方都无意攻击另一方，即使他们也很难不持悲观看法……在长期的核对峙中，随着时间流逝，越来越多的事情可能出问题，它们可能是政治上的问题，也可能是技术上的问题。它实际上并没有发生，但是 40 年来每天都可能发生。"[1] 1963 年与亨利·基辛格（Henry Kissinger）见面时，这位国际政治研究者满不在乎地将原子弹称为"小猫炸弹"，令莱辛感到震惊和羞耻："任何使用'小猫'这个词来形容战争武器的人都是缺乏道德感和道德敏感性的。"[2] 彼时的莱辛正是英国反核武器运动的积极参与者，因此在"附录"中，对战争灾难的焦虑促使她将冷战危机的可能后果诉诸文字："莱辛对幻想和推想小说（speculative fiction）构思的挪用在这个系列的启示录式的结局中变得清晰而明确。她抛弃了严格的现实主义形式，采用寓言家的叙事视角，根据这些已被日常现实所记录的当下危险的发展趋势，推断出想象的但又是高度可信的后果。她把推想的声音转化为虚构的形式，她坚信'科幻小说作家捕捉到了我们的文化对未来的感受。《四门城》是一部预言小说。我认为这是一个真实的预言……我想未来将是灾难性的'。"[3] 不过，虽然对人类的历史和现实感到悲观，作为现实主义精神持有者的莱辛还是通过乌托邦之城的创建去设想扭转悲观的

---

[1] ［英］艾瑞克·霍布斯鲍姆：《极端的年代》，马凡等译，江苏人民出版社 2010 年版，第 234 页。

[2] Doris Lessing, *Walking in the Shade*：*Volume Two of My Autobiography*，*1949 – 1962*，New York：HarperCollins，1997，p. 287.

[3] Roberta Rubenstein, *The Novelistic Vision of Doris Lessing*：*Breaking the Forms of Consciousness*，Urbana：University of Illinois Press，1979，p. 160.

未来的可能性，她在"附录"中既预言文明的摧毁，也设想重建文明的方案。

对乌托邦之城的描写最早出现在《玛莎·奎斯特》中，"四门之城"（The Four-Gated City）的名字正来自青年玛莎对它的命名：

> 在这片粗硬的灌木丛和没长大的树上方升起一座闪耀着白色光芒的雄伟城市，四四方方，下坡的街道旁种着花，整齐的柱子沿街排列。这里有哗哗流水的喷泉和笛子的声音；市民们行走着，庄重而美丽，黑、白和棕色的人种混在一起；年长的人们停下来看着孩子们，脸上露出愉悦的笑容——北方蓝眼睛白皮肤的孩子正和南方古铜色皮肤深色眼睛的孩子手拉着手一起玩。是的，大人们微笑着，赞许地看着这些来自不同家庭的孩子，孩子们在花丛中、街道上玩耍着，穿过白色的柱子和高大的树木，在这美丽而古老的城市中奔跑……①

这座形制庄严、花木扶疏，散发出洁白光辉的乌托邦之城源于青年玛莎的政治信仰，她对现实政治不满，她所渴望的理想社会是彻底消灭了种族歧视、阶级压迫和贫富悬殊的共产主义乌托邦："金色的城市里有雪白的建筑，大道通天、树木成行，在这座威严的四门城里，白人、黑人和棕色皮肤的人都平等地生活，没有仇恨与暴力。"②

在《四门城》中，受到马克的文学构思启发，玛莎也加入了自己的新设想，和他一起勾画出一幅"乌托邦之城"的新蓝图：

---

① ［英］多丽丝·莱辛：《玛莎·奎斯特》，郑冉然译，南京大学出版社 2008 年版，第 17 页。

② ［英］多丽丝·莱辛：《玛莎·奎斯特》，郑冉然译，南京大学出版社 2008 年版，第 184 页。

　　从南到北，从东到西，条条道路通向此城。这些道路进入城市后，它们分成几条弧段，形成环形的街道，内中又是一些更小的街道：各条通往中心的街道相互交叉，组成一张弧形的网。这些街道很宽，尽皆石头铺就，路两旁树木成行。城市的中心区域郁郁葱葱，建筑物掩映在树丛中，那是学校、图书馆和集市，但是对这些建筑的功能并无过多限定。人们可以在集市教学，而在类似寺庙或礼拜场所的地方，亦可购买货品或进行交换，比如地毯，珠宝或诗歌。这个城市没有中心建筑，但人们坚持认为，在城内某处就有一处矿脉或结点，也许在城市地下，也可能在图书馆内的某个不太显眼的小房间里，或者就在市场边。……很久以前，这座城市一度被作为一个整体进行了规划：它是作为一个整体建造的。它并没有像我们惯常认为的城市那样是随意地存在的。这个城市里的每一座房子以及每座房子里该住什么人都被规划好了，这个城市里的每一个人都有他自己相应的角色和位置。但是，这个社会并不是一成不变的，如果人们愿意，他们可以搬走，搬到其他地方去。这是一座花园城市，居民们在花园、喷泉和公园中度过他们的一生。①

　　玛莎理想中的花园城市具有古典色彩，它是自由的城邦，在原始朴素的和谐氛围中体现出高度的文明，但又不具有现代文明的政治特征，因为它不是现代政治管理的结果。从《玛莎·奎斯特》到《四门城》，莱辛对乌托邦之城的设想已经脱离了共产主义制度的政治架构，她认识到人类文明的多元性、差异性、流动性和包容性之

---

　　①　Doris Lessing, *The Four-Gated City*, New York：New American Library, 1976, pp. 133 – 134.

于人类生存和社会发展的重要意义，这超越了乌托邦政治的平均主义思想。但是，在一个充满地区冲突、种族纷争、意识形态对立和贫富悬殊的大环境中，这座乌托邦之城也毁灭了。在人类历史的长河中，文明与毁灭交叠出现，历史在不同阶段以不同形式复制过去，荣光与灾难并存。从这个角度看，幻灭是乌托邦之城的本质含义，它代表着对人类文明社会的理想主义期许，但总是以幻想或毁灭的形式出现。

受玛莎的启发，马克完成了乌托邦小说《沙漠中的城市》，他甚至计划在非洲建立这样一个能够容纳、帮助全世界难民的乌托邦城市，这就是他在 60 年代末设想的"拯救计划"。在 60 年代的反文化运动中，弗朗西斯·科德律治曾带着一群年轻人出走，在威尔特郡创建了乌托邦农场，它"最主要特点是没有意识形态、没有计划、没有宪法，没有哲学"，但却是一个富有凝聚力的共同体。① 在"附录"中，经历了大灾难的马克最终带领难民来到非洲，他从未停止梦想那个完美的城市，一个拥有花园和喷泉的精巧城市。而弗朗西斯也带领难民在内罗毕附近进行灾后重建，玛莎将具有超能力的黑人混血小男孩约瑟夫·巴茨送到了弗朗西斯身边学习做一个园丁。对园丁的描述曾出现在玛莎关于"沙漠中的四门城"的构想中，"园丁"是乌托邦之城的建设者、滋养者和保护人，他们掌握了维护城市和谐有序的秘密，玛莎将约瑟夫·巴茨送到弗兰西斯的难民营从事园艺学习、参与家园重建，寄托了她对未来文明社会——乌托邦之城的期待。

《四门城》并不是《蝇王》（*Lord of the Flies*，1954）、《继承者》（*The Inheritors*，1955）这类悲观的人性寓言，也并非《美丽新世界》（*Brave New World*，1931）、《1984》（*Nineteen Eighty-Four*，

---

① Doris Lessing, *The Four-Gated City*, New York：New American Library, 1976, p. 565.

1949)的反乌托邦极权政治的社会批判,莱辛依然通过作品中人物之口表达了人类可以克服纷争、团结一致的信心:弗朗西斯说,"好事正在发生,一个全新的开始"①;马克也说,"二十年来,世界上没有战争,没有监狱,没有军队。唯一的军队就是救援者。我们没有敌人,人类空前团结"②。而法瑞斯小岛上拥有超能力的孩童被认为是"全新的儿童",他们将参与地球重建,成为人类新生的标志。《四门城》关于大灾难后重建人类文明的科幻叙事和贯穿"五部曲"的乌托邦之城的意象形成了呼应,反映了文明的摧毁与重建的主题。乌托邦之城最初是人人平等的政治体制的象征,但它从理念化的政治制度、理想化的城市空间演变成超越思想纷争、进行集体创造的文明凝聚力的象征。这反映了莱辛对当代现实问题的审视已不再囿于早年参与共产主义运动时所吸收的马克思主义世界观,她试图走出政治理念,从人类文明的世界观念进行思考,并强调个体在世界文明的伦理认同下相互合作、彼此和解,进而构筑共同家园的美好期待。

作为60年代最后一部反映当代政治现象的长篇小说,《四门城》再现了英国五六十年代的冷战政治危机、反核武运动、嬉皮士潮流等一系列社会现象,这既是小说情节的重要背景,也构成了作品的现实主义历史叙述的维度,但是在历史线索之外,莱辛又倾力刻画了主人公在非理性意识领域的抽象思考和神秘体验,表达了她对个体命运和历史进程相互关系的思考。个人置身于社会中必然受到来自社会环境和集体意志的影响,现实冲突也必然参与了个人的精神建构,但个体并不是无所作为地臣服于集体意志的压力,随波逐流地任由外在潮流摆布,深陷恐慌与盲从。个体的内在精神发展具有参与现实、构建现实的能力,也是保持个体和集体、外界关系

① Doris Lessing, *The Four-Gated City*, New York: New American Library, 1976, p. 611.
② Doris Lessing, *The Four-Gated City*, New York: New American Library, 1976, p. 612.

的平衡的重要力量。在莱辛的笔下，超能力者和精神病患者的存在反映了作家对人的非理性意识活动的重视，这被视为对抗僵化、保守、压抑的外部环境的重要精神能量。作品"附录"部分的科幻寓言虽然脱离了情节主体的现实主义叙述，但并非无关现实，它表达了莱辛对无序、盲目的政治仇恨的反感。小说中的这三个维度虽然在艺术角度和写作理念上有明显差异，但始终围绕着社会进程中个体与集体的关系，以及个人精神追求和时代发展的矛盾交织。它们在作品中的共生状态，显示出现实主义和政治题材写作对莱辛的持久影响力，以及心理现实主义和精神分析写作在 60 年代的再度拓展，预示了作家在经历了政治信仰退潮之后的小说创作转型。

如果说《金色笔记》碎片化的结构象征了乌托邦政治幻灭后个人内在精神的失序和一种政治伦理的崩溃，那么《四门城》则将历史写实和精神分析的对话式结构融入人物的思想成长，清晰地回答了经历政治运动冲击、历史创伤、情感危机的个体如何自我建构的问题。莱辛将这个答案写入了小说"附录"，以理想化的相互协作、文明社会的彼此融合，以及充分调动个体力量来克服危机和灾难。

莱辛始终关注社会现实问题，但在 1969 年后的长篇小说中她很少再以现实主义手法去描写一些具体的社会历史动向或政治问题，自传/半自传性写作也从她的长篇小说创作中淡出，内心空间小说、寓言小说、科幻小说①、幻想冒险小说等逐渐占据了更多分

---

① 如果说将作家的全部作品视为互文发生的场域，那么，《四门城》本身已表达了莱辛对传统小说的倦怠感，小说中提到，"马克开始和一些宇宙科幻小说家相识，虽然这类小说在文学界从未受到严肃对待，但是他发现他们（科幻小说家——引者注）对这个世界的看法和他自己更接近"（*FGC*, p. 284），"这些宇宙科幻小说中的很多想法不会出现在那些公认的'文人'作家作品中"（*FGC*, p. 356），它的通俗性、天马行空的想象力往往不受传统文学批评制约，尤其是自传性解读，"这种评论方法往往用于严肃小说家的作品，永远都不会用在吉米·伍德的小说上"（*FGC*, p. 451）。吉米·伍德是马克的好朋友，也是一个科幻小说家，写下不少畅销的宇宙科幻小说（Space Fiction），热卖作品之一是《能量商人》（*The Force Dealers*），故事内容虽然俗套，却不乏奇思妙想。"附录"部分的乌托邦幻想预言了莱辛 70 年代末期"科幻五部曲"的登场。

量，这类小说不涉及具体的历史事件，更加注重表现个体的内在精神发展，是对一些普遍性的社会问题的回应，对人类历史的思考。这种艺术转变是伴随作家政治生活的退潮和新的文化兴趣的出现所带来的自觉艺术转向，反映了她思想轨迹的变动。在 1987 年出版的文集《画地为牢》（*Prisons We Choose to Live Inside*）中，莱辛提出这样的看法：从历史到当下，人类社会出现的各种人道危机、宗教冲突、政治浪潮和战争灾难的背后都有意识形态魔力的驱动，如何避免悲剧，避免那种歇斯底里的群体仇恨并非是一个历史问题，或提供一种暂时的应对策略，她认为需要发挥个体的探索力量和独立思考精神，保持冷静、理性的思考机制以抵抗集体政治情绪的盲目浸染，"正是个体改变了社会，个体孕育了思想，个体奋起反抗大众意志，并改变了它。……我所经历的每一件事都教导我尊重，尊重那个耕耘和存续自己的思考方式、起身反抗集体思维和集体压力的人。"① 这番话对我们理解她在 70 年代后小说艺术的转向提供了一种阐释。离开共产主义政治运动的莱辛并没有成为遁世作家，她虽然不再是马克思主义世界观的持有者，也在某种程度上否定了传统现实主义艺术在当下的文学功效，但是并没有放弃文学承诺，而是探索新的艺术方案。她依然持续关注社会问题，但是写作注意力放在了个体内在意识的觉醒，注重对个体内在精神的抽象探索，并将之作为与集体融合的建设力量予以艺术呈现。

---

① ［英］多丽丝·莱辛：《画地为牢》，田奥译，南京大学出版社 2019 年版，第 103 页。

下　编

《金色笔记》的叙事研究

在《金色笔记》中，女作家安娜·伍尔夫一直处于写作的焦虑中，她在不断"失败"的写作中探索审美形式和真实经验的有机融合。安娜的写作也许不那么成功，但是莱辛却在对作家生活的复杂叙事中创作了一部杰作。《金色笔记》"因其在主题与形式上的复杂契合而被视为莱辛最杰出的作品"①，这部作品"将心理分析、社会政治批评、小说形式实验三者熔于一炉"②，它不仅是我们理解20世纪中叶以来不断变化的政治生活、精神现象、性别关系的一块试金石，同时它自身也是一项令人瞩目的文学成就③，既有对时代精神的预见，又包含了对时代精神的剖析，反映了多丽丝·莱辛对当代生活现象和精神领域中的一些重要问题的敏锐观察和深刻思索："她将观察到的当下时代的模式、异状和潜在可能性赋予了叙事形式和可见性，这对21世纪的读者仍然具有启示意义。"④

在这部作品中，莱辛将传统现实主义小说的美学特征、创作元素与现代主义、后现代主义的小说美学理念和叙述艺术相融合，形成了多层次的、立体的、错综复杂的小说艺术特征，"它的写作方式如此复杂，就像虚构的、历史的、散漫的文本，探寻着虚构自身的边界"⑤，其艺术"目的在于形成这样一部作品，即小说本身成为一种评论，一种无言的陈述：通过它的形成的方式来讲述"⑥。在

① Jeannette King, *Doris Lessing*, London: Edward Arnold, 1989, pp. 37 – 38.

② 瞿世镜主编：《当代英国小说》，外语教学与研究出版社1998年版，第268页。

③ Tonya Krouse, "Between Modernism and Postmodernism: Positioning *The Golden Notebook* in the Twentieth-Century Canon", *Doris Lessing's* The Golden Notebook *After Fifty*, edited by Alice Ridout, Roberta Rubenstein, and Sandra Singer, New York: Palgrave Macmillan, 2015, p. 116.

④ Roberta Rubenstein, "Notes for Proteus: Doris Lessing Reads the *Zeitgeist*", *Doris Lessing*: *Interrogating the Times*, edited by Debrah Raschke, Phyllis Sternberg Perrakis, and Sandra Singer, Columbus: Ohio State University Press, 2010. p. 27.

⑤ Jenny Taylor, ed., *Reading and Rereading Doris Lessing*, Boston: Routledge & Kegan Paul, 1982, p. 7.

⑥ Doris Lessing, "Preface to *The Golden Notebook*", *A Small Personal Voice*: *Essays*, *Reviews*, *Interviews*, ed. Paul Schlueter, New York: Alfred A. Knopf, 1974, pp. 32 – 33.

这部作品中，形式本身已成为一种思索方式，它不再只是作为内容演绎的框架支持，而是参与到文本的主题塑造中，正如哈罗德·布鲁姆所指出的，《金色笔记》以其艰难的小说形式实验来提出关于社会的现实问题①。假如以艺术作品来比喻，那么可以说《金色笔记》不是一幅平面的绘画，而是立体的雕塑，其结构布局中的层次关系与组合搭配，本身就已经具有了表述功能，反映了作者对于时代、社会、艺术与人的敏感观察和深刻追索，"由于结构本身具有重大的意义，它直接承担了揭示主题的角色，小说的内容已退居第二位，成了形式的注解和佐证"②，形式即主题、即思索。因此，对于这部作品的认识，必须从形式寻找意义发现的切口。

① Harold Bloom, ed. , *Doris Lessing*, New York：Chelsea House, 1986, p. 4.

② 陈才宇：《〈金色笔记〉译序》，[英] 莱辛：《金色笔记》，陈才宇、刘新民译，译林出版社2000年版，第2页。书中所引用的《金色笔记》中译本原文皆出自此版本，此后不再另注，只在文中标出引文页码。

第一章

《金色笔记》的双重线索

《金色笔记》在小说形式上的创新尤为明显地表现在作品的结构布局上。作家以双重线索展开叙述，结构文本，将传统与现代、逻辑与紊乱、有序与无序这些对立的叙事元素结合在同一部作品中，使得异质的叙述风格与创作理念既相互配合又彼此"挑战"，形成一个完美的、高度整合的有机艺术整体。传统小说封闭的结构框架与极具实验色彩的，多元而开放的叙述艺术相结合形成了具有阅读冲击感的小说艺术张力，反映了作家对于当代小说发展趋向的独特预见，对传统小说与当代写作的区别和联系的深化认识。此外，双重线索的使用，对于揭示作品主题、表现主人公复杂的精神世界与丰富的生活内容也有着重要作用。

第一节 故事线索

《金色笔记》一共6章，主要由两个叙述板块"自由女性"和"笔记"构成。小说前4章每章皆由"自由女性"和四本"笔记"组成，每一章由"自由女性"统领开头，"笔记"随后；"笔记"的先后顺序皆为固定的"黑色笔记""红色笔记""黄色笔记"和

"蓝色笔记";第 5 章是"金色笔记"①,第 6 章"自由女性"则是全书的结尾。

从表面结构看,《金色笔记》具有传统小说叙事所常用的那种框架故事的结构,"自由女性"部分是全书的主体故事框架,但其中又不断插入了作为小故事的各部"笔记","总故事成为一个框架,可以容纳各种不同类型和旨趣的故事,而不显得零乱庞杂,多而有序"②。然而,"自由女性"与"笔记"之间的关系并不这么简单。与传统的框架结构小说不同,在《金色笔记》中,"自由女性"与"笔记"在情节上其实是处于并置的关系,它们是围绕各自的主题分别展开叙述的,有各自独立的情节线索。因此,并不能简单地以包含关系来认识这部作品在结构布局上的特点。

"自由女性"采用了第三人称全知视角的叙写方式。这是以故事之外的叙述人的声音讲述女主人公安娜·伍尔夫的生活以及她的内心思考与情感波动。根据这个叙述人的交代,我们知道"笔记"是安娜的私人生活记录,在"笔记"部分,作者采用了第一人称有限视角的叙述模式,模仿琐碎的、私人化的"笔记"文体,以主人公安娜"我"的眼光讲述自己的生活经历和所思所感,安娜既是故事中的人物,又是个人生活的叙述者。"自由女性"与"笔记"构成了双重叙事线索,推动全书内容情节的展开。这两部分在时间、内容、情节、叙述向度和叙写风格上自成体系,基本上是两个相对独立的叙述空间。直到最后一部笔记——"金色笔记"中,作者才揭示出"自由女性"也是安娜所撰写的一部短篇小说,它的创作动

---

① "金色笔记"紧随"蓝色笔记"之后,是"蓝色笔记"情节的延续,也是四部"笔记"在内容与形式上的一个象征性总结。但是,它并不是像其他四部"笔记"一样具有各自独立的叙述线索与主题,成为相对独立的叙述板块。因此,在本文的论述过程中,涉及文本的结构布局分析时,仍以四部"笔记"为主要参照,并不将"金色笔记"作为第五本独立的笔记进行分析论述。

② 乐黛云主编:《世界诗学大辞典》,春风文艺出版社 1993 年版,第 274 页。

机和内容来源，就是安娜从精神崩溃到恢复的那段生活经历的记录——四部"笔记"。至此，读者才明白，"笔记"其实类似于"自由女性"的素材和内容来源，整部作品也才从内容层面上完成了两部分的意义衔接。正如有论者指出的："比起任意一部单独的'笔记'，传统小说'自由女性'显得更有包容性，更加规整。因为它以更加凝练的、匀称的形式去呈现'笔记'中的这些素材。从而将'笔记'中因为丰富的细节而变得模糊的因果关系予以了突出。"①

如果将"自由女性"单独从文本中提取出来，将各章连缀起来，其自身就可以成为一部独立成章的传统短篇小说。正如莱辛所指出的："'自由女性'是作品的纲要，或者说是框架，它是一部传统短篇小说，大约60000字的长度（英文字数——引者注），它是可以自成体系的。"②"自由女性"以遵循事件的历时发展线索的叙述，在整部作品中形成了一条清晰的、具有结构意义的故事发展脉络，并构成文本的总体框架。

"自由女性"的叙写从1957年伦敦的夏天开始，情节围绕"安娜和她的朋友摩莉之间的友情，以及检视这两个独立的知识女性的生活自由程度"③展开。安娜是一位离异的单身母亲，和女儿简纳特独自居住在伦敦的一套公寓里，她曾是一名共产党员，也是一个作家，出版过一部以非洲殖民地为背景的畅销小说《战争边缘》。安娜的好友摩莉是一个戏剧演员，离异后独自抚养儿子汤姆，摩莉、她的前夫理查和汤姆这三人的关系颇为紧张，时有冲突，安娜不得不充当调解人而周旋其间，但收效甚微。父子、母子、男女之

---

① Jean Pickering, *Understanding Doris Lessing*, Columbia: University of South Carolina Press, 1990, p. 97.

② Doris Lessing, "Preface to *The Golden Notebook*", *A Small Personal Voice: Essays, Reviews, Interviews*, ed. Paul Schlueter, New York: Alfred A. Knopf, 1974, p. 23.

③ Tapan K. Ghosh, ed., *Doris Lessing's The Golden Notebook: A Critical Study*, New Delhi: Prestige Books, 2006, p. 45.

间充满了隔阂、成见和敌意，缺乏理解与沟通，恶性循环的人际关系使人人处在一个孤立的王国中。年轻的汤姆更是如此。他生活在一个分裂的家庭中，这不仅是指单亲家庭破碎的人伦关系，也是指情感、价值观、意识形态和道德理念等更深层次上的对抗和冲突的生活语境。摩莉和理查早年都加入过左翼运动，但很快分道扬镳。这二人的人生信念不同。理查务实、功利、自私，他放弃了年轻时的信仰，摇身成为一个成功的企业家。摩莉则是生活的"失败者"。她善良热情，理想犹存，依然保持着左翼知识分子的社会批判精神和人道主义信念，但是对于儿子的管教却过于松散随意。摩莉和理查这两人的生活信念和价值观完全不同，关系势同水火，他们的敌对和竞争意识尤其表现在对儿子的情感控制中，他们都想通过说服和影响汤姆的人生选择实现从精神上征服对方。结果反而造成儿子在思想认知上的矛盾和错位。他似乎被父母一劈两半了，相互矛盾的生活理念在他身上发生冲撞，他无法协调不同的价值观和人生观，为自己树立可靠的人生信念，陷入虚无主义和憎恨的情绪中，忧虑而绝望。安娜为这个家庭做了一次次的调解但都不成功，反而令他们彼此间的敌意愈加外露。这加重了汤姆的精神危机，他举枪自杀，所幸未伤及性命，但是导致双目失明。

另外，理查与现任妻子马莉恩之间的关系也是矛盾重重。理查对家庭不忠，对妻子淡漠，空虚孤独、得不到尊重的家庭生活令马莉恩精神萎靡。她找不到人生的归属与出路，沾染上了酒瘾，时常向安娜和摩莉倾诉内心的苦痛。安娜又不得不在理查和马莉恩之间进行协调。理查的自私和马莉恩的懦弱令她痛心。在作品中，莱辛描写了情感和婚姻中男性的自私心理，以及在行为上令人难以置信的不忠与欺骗，这是他们从不承认也不肯诚实谈论的。汤姆在失明之后和马莉恩结成了密友，两个人对社会政治活动异常关心投入，似乎都找到了生活的寄托。但安娜却看透了二人忙忙碌碌的行动和亢奋热情的言辞下个人生活的空虚无助。在听从了安娜的一番伤感而真挚的谈话后，汤姆有所转变，不再与母亲作对，准备投身到更为实际的工作中。

安娜终日周旋在不同的朋友之中，充当着调解人，奔忙于解决他人的各种生活危机和精神危机，却丝毫没有感到任何成就感，反而看到人生的诸多无奈和矛盾，越发觉得生活的荒诞和悖谬，尤其是汤姆举枪自杀给了她很大的刺激。她充满了负疚感，认为是自己"笔记"中的消极观念影响了汤姆。汤姆翻阅了安娜的四部"笔记"，十多年来人生经历的记录，从她的生活与思考中得到的"答案"却是死亡，"真正严肃的哲学问题只有一个：自杀，判断生活是否值得经历，这本身就是在回答哲学的根本问题"[1]。这似乎是对安娜全部生命的意义宣判：一切好像都是不值得经历的、生存毫无价值可言。安娜陷入虚无和消极的情绪中，觉得个人根本无力抵抗生活的洪流来袭；女儿简纳特想过安稳有秩序的生活，离家去了传统寄宿制学校。周围人的陆续离开，安娜孤身一人在公寓中精神崩溃。此后一个临时寄居的美国房客到来，两个人在冲突和对话中都得到成长，获得某些有意义的东西。安娜的心理恢复正常，她准备到夜校当老师，而摩莉也再婚了，简纳特放假回家，曾经发生的精神崩溃似乎只是一场噩梦。

从标题上看，"自由女性"这个名称本身即有种讽刺意味，"自由仅仅是一个词，它的潜在含义总是和现实相抵触的，自由女性的理想就如同一个自由社会一样是一个幻影"[2]。安娜和摩莉是当代知识妇女的代表，为了追求独立、真诚、有感情的生活从压抑的婚姻中逃离。但是，过着单身生活的自由女人却变得精神脆弱，她

---

① ［法］加缪：《西西弗的神话》，杜小真译，陕西师范大学出版社 2006 年版，第 2 页。

② Patricia Meyer Spacks, "Free Women", *Doris Lessing*, ed. Harold Bloom, New York: Chelsea House, 1986, p. 97.

们没有安全感、易受伤害，感情生活上依然遭受着男性的背叛与责难，与那些困在不幸的家庭生活中的妇女有着相似的情感命运与心理体验。安娜事实上是远离自由的，在被情人抛弃后她意志消沉，独守公寓、渐成疯狂，成为被"自我"所囚禁的疯女人，她所拥有的貌似"自由"的生活与独立的品格被颠覆。正如有论者指出的："'自由女性'说明了妇女不可能获得完全彻底的解放……它表现了妇女生活的复杂性以及对于异性的不可避免的依赖。"[①] 安娜、摩莉和马莉恩这几个身份处境各异的女性，她们的情感经历与心理体验在作品中并置后，对于她们的命运检视就具有了普遍意义。因为，无论是经济独立的单身女性，还是依赖于家庭的主妇，"她们的谈话，生活的焦点以及忠贞都是围绕着男性的"[②]，这体现了莱辛对于女性生活的独特思考。在当代，教育、经济、职业和社会地位等客观条件的改善并不能完全使女性拥有独立自主的命运，女性"自由"的根本依然受到社会文化心理、道德习俗和情感认知这些"软"环境的制约。

　　"自由女性"部分采用了现实主义传统小说叙述模式，主要是从公共生活的视野审视人心的变化，"倘若是不经意的阅读，会产生这样的印象：'自由女性'代表了莱辛对于经验的客观排序"[③]。作者以第三人称全知视角展开叙述，虽然主人公安娜的精神崩溃是描写的主题，却并不是根据人物意识演变或心理过程的流动而展开，而是围绕着安娜与外在生活的接触、碰撞、交流和冲突来进行的。这一部分情节的发展大致以事件发生的先后为序，外部时间的

---

① Tapan K. Ghosh, ed., *Doris Lessing's* The Golden Notebook: *A Critical Study*, New Delhi: Prestige Books, 2006, p. 59.

② Shirley Budhos, *The Theme of Enclosure in Selected Works of Doris Lessing*, Troy, NY: Whitston, 1987, p. 102.

③ John L. Carey, "Art and Reality in *The Golden Notebook*", *Doris Lessing*: *Critical Studies*, edited by Annis Pratt and L. S. Dembo, Madison: University of Wisconsin Press, 1974, p. 22.

戏剧性冲突构成叙述的主要动力，故事内容的前后承继与情节过渡一般遵循事件发展的因果逻辑关系，较为完整地演绎了事件的发生、高潮和收尾这样一种传统小说的演进模式。人物的心理变化只是作为一种潜在的情绪特征对故事的演进起着某种催化作用。故事性、情节性与戏剧性是"自由女性"的重要叙述特点，它在稳步演进的叙述过程中提供了主人公外部生活的特征和背景，构筑了整部小说的故事框架主干，与"笔记"混乱而繁杂的叙述层次，偏向人物精神意识描写的向内投射形成一种对照。

第二节 心理线索

如果说《金色笔记》的"自由女性"部分有一条清晰的、遵循时间自然流动顺序而展开的叙事线索，那么四部"笔记"中的则是打乱自然时间顺序的心理线索。这双重线索的并置造成了整部作品叙述结构的复杂性，但它对于作家的艺术表达和主题建构又是十分必要的。

莱辛曾这样指出："'自由女性'被分成五个部分，并且被四部'笔记'，黑色、红色、黄色和蓝色笔记分割开。这些笔记都是安娜·伍尔夫写作的，她也是'自由女性'的女主人公。她之所以写作四部笔记而不是一部，正如她所承认的，她不得不将事物彼此区分开，从而摆脱对混乱、无形式以及精神崩溃的恐惧。"① 在"自由女性"的故事中，心理危机是一片阴霾，徘徊在安娜的现实生活的上空，外部事件的变化不断给主人公内心深处的焦虑施加着影响。而对主人公趋向非理性的心理过程，则是在事件冲突、人际交流、话语论争等社会生活的公共层面以写实的手法予以表现的。

---

① Doris Lessing, "Preface to *The Golden Notebook*", *A Small Personal Voice*: *Essays*, *Reviews*, *Interviews*, ed. Paul Schlueter, New York: Alfred A. Knopf, 1974, p. 23.

但是，精神崩溃本来就是一种暗涌的混乱，是由逻辑、秩序趋向紊乱与非理性的心理渐变，由于"自由女性"的文体和叙事风格的限制，这种内心节奏的叙写在这一部分未得到细致展开。安娜情绪的渐变，精神崩溃的前因后果，以及这一私人心理现象背后蕴含的复杂的时代语境、社会背景与意识形态内容，是在"笔记"部分的叙写中得到进一步的细化与铺展的。

在"笔记"部分，作家以第一人称叙述者"我"的口吻进行讲述，它们是主人公出于对混乱无序的现实生活的恐惧，为挽救失衡的精神世界而写作的，但是，四部"笔记"的写作不仅成为一种人格分裂的前兆象征，同时也成为加速人物心理崩溃的催化剂，"安娜的自我意识被分散成几部不同颜色的笔记，这种分离象征了她与自我、身体、他人以及整个社会的关系"①。不过也正是在写作笔记的过程中，主人公获得启发，走向精神康复，成为一个"完整"的人。"笔记"是主人公精神渐变过程的文字见证，人物的心理渐变就是"笔记"叙写的线索。这种叙写方式使作品具有了一种辩证色彩，"笔记"既是一种危机的象征，同时也潜藏着生活的转机。

"笔记"占据了全书近三分之二的篇幅，是安娜的个人生活记录，记录时间跨越了1950—1957年。如果说，"自由女性"的叙写构成了作品纵向的叙事线索，那么不同颜色的"笔记"则是从时间之河的历史延展中截取的四个横向空间，"每一部笔记都是一部意义深远的官能障碍的记录，也是个人与职业分裂的可怕记录"②，记录了人物内心崩溃渐变的过程。这四本"笔记"亦有各自的叙述方

---

① Sydney Janet Kaplan, "The Limits of Consciousness in the Novels of Doris Lessing", *Doris Lessing: Critical Studies*, edited by Annis Pratt and L. S. Dembo, Madison: University of Wisconsin Press, 1974, p. 122.

② Tapan K. Ghosh, ed., *Doris Lessing's* The Golden Notebook: *A Critical Study*, New Delhi: Prestige Books, 2006, p. 62.

式和时间线索，叙写风格不尽相同。它们分别从政治、文学、爱情和精神分析等角度展现了安娜自我拯救、自我割裂，寻求自我整合的内在意识发展过程。

"黑色笔记"的记录时间起始于1951年，作家以两条主要线索组织这一部分的故事内容。其中一条是主人公对非洲生活的回忆；另一条则是记录了"我"与编剧讨论如何将《战争边缘》改编成合适的影视剧本。在这一部分的叙述中，视角切换频繁，时间脉络在非洲记忆和当下伦敦生活之间交替，作家从主人公的写作危机来探讨她心理阻滞的原因。安娜原本接受过传统人文主义教育，后来一度受到马克思主义和苏联社会主义文学的影响，但是随着政治信仰的破灭，她对这种文艺观产生了怀疑与拒斥。作者通过安娜的非洲回忆记录以及《战争边缘》在当下的解读遭遇，表现了安娜在面对商业社会虚伪轻佻的小说风格和"社会主义现实主义"的伪写实小说时的内心苦闷。与此同时，她也意识到传统的小说叙写形式在当代已走到了尽头，无力负载沉重的现实与复杂的心绪。在不断尝试各种小说书写形式的过程中，主人公纠缠在"虚构"与"真实"的矛盾中，她无法以任何文学形式表达现实与历史的"真实"，陷入无力言说的失语状态。"红色笔记"以日记体为主，安娜记录了从1950年到1957年，她作为英共党员从事政治与文艺活动的一些情况以及她的个人思考。"红色笔记"从主人公退党前后的心态变化入手，描写她信仰的破灭、退党前后矛盾挣扎的内心以及对政治运动的失落等复杂的心绪。安娜曾经投身左翼阵营，参与共产主义运动，她始终秉持人道主义精神，难以接受政治斗争的残酷虚伪，无论是斯大林主义还是麦卡锡主义，都有可能按下战争机器的死亡按钮。结果她成了双重的政治叛徒。"红色笔记"中还掺杂了不少讽刺性质的短篇小说和文学评论。"黄色笔记"的主要内容是安娜根据自己的情感生活撰写的一部短篇小说《第三者的影子》，女主人公爱拉是安娜虚构的一个自传性人物，爱拉与保罗的感情生活其实影射了安娜与迈克尔的关系。通过自传性书写的过程，安娜发现感情的创伤不仅令她丧失了文学创作力，也使她的性格变得孱弱。她陷入男女关系的危机，与任何异性的关系都是扭曲、短暂、病态的。这部分的叙写带有元小说风格，主人公"我"以第三人称的口吻审视爱拉的感情经历，并时常在写作中直接议论如何塑造人物形象，构思情节，探讨"我"与虚构人物之间的关系、艺术与生活的联系等。除了《第三者的影子》，"黄色笔记"中还有 19 篇小说素材和一些戏仿之作。在"蓝色笔记"中，主人公记录了自己的精神治疗过程，对日常生活现状的思考以及一些自我内心分析。这部分的叙写围绕人物的心理变化，大量的无意识梦境、幻觉和非理性心理体验成为内容的主体。随着主人公精神紊乱现象的加剧，她逐渐丧失了时间意识，对文字产生了怀疑，陷入神智疯狂和时空的混沌。最后一部"金色笔记"在情节内容与时间上则是"蓝色笔记"的延续，也是前四部笔记的最终融合，"在'金色笔记'中，事物整合在一起，分裂结束了，在碎片的尽头是没有形式——第二个主题'整合'出现了"[①]。主人公经历了梦境、冥想和幻觉等黑暗的心理过程后，她超越了消极情绪，跨越了两性阻隔，对生活有了新的理解，重新获得了写作的能力。

与"自由女性"相比，"笔记"有各自相对独立的叙述线索和故事主题，时空交错、情节跳跃性强、结构松散而复杂，浪漫小说、新闻简报、讽刺小说、影视剧本等各种"离题"小故事穿插其间，再加上元小说、戏仿、文体拼贴等技巧的使用，使得原本就缺乏统一故事情节的内容更显无序与错杂。然而，这看似散乱而毫无章法，随心所欲写就的篇章实际上围绕着同一个主题来运作，有一

---

① Doris Lessing, "Preface to *The Golden Notebook*", *A Small Personal Voice*: *Essays*, *Reviews*, *Interviews*, ed. Paul Schlueter, New York: Alfred A. Knopf, 1974, p. 24.

个共同的叙述线索——即安娜从抑郁到精神崩溃的心理历程。那一本本笔记再现了她痛苦彷徨的心灵，是从不同的角度分析造成这种心理现象的社会与历史原因，记录了主人公生活中不同层面存在的分裂、矛盾与威胁，这些话语碎片冲击着人的心理意识，使人陷入冲突的罗网中不能自拔，令主人公在无法弥合的心理冲突中失去自我主体性。

莱辛曾说："我感到有一颗炸弹在我体内，在我周围人的身体里爆炸，这就是我所说的崩溃。"[①] 在战后西方的社会生活和人的精神世界中，"一切的碎片化"正反映在"笔记"的形式和立意中："这种'痛苦的解体'包括了共产主义曾经设想的凝聚全世界的图景和梦想，但对安娜来说——就像对莱辛和她在 50 年代英国的许多昔日同志那样——最终梦想'违背了我们经验的密度'而破碎、瓦解、消融。"[②] 安娜从反思生活和历史、写作和道德的角度去抵御脱离政治信仰后的焦虑感，她将生活中的不同方面的内容分开记录，以求得对生命与生活的透彻理解，但却在无意中将生活与完整的自我割裂开。分裂的生活碎片从四面八方向她涌来，她根本无法把握这些碎片，对它们的解读总是片面的、有局限性的，而这又阻碍了她对整个生活、历史、社会与时代获得进一步完整认识，一种不可逆转的分裂和破坏正在慢慢侵蚀她的心智。"崩溃是《金色笔记》的核心主题，这通过小说非传统的结构表现出来，小说开放性的结构强调了主人公的意识碎片以及她的生活与写作形式的丧失。"[③] 但是，崩溃也成为解读"笔记"的最终心理线索。安娜在趋于四分

---

① Jonah Raskin, "Doris Lessing at Stony Brook: An Interview", *A Small Personal Voice: Essays, Reviews, Interviews*, ed. Paul Schlueter, New York: Alfred A. Knopf, 1974, p. 65.

② Cornelius Collins, "'Through That Gap the Future Might Pour': Dreaming the Post-Cold War World in *The Golden Notebook*", *Doris Lessing's* The Golden Notebook *After Fifty*, edited by Alice Ridout, Roberta Rubenstein, and Sandra Singer, New York: Palgrave Macmillan, 2015, p. 55.

③ Tapan K. Ghosh, ed., *Doris Lessing's* The Golden Notebook: *A Critical Study*, New Delhi: Prestige Books, 2006, p. 20.

五裂的精神困境中，经过激烈的思考与矛盾冲撞，打开积郁已久的思想瓶颈，达到内在意识的自我超越，实现了作品主题的意义整合，这反映在"金色笔记"的象征性完结中。在"金色笔记"中，政治、文学、爱情与历史在梦境中混杂，在这看似混沌的一片混乱中，主人公超越了精神障碍、写作障碍、两性障碍，与历史、他人、自我相融合，恢复了精神健康。"安娜和美国人索尔·格林精神崩溃了。他们疯狂了、精神错乱了、疯癫了。他们分裂成了彼此，分裂成其他人，打破了他们过往建立的错误的生活模式，他们为支撑自己和彼此而形成的模式和准则消融了。他们听到彼此的想法，在自己身上认出对方。"① 可见，并不是只有理性的逻辑思维才是通向真理发现的唯一途径。作家在这里表达了这样的思想：处于精神分裂与心理崩溃中的感性体验可以成为导向真理的途径，非理性心理可以超越生活中的拘禁与各种陈规和窠臼，从而发现生活的新契机，"人们越来越多地意识到，崩溃，即一种僵化的模式的瓦解，它将可能导向新的意识，新的希望"②。

在《金色笔记》中，表现人物精神崩溃的心理过程主要由"笔记"来完成。"笔记"中丰富的主题意趣，多元叙述手法的混合使用，显示出作者对人类意识经验厚度的体察，它不仅描摹出处在崩溃边缘的人物复杂纷乱的心理与意识活动，同时也通过其文体形式在最大可能性上模仿了这种精神分裂的心理病状，这是只有采用"心理线索"进行叙写才能承担的任务。如果说作者以"自由女性"的传统小说的历时叙写，在紧凑的情节变化中表现被压抑在平静稳固的生活秩序中的私人情绪，那么"笔记"则以日记和虚构小说的方式，从共时的叙写层面，展现了传统秩序与价值观的"爆

---

① Doris Lessing, "Preface to *The Golden Notebook*", *A Small Personal Voice*: *Essays*, *Reviews*, *Interviews*, ed. Paul Schlueter, New York: Alfred A. Knopf, 1974, p. 24.

② Jean Pickering, *Understanding Doris Lessing*, Columbia: University of South Carolina Press, 1990, p. 110.

炸"后在个人体内留下的精神碎片，这显示出作者对当代文化、意识形态和人的精神心理变化的深刻观察与剖析，并将之投射于小说形式的有益探索中。

第三节 有序叙述与无序叙述

在《金色笔记》中，"自由女性"部分围绕"故事线索"的叙述形成了小说基本的、具有一定封闭性的结构，它成为小说的主体故事框架，代表了传统现实主义小说的有序叙述的情节理念；以"心理线索"为脉络而展开的"笔记"部分则体现出现代小说无序叙述的情节观，形成了叙述中内在的纵深层次。这两条线索的结合使小说具有了一种独特的艺术风貌：它既不是纯粹的传统现实主义小说，亦不是以彻底颠覆传统、解构现实主义为最终艺术目的的先锋派反传统小说，它是有序叙述与无序叙述、逻辑与混乱、客观与主观、情节与反情节的有效结合。然而，恰是在这种异质风格的糅合中，在反传统的叙述方式中，作者表达了她对传统小说叙事方式的批判性认识和当代小说创作发展的思考。

研究者是如何看待双重线索在结构布局中所起的作用，以及"自由女性"与"笔记"这两部分在作品结构布局中的关系呢？杰里米·布鲁克斯（Jeremy Brooks）认为《金色笔记》是一种"中国套盒"（Chinese boxes）式的结构。在1962年小说出版伊始，他就对这部作品在结构上的特点作如下评价，认为这部作品的"中国套盒"式的结构安排在某种程度上与布莱希特（Brecht）的"间离技巧"有某种相似性。① A. S. 拜厄特（A. S. Byatt）也曾做出如下评价："《金色笔记》探索了小说整体风格、现实主义色彩和想象力

---

① Jenny Taylor, ed. , *Notebooks/ Memoirs/Archives*: *Reading and Rereading Doris Lessing*, Boston: Routledge & Kegan Paul, 1982, p. 1.

之间的张力关系，其小说嵌小说的中国套盒式结构，是我所知道的最为复杂的形式范例。"[1] 她从元小说以及"小说中的小说"（fiction-in-fiction）等后现代主义理论出发，指出作品中的不同部分在结构上具有相互包含的特征。那么，是否可以将这两个板块、两条叙事线索视为相互包容的艺术关系呢？

从这两部分的叙述特点看，"自由女性"和"笔记"几乎代表了迥异的小说美学观念。"自由女性"遵循物理时间与单向度的故事线索展开叙述，以现实主义手法再现了安娜的社会生活细节，它具有完整独立的情节体系，形成了文本叙述的故事框架；"笔记"则是包含了多种叙事技巧、填充了各种私人生活素材的文本大杂烩，它以文本并置的手法，从共时的心理线索角度剖析人物的深层意识和思想渐变，它的风格是内省化的。此外，在每一部"笔记"各自的叙述中，作家又掺杂了不少讽刺性的短篇小说，比如"红色笔记"中对于社会主义现实主义作品的讽刺模仿；"黑色笔记"中对伪浪漫主义小说的戏仿；"黄色笔记"中对于爱情生活的自传写作。故事中有故事，以及对故事内容的改写和重编使得小说确实具有一种大盒套小盒般的互文性内嵌结构，但以此来概括《金色笔记》的结构布局，可能会降低小说中不同叙述空间和叙述板块彼此的复杂关系，小说结构布局所蕴含的意义，显然不能单纯以"涵盖"或"包容"来进行概括。"笔记"与"自由女性"，"笔记"与"笔记"，它们既有情节上的呼应、人物上的关联、内容上的重复，亦有不少的矛盾和疏离，这可能源于情节、人物关系上的一些模棱两可、似是而非的联系，也是叙述艺术带来的互文性张力。尤其是在"笔记"的叙述中存在大量的顺叙、倒叙，时间的错乱、重

---

① A. S. Byatt, "People in Paper House: Attitudes to 'Realism' and 'Experiment' in English Postwar Fiction", *The Contemporary English Novel*, eds. Malcolm Bradbury, David Palmer, New York: Holmes & Meier, 1980, p.40.

组，场景的无序切换和跳跃等。倘若从套盒式的包含关系来审视结构，作品中的不同叙述板块就好像只是大框架与小单元的联系，是在渐次的顺序中递进收缩的关系模式，从而失去了对文本中不同层次关系的立体审视。事实上，莱辛在《金色笔记》中力图建立的是一种多元的视角，发出话语的声音是多中心的，呈散射状的透视。作者之所以没有采用单一的叙述视角，就是尝试多角度去审视生活，将需要展现的人物事件放在中心，在它的四面八方放置镜子，使其呈现出不同的影像。重要的是如何理解这些影像的含义，以及影像—叙述层次之间的关系。

如何发现文本中形式布局的关键，还需要从作品的尾声、小说情节发展的高潮处来寻找答案。在"蓝色笔记"的结尾部分，安娜决定用一本笔记记录自己的所有生活，这就是最后一部"金色笔记"。"金色笔记"的名称具有了双重象征性，一方面它是四部"笔记"的总结与收尾，象征着安娜碎片化的精神生活已结束，她开始学习以联系和整一的目光看待生活，努力和他人、外部世界沟通；另一方面，"金色笔记"又是小说的名称，它代表了安娜克服精神危机，重拾艺术之笔，恢复写作的信心。在"金色笔记"中，当安娜拿起笔准备重新开始创作，索尔·格林给了安娜第一个句子，作为她长篇小说的第一句话。索尔说：

　　那我就给你第一个句子。"有两个女人，"安娜，写下来，"两个女人单独待在伦敦的一套住宅里。"（第 676 页）

而这句话正是《金色笔记》全书的开头，"自由女性"的第一句话。通过这个首尾衔接的莫比乌斯之环，读者发现"自由女性"和"笔记"的最终结合形成了《金色笔记》。如此戏剧性的收尾，却是在"笔记"与"自由女性"的繁杂叙述交织中，以及叙述进程不断被间隔与延滞后方才得到揭示。在"金色笔记"中，主人公的精神障碍得到治愈，这不仅仅是情节意义上的转折，也是文本的整体结构的一个重要转折，它是作品主题与结构的零度重合点，昭示了"笔记"与"自由女性"的关系，即"自由女性"的写作源于"笔记"，而"笔记"是对"自由女性"的超越。"自由女性"的开头成为"笔记"的结尾，而"笔记"的结尾却成了"自由女性"的开头，这个环形的结构暗示了作家对于文学写作传统的反思和预见：通过有序叙述与无序叙述的配合使用来超越小说叙事的传统方法，建立一种新的小说叙事理念。就像戴维·洛奇所评价的："在这部作品中，她似乎是运用了传统的现实主义小说的风格，同时也意识到了这种小说风格的局限，并将这种意识融入了小说本身。因此，形成了一种有趣的、富有成效的艺术张力，一方面小说家通过传统小说形式来呈现经验，另一方面又对传统风格做出探究、改造，发出坦率的质疑，并最终提出了有关艺术和现实的关系的各种问题。"①

逻辑与理性，作为小说艺术的传统方法论哲学和美学支撑，自20 世纪初以来就遭到信任危机。当非理性的生活事实频繁焚毁理性的乌托邦，思想领域也开始发生转向。人们不禁要问，人类社会的基础是否是建立在一直处在边缘地位的非理性心理与欲望冲动之上？"面对一种无意义及无政府的社会现实，很多作家再也不能或不愿把理想化的结构强加于生活之上。除了一些供消遣用的作品（如畅销书、侦探或惊险小说），现代作家一般摒弃了情节的完整性和戏剧性，力求再现日常生活中的偶然性。在弗洛伊德精神分析学等现代思潮影响下，不少作家把注意力完全转向人物的内心世界。

———————

① See Robert Burden, "The Novel Interrogates Itself: Parody as Self-Consciousness in Contemporary English Fiction", *The Contemporary English Novel*, eds. Malcolm Bradbury, David Palmer, New York: Holmes & Meier, 1980, p. 143.

他们往往只展现人物日常生活的一个片断（既无开端、高潮，也无
结局），其中的事件仅仅是引发人物内心反应和意识运动的偶然契
机。"①《金色笔记》中的"自由女性"和"笔记"，正体现了两种
不同的小说叙述方法。"自由女性"代表了现实主义的传统写作风
格。"现实生活中的事情的发生往往有偶然性，事与事的承续不受
或然律和必然律的约束。传统文学作品中的'因果链'在某种意义
上说是一种理想化的艺术建构，使原来繁杂无章的现实生活在文学
作品中显得有规律可循。除了流浪汉小说和编年史小说，传统小说
家（特别是 19 世纪的小说家）一般全部选用有因果关系的故事事
件，使它们组成一个有开端、发展、高潮、结局的整体，因果关系
也就成了传统情节的一个必不可少的因素。"② 在"自由女性"的
叙写中，从事件、时间、情节的处理方式就可以见出，该部分正体
现了"以结局为目的的基于因果关系之上的完整演变过程"这样的
情节结构特点。而在"笔记"中，外在生活与事件不再作为唯一的
情节因果关系线索。它不刻意制造戏剧冲突，不追求生活事件的完
整和逻辑，打破物理时间的连续性和情节关系的因果规律。叙述中
遵从主观心理时间的节奏，文体上则具有后现代主义的解构色彩，
这种开放性的结构布局似乎欢迎读者从任意角度与时间切入文本。
因此可以说，"笔记"部分是对传统小说的有序叙述的背反和超越，
与"自由女性"清晰的叙事线索、写实的情节手法相比，"笔记"
的内容显得抽象艰涩，不易理解。但是，这种表面上混乱与零散的
书写却充分表现出了作品的核心主旨——"崩溃"，人的崩溃与社
会的崩溃。"所有笔记本中支离破碎的片断记述又都具有'真实
性'：它们都以不同的方式反映或表现了主人公（有时也兼具叙述
人）的精神困境"，这种"四分五裂的叙事讲述的正是四分五裂、

---

① 申丹：《叙述学与小说文体学研究》，北京大学出版社 2004 年版，第 52—53 页。
② 申丹：《叙述学与小说文体学研究》，北京大学出版社 2004 年版，第 52 页。

迷惑不安的人生"。① 因此，"笔记"部分貌似混乱而芜杂的叙述形式，其实正是象征了社会的无序与人性的碎片化。而这也许才是那个表面上秩序化、整一化的现实生活的真相。正如鲁宾斯坦指出的："《金色笔记》中的分裂不仅是一种心理现象，同时也是一种形式，它作为一种小说的结构，成为人物意识的客观对应物。"② 在这一点上，"笔记"的反传统的无序叙述再现了"分裂"的经验，这是"自由女性"的传统艺术手法难以达到的，"在她的思想中这个更具启示性的阶段，莱辛只能选择混乱，或者说'彻底的毁灭'，作为表达她在现代世界中所目睹的暴力、疯狂的社会形式和思维模式的一种艺术呈现方法"③。

莱辛曾说："自从原子弹在广岛爆炸，世界就已开始四分五裂。我们并不知道这就是分水岭。它让我们措手不及，因为原子弹似乎只是一长串的致命武器名单上的某一个致命武器而已。后来我们认识到了这一事件的恐怖。渐渐地，它开始渗透我们的意识，直到今天，震惊越来越深地刺入我们的意识深处。"④ 两次世界大战不仅摧毁文明、践踏生命，也对理性主义传统与人道主义的精神准则带来巨大冲击。"二战"后的冷战冲突则是思想分裂、意识形态斗争和国家对抗的进一步延续。她在作品中描写时代与个体的崩溃，表现了价值观、伦理道德、信仰和人性观念、理性基础在社会生活领域的坍塌后造成的精神危机。但是，仅仅表现碎片化的人生经验显然不是《金色笔记》的艺术目的，作家通过"自由女性"与"笔记"

---

① 黄梅：《不肯进取》，辽宁教育出版社 1996 年版，第 103 页。

② Roberta Rubenstein, *The Novelistic Vision of Doris Lessing*: *Breaking the Forms of Consciousness*, Urbana: University of Illinois Press, 1979, p. 76.

③ Cornelius Collins, "'Through That Gap the Future Might Pour': Dreaming the Post-Cold War World in *The Golden Notebook*", *Doris Lessing's* The Golden Notebook *After Fifty*, edited by Alice Ridout, Roberta Rubenstein, and Sandra Singer, New York: Palgrave Macmillan, 2015, p. 56.

④ Jonah Raskin, "Doris Lessing at Stony Brook: An Interview", *A Small Personal Voice*: *Essays*, *Reviews*, *Interviews*, ed. Paul Schlueter, New York: Alfred A. Knopf, 1974, p. 65.

的整合体现了"崩溃"与"超越"的辩证思想。这既是作品结构布局的思路，也是小说的主题。首先，"崩溃"与"超越"是主人公精神成长的过程体现，主人公安娜在精神的碎片化过程中完成了自我认识的超越，重新寻找到人生的意义，恢复了完整的人格。其次，作品的结构不仅成为人物的精神危机的形式象征，同时也代表了作家对于传统小说叙写艺术的超越。作品中的有序与无序、情节与反情节、叙述视角的分散体现了对线性叙事、情节叙事、压缩时空、模仿论等常见写作范式的"颠覆"，质疑了传统小说艺术的局限性，实现了小说形式的创新，反映了作家在小说艺术和美学理念上的自我突破，自我超越。

在《金色笔记》中，莱辛尝试将不同寻常的内容与独创性的结构融合起来。没有结构上的规划，《金色笔记》将不能对莱辛的生命追求进行评说；而没有内容，结构则将是浮夸、空洞的，是混乱的而不是复合的。[①] 通过一种稳定与混乱、封闭与开放、有序与紊乱、清晰与含混的结构方式，作家表达了她在超越传统文学的艺术形式方面的努力和探索。这种结构的艺术目的在于：超越写实、逻辑、情节与语言的限度，依靠多层次的复合叙事结构，将当代生活与时代精神以形式来表征与注解。莱辛曾说："这部作品的精髓以及组织结构，就是含混并清晰地说明，我们不能将事物割裂，不能将事物碎片化。"[②] 因此，作家不是通过将读者带入文本的情景中来唤起他们的共鸣，而是通过有序叙述与无序叙述的结合，打破传统的阅读习惯，刻意造成阅读中的阻滞，从而使读者在具有艰涩感、阻滞感的阅读过程中产生一种

①　John L. Carey, "Art and Reality in *The Golden Notebook*", *Doris Lessing: Critical Studies*, edited by Annis Pratt and L. S. Dembo, Madison: University of Wisconsin Press, 1974, pp. 20 – 21.

②　Doris Lessing, "Preface to *The Golden Notebook*", *A Small Personal Voice: Essays, Reviews, Interviews*, ed. Paul Schlueter, New York: Alfred A. Knopf, 1974, pp. 27 – 28.

独特的心理体验，从而强化了对于当下社会与时代的理解，即生活中普遍存在的分裂与人际阻隔；作品从经验与认识的层面触及大众的灵魂，以求在阅读者的理解与思考的延展中实现主题的深化。

第 二 章

《金色笔记》的时间艺术

韦恩·布斯（Wayne C. Booth）曾说："现代小说要比过去的小说更加努力接近生活本身。让读者自己做出选择。迫使读者像主人公一样面对着每一个决定，这样，获得真理时，或者由于主人公的失败而失去真理时，读者就会更加深刻地认识到真理的价值。"[①] 在如何让小说更加贴近生活本身，让读者更直观地体验到艺术所反映出的生活的真理、经验的真实方面，多丽丝·莱辛比她的 19 世纪现实主义导师要走得更远。在《金色笔记》中，莱辛突破现实主义小说在形式上的限制和束缚，不再追求时间、事件、生活的整一与规律、逻辑与有序，而是有意识地去模仿混乱与无序，表现无处不在的分裂与冲突。作家将内心的伤痕与裂隙，传统价值观与认识论崩塌后的迷茫，以及难以弥合的生活与心灵的隔阂诉诸小说形式，正如有论者所言："多丽丝·莱辛在《金色笔记》中所取得的一个成功之处就在于作家以有效的结构模拟了主人公的意识：碎片化。"[②]

在《金色笔记》中，碎片化的艺术效果得益于有效的时间处理

---

① ［美］W. C. 布斯：《小说修辞学》，华明等译，北京大学出版社 1987 年版，第 325 页。

② Sydney Janet Kaplan, "The Limits of Consciousness in the Novels of Doris Lessing", *Doris Lessing: Critical Studies*, edited by Annis Pratt and L. S. Dembo, Madison: University of Wisconsin Press, 1974, p. 122.

方式。作家在处理作品中的时间关系时，运用了多种艺术手法，既有对传统小说的时间观念和表达方法的承续，又融合了现代主义的心理时间观念与艺术手法。不同的时间艺术的运用，使这部作品在形式上呈现出多样化的艺术风格，展示出主人公在不同生命阶段的心理变化特征以及那种被现实生活割裂与自我意识相疏离的异化之感，为主人公的精神历程提供了更为丰富、宽广的表达层次。对于作品时间艺术精妙构思的分析有助于感受作品的艺术特点，毕竟"与建筑、雕塑、绘画等空间艺术相比，文学是一种在时间中展开和完成的艺术"①。

第一节　线性时间

从《金色笔记》的时间布局上看，小说由两种时间系统组成，即"自由女性"和"笔记"，它们具有不同的时间关系与处理方式，分别代表了两个不同的故事时间系统和时间表述理念。"自由女性"的故事时间发生在"一九五七年夏天，安娜和她的朋友摩莉别后重逢……"（第 1 页），文中所提到的 1957 年便是"故事时间，是指故事发生的自然时间状态"②，这部分的情节以此发端。在"自由女性"中，心理意识层面的内容并不是主要的表现对象，也不是情节展开的动力，内在的主观心理时间不作为叙述的参照时间，凡是涉及人物的经验世界和意识层次的内容，通常以全知叙述者的口吻进行概括和转述，其整个的叙述是以物理时间为参照的，而且在每一章的题头处皆有几句话概括了情节内容，进行预先交代，似乎摒弃了悬念的作用，比如：

---

① 罗钢：《叙事学导论》，云南人民出版社 1994 年版，第 131 页。

② 罗钢：《叙事学导论》，云南人民出版社 1994 年版，第 132 页。

第二章：两次拜访，几次电话和一场悲剧。

第三章：汤姆逐渐适应盲人生活，长辈们竭力帮助他。

第四章：安娜和摩莉对汤姆产生了良好的影响。马莉恩离开了理查，安娜为此感到不安。

第五章：摩莉结婚了，而安娜又有一段风流韵事。

虽然没有出现具体的时间日期，但很明显，作者通过这几段情节提示来引导读者把握事件发展的进程，这几个重要节点可以视为物理时间的顺序，它们串联起了"自由女性"的五个章节。

"自由女性"部分的情节进展以顺叙为主，基本遵循故事时间的时序原则。偶尔出现倒叙和预叙等内容插叙，或者是以人物的口吻转述。比如，安娜回忆接受精神分析诊疗的场景：

> 我记得很清楚，有天下午，我们坐在那里——是个大房间，墙上的灯忽明忽暗，里面还有佛像、画像和雕像。（第5—6页）

或者以全知叙述者的视角转述，比如：

> 自从上个月以来，摩莉从离这儿半英里之外打来的电话总离不开汤姆这个话题。汤姆最近总是一个人长时间地坐在房间里，什么事也不做，甚至什么事也不想。（第271页）

或者用括号标识出作为事后的反省与评价，穿插在对过去事件的转述过程中。比如，在全知叙述者讲述摩莉和前夫理查过去的生活经历时，插入了主要人物对于往事的回顾：

当时摩莉正热衷于西班牙共和党人的事业。理查也是。（但是，正如摩莉在理查提起自己关心异国的政治纯属误入歧途时常常说的：那时候谁不是这样子呢？）……理查此人一无所长，只会挣钱，但这方面的才能当时也还没有被发现，因此，摩莉供养了他整整两年。在此期间，他一直想做一名作家。（摩莉发话了——当然那是数年以后的事：你能不能想点更平凡的工作做做呢？）（第 17 页）

在文本叙述中内容插叙从时间关系上来看从属于"自由女性"的第一叙事时间的。"任何时间倒错与它插入其中、嫁接其上的叙事相比均构成一个时间上的第二叙事，在某种叙述结构中从属于第一叙事。"① 一方面，它们只是在叙述中对于正在展开的内容的补充和说明，并不能中断与干扰叙述的整体进程，也未重新开始另一段情节内容的叙述，"外倒叙由于在外部，无论何时都不可能干扰第一叙事，它只有向读者说明这件或那件'前事'的补充功能"②；另一方面，"在预告跨度很小、或期限很短的情况下，如在一章的末尾开个头，指出下一章的主题，这种期待可以立即得到满足"③。而"自由女性"部分作为小标题的预叙，其时间跨度很小，能够迅速满足读者的阅读期待，并不能形成新的叙述向度和叙述线索，从而破坏原有的叙述线索和情节进程。可见，在"自由女性"部分，虽然叙述中有时间的倒错出现，但是，它依然是以事件发展的自然顺序为线索展开叙述的。

---

① ［法］热拉尔·热奈特：《叙事话语　新叙事话语》，王文融译，中国社会科学出版社 1990 年版，第 25 页。

② ［法］热拉尔·热奈特：《叙事话语　新叙事话语》，王文融译，中国社会科学出版社 1990 年版，第 26 页。

③ ［法］热拉尔·热奈特：《叙事话语　新叙事话语》，王文融译，中国社会科学出版社 1990 年版，第 43 页。

　　"自由女性"的情节发展是遵循传统小说的时间原则的，以"线性时间"展开叙述，人物的行动和事件成为叙述的主要内容，物理时间与情节发展都呈现为单向度前进，围绕事件的发生、发展、高潮和收尾而展开，是一种依次叙写的单线索结构，"故事事件发生的先后与它们在叙事话语中呈现的次序是相应的，即都是按照故事中的事件发生的先后展开"①，客观世界的物理时间就是叙述中时间艺术的参照。而现代主义小说的主观心理时间观念并没有参与叙述与结构的安排。此外，这部分在叙述中保持了前后一致的情节进程，故事时间和叙述时间几乎重合，故事线索即叙述线索。

第二节　时间之网

　　"自由女性"单线发展的故事时间线索构成了作品中的时间经线，但并不是《金色笔记》中唯一的时间线，这条时间线索不仅被"笔记"的叙写所中断，而且相比起"笔记"中复杂的时间体系、时空关系，它也显得比较简单。"笔记"部分的多线索时间艺术体系在作品中构建了一张时间之网。

　　"笔记"在时间处理上复杂烦琐，线索头绪繁多，酷似在时间经线上伸出的一条条纬线，编织成一张错综复杂的网。首先，四部"笔记"在各自的内容叙写中并不恪守现实生活中的时间规律，也不追求模拟物理时间。其次，各部"笔记"均有独立的时间线索，其整体时间布局呈现出并置的关系，如果按照顺序阅读则具有在物理时间的顺序走向中不断地向过去回溯以及当下与过去来回往复的特点。这四部"笔记"②的日期线索安排如下：

---

① 罗钢：《叙事学导论》，云南人民出版社1994年版，第134页。
② "金色笔记"紧随"蓝色笔记"之后，是"蓝色笔记"时间与内容的延续，因此并不能构成独立的时间体系，它不是第五条时间线索。

　　黑色笔记：1951—1957 年

　　红色笔记：1950 年 1 月 3 日—1957 年

　　黄色笔记：安娜以自身情感经历为素材的自传体虚构小说，实际上影射的是安娜和迈克尔之间五年的情人关系。在"黄色笔记"中，第三人称叙述者说"我，安娜就是爱拉"；而在"蓝色笔记"中，迈克尔亦多次使用调侃的语气称呼安娜为爱拉。"黄色笔记"与其他三部笔记同时出现，因此，写作时间大致是从 1950—1957 年。

　　蓝色笔记：1950 年 1 月 7 日—1957 年

　　四部"笔记"的记录时间和所涉及内容大致发生在 1950—1957 年，是主人公在这六七年里对自己生活中发生的一些事件、产生的一些感受进行主题分类后的记录。这些内容具有强烈的自我心理分析的特质，主人公试图从虚无主义的消极情绪中挣脱出来，重新发现生活的意义。

　　从外部时间关系上看：1950—1957 年构成了"笔记"共有的时间脉络，但是，这条物理时间不能作为"笔记"部分情节叙写的时间参照，它无法像"自由女性"中的故事线索那样形成作品情节框架的唯一主干。由于"笔记"拥有各自独立的叙述板块，其叙写艺术各异，时间线索也有相对独立性，是从不同侧面表现主人公从忧郁到崩溃的心理发展过程，正如有论者指出的："每一部笔记分别集中在经验的不同领域中，它们自己并不提供核心意义。只有将不同的叙述线索集中起来，整部作品获得整合，精神平衡的意义才得以显现。"[①] 因此"笔记"的时间体系也显得更复杂一些，就像

――――――――――

　　① Shadia S. Fahim, *Doris Lessing: Sufi Equilibrium and the Form of the Novel*, New York: St. Martin's Press, 1994, p. 53.

是从原本整一的历史时间线索中横向剖出四个并置的时空层次。这样的处理方式，造成如下艺术效果：一方面，拓展了表现对象所处的生活场景与历史空间，展示出平静、整一而稳定的社会生活下蕴藏的复杂而多元的生活主题与不同的经验侧面；另一方面，塑造出一种支离破碎的生活经验感受，刻画出主人公将自己的生活进行割裂与分类的心理模式。"笔记"的主人公似乎是有意识地将整一的生活分隔成若干维度，将相互联系的心理感受生硬地划分成不同颜色，从而把完整的人格切割开，将连续性的思想认知打断，留在了不同的时空之中，不过，从时间关系上看，"笔记"部分的叙述也由此具有了在一个时间点上向生活的不同角落、精神发展的不同面向，伸出探索触手的时间网络形态。它围绕心理线索展开情节，以人物的主观意志渐变为叙写原则，内容在过去、现在与未来中交错，形成了一张横贯过去与未来的纵横交错的"时间之网"，覆盖了主人公的全部生命活动。她微妙的心理感受和瞬间心理的错落也被编织于其中。在"笔记"中，作者正是通过这种时间的并置和交错，将原本是连续的、完整的人生体验与经历转换成了一些片段，而延宕与阻隔，跳跃与交叉的时空艺术，不仅令读者感同身受地去体验那种由中心向四周分散去的疏离感与碎片化，也提供了审视主人公精神中几个鲜明的、独特的侧面的机会。[1]

在对"笔记"叙述时间的处理上，作家主要借鉴了现代主义的时间观念，主观心理时间作为情节叙写的主导，其作用是超越了作为记录标识的物理时间的。

在"笔记"中，时间线索的复杂变化又以"黑色笔记"中的叙写尤为典型，在这一部分有两条主要的时间线索，其中一条是安娜对非洲生活的回忆叙述，再现已然逝去的这段历史时光。另一条

---

[1] Paul Schlueter, "Self-Analytic Women: *The Golden Notebook*", *Doris Lessing*, ed. Harold Bloom, New York: Chelsea House, 1986, p. 45.

是安娜返回英国后在伦敦的生活场景，它有特定主题，即围绕非洲小说《战争边缘》的剧本改编发生的一些事件。"黑色笔记"的叙述在"过去"的非洲与"当下"的伦敦这两条时间线索的切换中展开。但是，这里所指的"当下"时间并不等同于"自由女性"中的1957年，而是相对于主人公的非洲记忆来说的英国当下现实生活。如："黑色笔记 I"是第一人称叙述者"我"对"二战"期间在非洲的生活经历的一段回忆。到了"黑色笔记 II"中，"我"不再继续回忆非洲往事，而是开始讲述自己与电视台编剧的交往，商谈改编剧本等发生在伦敦的一些现实生活内容。时断时续的回忆与现实生活相交错，使人物当下的心路历程具有了历史延展性。

"黑色笔记"在叙述中虽然有外在的物理时间走向作为参照，但主要内容落实在叙述者的心绪和她对生活的体验以及揣想。非洲回忆颇能代表"笔记"部分的时间处理艺术，它不是以物理时间为顺序，也不以全部的事件展开为情节线索，而是围绕主人公印象深刻、记忆犹新的几件往事来予以重点书写。这部分一是"插叙"颇多，二是一些重要情节在展开之前就已通过预叙方式做了交代，比如某位人物的死亡、事情的最终结果、组织的解散等，显示了回忆叙写讲究管中窥豹的艺术技巧。对于作者/主人公来说，非洲回忆在一开始就不是一种历史性质的内容回顾，不是以追溯过去生活的全部历史为目的，探索历史的发生原因才是非洲回忆的最终目的，因此，随着主人公对记忆和潜意识的不断发掘，对生活与自我的理解程度的加深，一些往事的真实意义才渐次浮出水面的。

"猎杀鸽子"这个小故事中在叙述中的时间处理方法是"黑色笔记"里比较典型的一个范例。这个故事是主人公在结束了对非洲生活的回忆后才迟迟讲述的，而且是当下伦敦生活中的一桩偶然性事件触发了这段记忆。在"黑色笔记 III"中，主人公记录了日常生活中发生的一件小事："我"在街上看到一桩纠纷，一只鸽子被人不小心踢死了，鸽子的主人和肇事者发生了争执。"我"回家后在睡梦中恍惚又看到在非洲时与同伴外出猎杀野鸽子的场景，于是叙述者再次将情节内容切换到非洲时期的生活。而作者又是如何表述这段故事情节在作品中所处的时间关系的呢？

　　　　那天上午，我们所行走的道路也正是几个月以后的那个夜晚保罗和我手拉手沿着它狂奔，穿过湿气沉沉的大雾，最后一起倒在水淋淋的草地上的那条道路了。（第445页）

　　关于"几个月以后的那个夜晚"的经历，其实在"黑色笔记 I"的非洲回忆中已经叙述过了。从故事时间上看，"猎杀鸽子"是早于几个月后"我"和保罗在野外树林幽会的那个夜晚，但是在作品的具体叙述时间的处理中，作者却将这段内容延宕了，它作为一段倒叙出现。这段"倒叙"不仅是相对于现实生活，也是对于过去生活的"倒叙"，是"对故事发展到现阶段之前的事件的一切事后追述"①。"猎杀鸽子"这段叙写体现了非洲回忆中经常出现的主题与风格特征，比如绚丽的自然景色、无情的自然规律、非理性的生命冲动、人与人的淡漠隔膜，这段梦中的回忆在风格与叙述手法上与"黑色笔记 I"保持了统一性。同时，作为一段倒叙，这段回忆叙写在情节上具有了延迟效果，突出了心理时间的延展性。更为重要的是，这段回忆叙写在时间上紧接着当下的生活场景，实现了过去与当下的时间衔接，将被打断与分割的生活历史连续起来，意味着一直被刻意分裂的人生历史经验有了初步融合的趋势。

　　"我"正是通过这段回忆意识到自己的非洲生活中所蕴含的暴力与分裂的性质，正是这些不健康的因素导致了身处那个特殊年代

————————

①　［法］热拉尔·热奈特：《叙事话语　新叙事话语》，王文融译，中国社会科学出版社1990年版，第17页。

与群体中的"我们"变得思想分裂、情感麻木，这种消极情绪延续
至今并影响了"我"日后的生活，成为人格分裂的历史源头。通过
"倒叙"，莱辛揭示了困扰安娜的精神疾病的源头并非1957年的夏
天，与摩莉重逢之时，她所说的"我感到一切都开始崩溃了"那个
时间点，而是源于"二战"期间的非洲生活经历。1944年的非洲
才是这部作品的故事时间的真正起点，它是安娜人格分裂和不协调
的精神生活的源头。就像她自己后来认识到的："当然，有一阵子，
没有人能理解这一点，但这又是不可避免的。现在谁都清楚了，在
共产党或其集团内部，与生俱来就存在着一种自我分裂的规律。"
（第74页）非洲时期的生活成为一种自我分裂与消极的情绪象征，
是安娜后来生活中一切怀疑与混乱的延续和扩大。但是，安娜能够
恢复精神健康、治愈分裂也是通过对非洲生活与过去经验的重新认
识来实现的。安娜在梦中再次经历了非洲的"马雪比"——混乱的
源头。她在梦境中回到了这个源头，在重新认识它的同时也获得了
精神的平衡，而这个并不十分明显的心理渐变过程是如此隐晦地深
埋在错综复杂的时间线索与故事内容之中。以上所列举的这些独特
的叙述方式体现出"笔记"在时间艺术上的一个处理特点，它在叙
述中不是围绕事件与行动的发展变化和物理时间的规律来叙写的，
而是以人物心理意识的变化为线索。

　　在"笔记"中，我们还能看到其他类似的时间切换、时空跳跃
现象，比如以"倒叙""预叙"来干预事件进展，引导情节叙述的
走向；或者以各种"插叙"干预叙述时间，中断情节叙述，将叙述
时间从故事中拉回现在，形成频繁的时间切换。这些叙述干预，往
往使得小说中的时间关系更加模糊与繁杂。

　　比如"黄色笔记"中有一部名为《第三者的影子》的长篇小
说，是叙述者安娜用第三人称全知者的口吻来讲述主人公爱拉的感
情生活，故事的线索"是以分析保罗和爱拉之间的关系解体的方式

写出的"（第 240 页）。叙述者安娜（因为就是事件的经历者）完全洞悉故事的前因后果，人物命运的过去与未来。在叙述中，"我"在讲完爱拉的一段故事后会回到自身，反思个人写作的意义，谈论自己小说的特点和未竟之处："这部小说似乎已经写成，我这会正在读它。如今从整体审视过一遍以后，我又发现了当初没有意识到的另一个主题：天真。""如今回想起我和迈克尔的关系……我首先看到的是自己的天真。"（第 223 页）在"黄色笔记 I"的结束部分，叙述者对《第三者的影子》这篇小说的写作方式做了反思。在"黄色笔记 III"中，安娜再次对这部小说的女性主人公和自己的关系发出诘问：

> 我见到爱拉在一个空空的大房间里慢慢地走来走去，她一边沉思一边等待。我，安娜，见到了爱拉，而她当然就是安娜自己。但问题就在这儿，她又不是。每当我安娜写道：爱拉给朱丽娅挂电话时宣称什么等等，爱拉就从我身上游离出去，变成了另一个人。我不明白在爱拉与我分离开来成为爱拉的时候，发生了什么。没有人知道。叫她爱拉而不是安娜，这就够了。我为什么要选取爱拉这个名字？（第 487—488 页）

在对自传体小说中主人公与作者的虚实关联进行一番议论后，叙述者安娜隐退了。读者再次看到的是第三人称全知视角下爱拉的心理活动，她也在构思着一部爱情小说："爱拉审视着内心的构思，见到这么个故事。但在她脑海中这还仅仅是些干巴巴的句子。她等待着，耐心地等待着，等着人物形象的定型，等着他们逐渐栩栩如生起来。"（第 496 页）"黄色笔记"的主体情节就是在"我"/安娜的个人生活反思和爱拉故事中的特定文本情境之间来回切换，其时间线索是在故事时间和"我"的当下思考的瞬间来回交替，这使得小说中的一些情节叙述具有了模糊性和不稳定性。"黄色笔记"中爱情故事的自传性书写本身带有自我剖析的特质，爱拉和安娜的经历高度重叠，而且安娜时常发出的如何写小说的议论也不断解构、冲击这个爱情故事的叙述可靠性，带来的艺术效果就是，无论是作为故事主人公的爱拉与保罗，还是现实中人的安娜与迈克尔，他们的界线是模糊的，难以用虚构和真实去界定，不过作家也由此转移了阅读的注意力，即要求读者不要去过度关注情节或人物与现实的关系，而是要注意艺术和现实是如何形成一种有效的美学关系的。

叙述时间的灵活切换，使得"笔记"在展示时间的广度、人物生活空间的范围、心灵的深度上得以延展。作者不必拘泥和遵守那种严格而固定的物理时间规律，可以根据人物心理变化的节奏随时调整和切换时间的走向，随心所欲地深入到主人公生活中的任意时间段与心理经验中进行剖析与呈现，由此带来的艺术效果则是使小说叙述显示出丰富的层次性，对主人公破碎的精神世界及其形成的思想背景有了更深广的展示。

为了表现人物从焦虑到崩溃、逐渐陷入非理性状态的精神渐变，"笔记"在时间处理中也显示出从物理时间走向心理时间，即物理时间消融在主观的心理时间叙写中，这尤其体现在"蓝色笔记"部分。"蓝色笔记"的叙写围绕主人公的情绪与意识流动，起初它具有清晰的日记标识，然而随着主人公精神分裂的病状加重，从"蓝色笔记Ⅲ"开始，日记中的时间标记消失了，代之以"一行粗粗的黑线划过纸页"。当外在的物理时间的框框完全消失后，心理时间便成为叙述的主导，物理时间融入心理时间，叙述者不再以物理时间分割生活，而是根据主观感受的片段将情节连缀起来，进入了"莱恩所认为的神秘的、精神分裂症启示的第五个维度，在这个维度中，自我的界限暂时消失了，安娜能够将她破碎的心灵碎片拼凑起来，并以写作代言人的身份完成一个连贯的叙事"①。在文本中大量的倒叙和预叙的交替使用中，造成了一种时间的错乱之感，这是主人公从碎片化的生命意识走向初步融合的表现。

让我们来看看叙述者是如何讲述自己与纳尔逊认识之后的几次来往的，这一部分的叙述中虽有物理时间标识，但是完全感受不到物理时间的规律与秩序，具有一种独特的时间艺术效果。"第一个晚上他待了很久。他在讨好我。"（第512页）"第二天上午，他没打招呼，就又上门来了。我简直没法相信他就是那个歇斯底里高叫的人——""从此之后，我们的关系便不一般了——建立起了友谊和信任。"（第514页）。但是，紧跟这句话之后，叙述者又转而补充道："我们保持着来往。那是几个月前的事了。现在使我惊恐的是——我为什么仍和他来往？"（第514页）在这之后的反思中，叙述者又追忆了刚和纳尔逊认识后到他家参加聚会的情形。随后，时间看似又向前推进了，"聚会过后的那天上午，纳尔逊打来电话，声称他想和我结婚"（第526页），结果我们发生了争吵。倘若按照故事时间的发展，则应是这样的顺序：

认识纳尔逊（几个月前）——参加聚会——他打电话来辱骂"我"——反思他的个性（现在）

然而在叙述中，则呈现这样的时间次序：

认识纳尔逊（倒叙）——反思现在（顺叙）——参加聚会（倒叙）——聚会之后发生的事（倒叙）——反思现在（顺叙）

叙述时间在往事追溯与当下思索中来回交替，"倒叙"的不断叠加形成情节发展的动力，这是"蓝色笔记"在取消了具体的时间

---

① Suzette Henke, "The Challenge of Teaching Doris Lessing's *The Golden Notebook* in the Twenty-First Century", *Doris Lessing*: *Interrogating the Times*, edited by Debrah Raschke, Phyllis Sternberg Perrakis, and Sandra Singer, Columbus: Ohio State University Press, 2010, p. 194.

日期标记后，作家在表现主人公陷入精神危机之后的生活时所采用的一种常用叙述手法。物理时间被浓缩进心理时间的叙写中，只是成为心理时间走向中的一个个模糊的标识而已，而这些标识作为一种回忆的标志，反而凸显了叙述是遵从人物紊乱、无序的心理意识而变化的。

随着主人公精神分裂程度的加剧，这样的写作方式运用得更加频繁。在"蓝色笔记 IV"的叙述中，原本用来替代物理时间日记的黑色粗线条也消失了，出现了依次编序的星号（如：★V、★VI）穿插其中，但是这些星号并无规律可言，并不能作为日记内容与记录时间的分割标识；而是提示了现实记录时间与内容倒叙之间的时间间隔更加短暂，叙述的切换速度与频率加快。此外，虽然有具体时间的说明，但这些时间点的出现却并不能提供一条清晰的物理时间线索，反而显示出人物内心的混乱以及对时间的无序感受。譬如对于主人公一个星期以来的生活状态的表现，完全由人物的主观感受来推进情节内容，并由事后的补充说明来交代前事的发生时间，更加凸显了在心理时间的叙述主导下情感和事件的深刻交融：

> 我已经深深爱上这个人而无法自拔了。
>
> 上面最后一句是我三天前写的。我是在扳指推算之后，才意识到已整整三天过去了。我陷于恋爱之中，时光不知不觉就过去了。
>
> 前天夜里我们谈得很晚，渐渐地两人的内心都紧张起来。
>
> 那已是一个星期之前的事。对此我没有别的想说，只感到幸福。
>
> 我读着上面这一节文字，仿佛所写的是别人似的。我写下这段文字后的那个晚上，索尔没有进我的房间睡觉。……第二

天早上，我们一起喝咖啡时，我隔着桌子望着他……

那天晚些时候，他来到我的房间，并和我做爱。

昨天晚上他说："我必须去看看……"随之是长长的复杂的解释。（第595—596页）

以上这些文字描写了主人公一个星期以来的生活：安娜和索尔·格林从彼此敌对到互生爱慕，但索尔有些反复无常。这段叙述具有明显的时间压缩感，作者采用了倒叙的叠加、倒叙和顺叙的交错等方式，时间关系复杂，且极不均匀。虽然有客观时间标识作为提示，但是，这些过多的时间指认，反而令读者很难把握叙述者所处的物理时间点——也就是主人公"我"讲述这些内容时所处的真正时间关系。在"倒叙"叠加的叙述中，凡是第一个出现的叙写时间点都会被后来的时间指认所"吞没"并纳入后一个叙写时间段中，不妨将这些事件按照先后发生的顺序进行排列：

三天前——前天夜里——一个星期以前——那个晚上——第二天早上——昨天

一个星期前（倒叙）   "现在"

这样的叙写方式强调了上一个时间段的故事内容的"过去时"的时间属性，而对上一个事件的发生时间的强调则强化了叙述的当下感，当叙述者表示"感到幸福"时，这似乎是从当下的心态出发记录当下。但是，这种"幸福感"很快又被后来的叙述标识为一种"过去完成时"的经历，这种"当下感"很快又被后来的叙述所消解。在这几段几乎完全是由"倒序"所组成的叙述中，"我"在频繁地对过去时间的指认中，显示出一种时间的迅速消逝与生命的流动感，对于不同生命阶段的各种经验的强烈感受则具有了一种从过去到现在的时间绵延感。

还应该注意的是，在这些文字中，倒叙和顺叙交织出现，连接与转折极为紧密，内容完全以主人公的心理感受为主导，从而将不同时间段的内容连续起来，显示出生命经验的交织。以前文中所例举的"那已是一个星期之前的事。对此我没有别的想说，只感到幸福。"（第596页）这段文字开始，在紧随其后的内容中，出现了频繁的"时间"指认，比如：

我写下这段文字后的那个晚上——第二天早上——那天晚些时候——昨天晚上他说

倒叙   顺叙   倒叙

这里不仅制造出一种物理时间的混乱与交叠；叙述中预叙、倒叙与顺叙等各种时间倒错手法的结合使用，则灵活而有弹性地表现了人物的心理感受与生活经验在过去、现在与未来的交织复现，形成一张时间之网。然而，这与之前叙述者喜爱以明确的日期时间来划分和标识生活中不同的内容形成一种对比，因为，正是在这种混乱的表述中，我们反而感受到了一种融合的力量在潜滋暗长。在这种"迅速的写作"中，叙述者遵从主观的心理感受，完全将物理时间纳入了心理时间中，对物理时间的强调反而使得叙述时间与故事时间的逻辑与顺序变得混乱而重叠，显示出主人公开始将个人经验、生活和历史交织融合在一起，形成一个完整的生命体验与认识论，昨天、今天与未来在她心里开始融合、连成一片，而不再是一个个孤立的、漠不相关的片段。过去对今天、未来所发生的影响显现，历史对生命存在产生的作用正逐渐明确；而生活中的方方面面也不再以内容区分，而是开始归于完整的生命体验的一部分，它们始终是相互联系、相互影响的。这样的叙写方式也符合主人公的精神状态。主人公仿佛"丧失了时间感"，陷入了主观心理世界的感受中，并以这种感受和回忆来主导"笔记"叙写的先后顺序，从对于外在生活的认识完全转入内在的心理世界之中。与此同时，这样的叙写方式也强调了作品的主题：对"分裂"的超越正是在崩溃与融合中完成的。在精神分裂的时间无序感中，主人公强烈意识到一种生命经验的融合。

《金色笔记》中独特的时间处理艺术使莱辛能够深入而形象地表达对回忆、时间和个性的看法，如果采用传统的风格，传统的小说形式（虽然它们永远不会消亡），她将不能进行时间、回忆以及人的精神平衡的游戏。① "笔记"中虽然有一条明确的物理时间线索，它构成了四部"笔记"的写作背景的主体时间框架，但在具体的叙述中，它并未承担更多的艺术功能，心理时间的流动节律主导了"笔记"中的内容叙写和情节发展。在各部"笔记"的叙写中，时间的倒错，频繁地插叙、预叙以及叙述中顺叙和倒叙的交错形成了一张心理时间之网，它覆盖人物生活历史的各个阶段，深入人物经验感受的各个角落，自然而细致地表现出主人公精神领域的变化和思想的波动。她的精神成长是一个不断的思想剥离过程，就如同旧树皮从树干剥落后，新的树皮得以生长与显现。主人公的四部"笔记"就是从个人历史中剥离下的时间碎片，她在"笔记"的叙写中超越了物理时空的限制，在回忆、反思和时间的游走中完成对这些时间碎片的排列与整理，从而发现个人生活的历史意义和真相。

第三节 时间钟摆

"自由女性"与"笔记"属于不同的时间艺术体系，反映了

---

① Robert Rubens, "Footnote to *The Golden Notebook* (Interview with Doris Lessing)", *Queen*, 21 Aug. 1962, pp. 30 –32.

小说叙述中不同的时间观念。首先，这两部分涉及的时间线索不一致："笔记"的故事时间起点是 1950 年，但叙述时间所涉内容可以追溯到"二战"，时间跨越了 1944—1957 年，是安娜从过去到现在对生活的认识记录。"自由女性"则起始于 1957 年，是对人物当下现实生活的再现。其次，两者在叙述中所采用的时间处理方法截然不同，形成了独特的文本艺术效果。整部作品的时空结构就是在这两个不同的时间体系所构成的叙事空间来回切换，"时间"犹如钟摆一样来往于当下现实生活场景和人生的经验记录，为作家整体表现安娜的生活和历史、人格和心理提供了一个广阔的叙述时空。

"自由女性"采用传统小说的单线索线性叙事，通过紧凑的事件反映人物的生活轨迹，叙述中以物理时间的发展规律作为情节展开的时间参照，故事时间与叙述时间重合，但在表现繁杂而深奥的心理空间方面受到约束，规整有余而舒展不足。"笔记"由多个独立的叙述单元组成，是更为主观化的反思记录，时间处理则较为复杂，首先，它的叙述并不完全遵循物理时间的规则，而是依据心理时间的脉络和走向来组织情节内容；其次，叙述时间与故事时间并不统一，常有各种时间关系的倒错、交织和跳跃。叙述时间的概念是和故事时间相对的，后者与作品的故事素材相联系，它是小说故事情节的稳定的时间发生点，以物理时间的顺序为参照。叙述时间建立在文本的具体叙述情境中，它体现为作者对于故事材料的具体编排与表达方法，它可以是遵循物理时间的，也可以以心理时间为标准。在"笔记"中，叙述内容的展开不是以事件的先后发生为顺序，其叙述时间是以人物的主观心理活动为依据，回忆与反思构成了主要的叙写内容，从而呈现出主人公在不同时空环境中生活经历和思想活动的相互交融。

在"自由女性"和"笔记"的叙述切换中形成了钟摆状的时

间位移，这并非是一种机械的文本结构关系的表现，而是一种有意为之的文本艺术形式，它体现出不断地向生命内部回溯的时间观念，从而在历史时间的凝聚和心理时间的绵延中产生了富有张力的艺术对比。"自由女性"提供了主人公在当下现实中的生活场景，作家以情节性、戏剧性和逻辑性等传统现实主义的叙事手段对生活进行模仿、压缩与提炼。然而，这种情境塑造却被不断发生的时间位移所打断，"笔记"的介入，迫使我们不得不将目光从安娜的日常事务转移到她的私人主观感受中，从第三人称的叙述语境进入第一人称的自我意识剖析中，就好像是一位精神分析医生需要阅读一份病史，洞察病人过去与现在的生活，方能了解症结的根源所在。这恰好与"笔记"中安娜对个人生活的追溯和自我分析的论调相契合。正如有论者所言："时间上频繁的向前与向后使得按照编年史的线索追寻主人公的一生的生命事件变得困难。这部作品不仅是讲述安娜追求一种整合与发展的意识，同时，它自己本身就展示了意识活动的方式。因此，这部作品记录了主人公的追求以及主导了这一追求的手段。"①

在这种不断被打断与阻隔的物理时间进程中，阅读者需要不断地从主人公当下生活的现实情境进入到人物对过去历史的回忆与反省中，因此，文本的整体时间效果被延展了。"笔记"绵延的时间和年代跨度赋予了"自由女性"所不具备的历史背景与时代色彩，这也使得文本在叙述的广度和深度上有了可供内容展开与细化的空间。这不仅是作者对传统小说时间结构的一次突破，同时也体现出作者在主题上向深处开掘的构思。"笔记"对于时间在历史与心灵上的双重延展，切入人物的主观思想认知史的过程，投射出一个更

---

① Reena Mitra, "Doris Lessing's *Golden Notebook*: 'A Wordless Statement'", *Doris Lessing's The Golden Notebook: A Critical Study*, ed. Tapan k. Ghosh, New Delhi: Prestige Books, 2006, p. 181.

为广阔的生命经历，造成了作品的一个重要艺术风格：强烈的反思和自我分析的内省化特点。这既是小说在结构上的一个重要艺术特点，同时也具有主题意义。人物的精神发展历程被置于绵延的时间长河中，在回忆与追溯中发掘与揭示了导致她崩溃的精神障碍的起源，强调了主人公的精神崩溃不是偶然的猝发现象，而是生命中个人追求与外在生活相冲突带来的"认知分裂"的结果，这是一个漫长的历史过程。在较长的时空跨度中展现主人公琐碎、平庸而无奈的生活细节与她的个人反思，将个体的心理病症的刻画建筑在一定的历史背景之上，使得作品对于个体生活的表现具有了普遍意义，安娜的精神崩溃不再是单纯的个体心理现象，而是时代的产物或者集体影响的结果：安娜是当代社会变革过程中意识形态的受创者，是处在传统文化与价值观的裂变中迷失了自我的理想主义知识分子。

在《金色笔记》中，传统小说的时间理念与现代小说的时间观念分别承担了不同内容的艺术表述，显示出鲜明的对比风格。在"笔记"中，物理时间成为一种历史演进的标识，叙述内容的主体则是依托于心理时间的艺术运用。在情节进展中，物理时间逐渐被心理时间吞没，叙述功能逐渐淡化的过程形象地表现出主人公紊乱的精神状态，她失去了时间感受，也失去了理性思维，有效烘托出她岌岌可危的心理状况，为展现人物的内在意识发展提供了更有弹性的时间机制，这是依托于传统小说的时间艺术所无法达到的。但是，传统小说的时间艺术理念并没有被作家抛弃，"自由女性"遵循物理时间演进规则的叙写为作品提供了一个稳固的情节主干、一条具体的历史线索，它不仅指向了特定时代的氛围，也和"笔记"中略显混乱的时空层次形成对照，显示出在秩序井然的公共生活和宏大的历史背景图下，渺小、微弱的个体在生命内部所感受到的历史和人性的分崩离析的过程。这些私人化的体验往往被历史所湮没，但莱辛将这些琐碎而不失深刻的情感体验、紧张而饱满的思想历程予以最生动再现，这不仅是对个体生命价值的张扬，也是对时代风貌的心理反向投射。

第 三 章

《金色笔记》的空间处理

在 19 世纪的现实主义小说中，作家重视对典型空间的刻画，注意人物和空间的关联性，但是对于空间的艺术呈现方式是从属于时间的因果联系和历史时序的，是"在一个连续的循序渐进的线性结构内，反映了那种环境的物质细节。但是，随着普鲁斯特、卡夫卡、乔伊斯和沃尔芙的出现，这面镜子停止了前进，并且向内转动。一种分立的小说次式样自 1910 年以后取得了突出的地位，它具有一个可证明为同一的结构和主题。它紧密地集中在一个单一的个体或社会的一个方面——它是依靠对现在的静止的详细研究而做到这一点的。诸种元素的这种不按时间顺序的并置并没有得到最后的解决，这或许是因为任何绝对的终结都是不可能的。读者面临的是一系列无尽头的在主题上相互联系的因素，他必须把这些因素连结成一幅图画——一个'空间形式'"①。戴维·米切尔森（David Mickelsen）在《叙述中的空间结构类型》中强调的现代小说的空间并置特征也很明显地体现在《金色笔记》的叙事空间中。在《金色笔记》中，"自由女性"和"笔记"提供了形成对照的两种空间叙事艺术，一个是传统现实主义的线性结构，它的空间图景是

---

① ［美］约瑟夫·弗兰克等：《现代小说中的空间形式》，秦林芳编译，北京大学出版社1991 年版，第 168 页。

依据线性时间的历史向度铺展开来的；另一个则采用了现代小说中常见的空间并置方式，打破线形时间对空间叙事的制约，形成分散而立体，相互拥有意义关联的空间图景，并在空间形式的整体建构中超越、征服了线性时间流的历史形态。

"自由女性"描写安娜 1957 年在伦敦的生活，在这部分的情节叙述中，空间场景的组织服从物理时间的规则，遵循事件发展的因果链，通过一条连贯而完整的情节线索将场景串联起来，空间形式的叙事不仅具有严密的时空连续性，也富有写实主义色彩。但是在"笔记"部分，由于其独特的叙述和编排方式，其空间结构则具有现代小说的形式特点，"在许多小说，尤其是现代小说中，空间元素具有重要的叙事功能。小说家们不仅仅把空间看作故事发生的地点和叙事必不可少的场景，而是利用空间来表现时间，利用空间来安排小说的结构，甚至利用空间来推动整个叙事进程"①。

"笔记"在时间线索上处于并置关系，且各自拥有独立的叙述空间和时空体系，并没有一条统一的故事线索将空间场景串联在一个连续的循序渐进的线性结构内。"具有'空间形式'的小说当然不是单线小说而是复线小说，也就是说，此类小说一般都有好几条情节线索，而且，这几条情节线索并不是机械地组合在一起，而是按照某种空间关系组合成一个抽象的、虚幻的就像'宫殿'、'剧场'、'圆圈'那样的'形象建筑物'。"② 在《金色笔记》中，这个"形象建筑物"便是文本中的文本——安娜的笔记记录。另外，即便在各部"笔记"的叙述中，空间形式的组合也显得"无序"。空间背景既具有地域多样形，比如伦敦空间、非洲空间、苏联、东柏林场景等；又具有跳跃性。空间场景的切换追随着人物的心理变化与精神意识的波动出现，并不配合物理时间的走向，而且被叙述

---

① 龙迪勇：《空间叙事学》，生活·读书·新知三联书店 2015 年版，第 40 页。
② 龙迪勇：《空间叙事学》，生活·读书·新知三联书店 2015 年版，第 356 页。

中频繁的情节中断和时间跳跃所打乱。文本形态和情节内容的丰富多样，以及在主观心理时间主导下的情节叙述，在"笔记"中形成了相对松散的空间形式结构。这些不同的空间场景围绕主人公生活的不同侧面出现，彼此独立、相互分离，似乎是没有规律可循，但是，它们构成了人物活动的历史和现实背景，又进入人物的心理结构，形成意义相互参照的文本空间。

第一节　空间场所的象征意义

"空间形式小说是由许多分散的而又相互关联的象征、意象和参照等意义单位所构成的一个艺术整体。每一个单位的意义并不仅仅在于它自身，而且也在于它与其他单位的联系；因此，读者必须在与整体的联系中去理解每一个单位。"[①]《金色笔记》中一些反复出现的空间场景对于表现人物的性格特征，阐发作品的主题思想至关重要，因而，将分散于不同叙述层次，但具有类似的意象元素、被反复描写的空间场景进行"聚合"并予以整体观照，解读它们在作品中的表现方式，可以发现其中所潜藏的象征内涵，正如莱辛所说的，在较为分散的布局之下，理解这部作品的主题和内在含义的关键正是在于理解每一部分之间的关系。[②]

在《金色笔记》中，非洲空间场景在安娜的现实生活层面和主观心理活动层面切换出现，或为实写，或为虚写，具有一定的象征内涵，带有现代小说的空间并置和意象关联的形式特点。非洲南罗得西亚和英国伦敦是作品情节的主要时空背景，但是，相比起伦敦城市空间的当下色彩和写实特征，非洲空间属于人物记忆中的历史

[①] 秦林芳：《现代小说中的空间形式·译序》，北京大学出版社1991年版，第3页。

[②] Roy Newquist, "Interview with Doris Lessing", *A Small Personal Voice: Essays, Reviews, Interviews*, ed. Paul Schlueter, New York: Alfred A. Knopf, 1974, p. 51.

空间，是"二战"时期安娜在非洲殖民地参与左翼运动的一段经历，这不仅和"自由女性"中 1957 年的伦敦生活形成了较大的时空距离，也和"笔记"在 1950 年以后的记录有了时空断裂感。对于非洲空间，莱辛并没有采用编年史手法作历史场景的完整回顾，而是围绕发生在殖民地旅馆马雪比的一些事件进行刻画。"马雪比"空间源于安娜的非洲回忆，早已被时间之流击成了碎片，"但记忆不仅和时间有关，它的空间特性也非常明显"①，对"马雪比"空间在人物心理结构中的反复刻画与呈现，使它最终超越了时间的局限和生命的衰亡，使人物的历史与当下，记忆与现实相互融合，成为贯通了人物精神发展的重要象征。

"由于记忆的空间特性，我们可以通过'复活'具体的空间而把往事激活并唤醒。这是人们精神生活中非常普遍的经验。"② 作品中的殖民地旅馆"马雪比"③ 便是这样一个不断激活了非洲往事的记忆空间，它是主人公早年政治生活的一个重要见证。对"马雪比"的描写，不是按照时间的顺序，而是在"黑色笔记"的回忆记录、故事改编和安娜的梦境中断续出现，以并不连贯的主观回忆与历史反思为线索，通过一些碎片化的场景，以印象主义式的描写来勾画。如果将"马雪比"空间记忆的碎片"聚合"起来观察，捕捉其意义基调，我们会发现，这个反复出现的空间场景在更多程度上成为一种情绪和制度的象征。

"二战"期间，安娜参加了殖民地白人左翼知识分子组成的政治小组，小组中的这些成员身份各异，有来自英国的飞行员、德国的流亡者，也有当地女模特和普通工人。他们常在周末聚会，一起讨论时事政治或结伴游乐。在马雪比旅馆的几次周末度假反映了这

---

① 龙迪勇：《空间叙事学》，生活·读书·新知三联书店 2015 年版，第 35 页。
② 龙迪勇：《空间叙事学》，生活·读书·新知三联书店 2015 年版，第 350 页。
③ 主人公对非洲生活的回忆视点主要涉及发生在马雪比旅馆的一些事件，这里暂且以"马雪比"作为这一空间场所的指称。

群人在社会活动与人生态度上的某些特点，就像安娜说的，在非洲的生活没有比"马雪比"更能说明问题了。对于"马雪比"空间的勾画，莱辛发挥了她在非洲小说中非常擅长的艺术手法，即自然景观和人物精神的强烈对照。作家描写了浪漫而绚丽的自然景色，把现实主义的实写和印象主义的镜头虚写结合起来，展现了当地迷人的、具有异国情调的自然风貌。树木花草、月光露水、迷人的夜色，植物的芳香，这些色彩浓烈、散发出勃勃生机的自然景色构成了作品中非洲空间的鲜明特征，与那个灰暗滞重、死气沉沉的伦敦大都市，以及阴郁简陋的公寓形成对比。此外，非洲浓烈刺激的生活情调还体现在安娜和朋友们在马雪比旅馆度过的恣意享乐的周末假日，丰盛的食物和酒水、持续到深夜的舞会、无尽的欲望与情感折磨，似乎是一场无法耗尽、无法餍足的人生，它必须在欲望的挥霍中才能平息心灵的空虚与恐惧。

作品对物质生活与自然景色的描写视觉效果鲜明且具有一种饱和感，突出了非洲自然所蕴藏的旺盛的生命力，然而与这种情调相对的，则是置身其中的主人公们在心灵上的空虚和无能为力，反映了当地白人左翼知识分子的政治处境和心理特点。这一群生活在殖民地的左翼知识分子空有理想，但是事实上完全处在流亡者的地位，他们是"异乡人""政治异己""边缘人"，因为无法实现政治抱负而陷入颓废与憎恨的怪圈，变得消沉，只剩下犬儒主义的自我嘲弄与彼此挖苦。表面上他们是共产主义的信仰者，为同一个政治理念走到一起来的，实则彼此不和，充满隔阂与仇恨，安娜承认："他们甚至以一种轻浮、生硬、自我解嘲的口吻承认他们相互间缺乏真诚的好感。那种说话的口吻也是我们大家在那特定的历史时期所经常采用的。"（第81页）这个组织从一开始就是分裂的，这种分裂体现在理想与实际的背离、人与人的隔膜以及精神的空虚。他们的言语中体现出道德感、理想主义、正义和良知，习惯以"主义""政治""批判"和"进步"来武装自己，但实际生活中却颓废自私、消极厌世，显示出一种轻浮的、不负责任的生活态度："我们作为政治活动分子所度过的日日夜夜，远没有比马雪比那段经历更说明问题，尽管我们当时政治上只是向壁虚构，根本谈不上有什么切实的责任。"（第81页）在矛盾重重、种族冲突严峻的殖民地，左翼小组成员的共产主义信仰和解放黑人的政治斗争屡屡受挫，无力落实，最终沦为一种玩世不恭的消极反抗姿态，别说做任何切实的政治努力，逐渐连私人生活也失控，陷入混乱中。

"马雪比真是个危险的地方。我们每逢周末都上这里来，冬眠在啤酒、月光和美食之中。"（第102页）"冬眠"这个词恰到好处地表现了安娜和同伴们在非洲的生活：以欲望和享乐来自我麻痹，将个人意志与理想、挫折与信念埋葬在颓废生活中，在打猎、射击、斗殴、酗酒和纵欲中消耗信念和热情，遗忘、淡化理想破灭后的痛苦心绪。有关"马雪比"生活的几个场景间断性地出现在作品中，虽然内容各不相同，但具有类似的情绪基调和艺术笔致，分散的场景因此便有了意象的凝聚力，成为一种"奢侈的、堕落的、意志薄弱的象征"（第103页）。在"马雪比"色彩浓烈的自然景观和浪漫异国情调的衬托下，个人内心的彷徨愈显苍白，绚丽丰富的自然景观与人的情感冷漠形成鲜明对比，生机勃勃的大自然与死亡、虚无的情绪形成对照。安娜在多年之后，历经曲折、痛苦的反思才逐渐认识到非洲时期的生活给予她的唯一纪念就是人格分裂，"这是一种自我惩罚，感情的封锁，无法将相互冲突的事物糅合成一个整体的无奈和逃避"（第72页）。

对于发生在非洲马雪比的几段经历，主人公曾尝试从理性的角度去回忆与思考，试图回答"为何分裂""如何治愈分裂""问题的症结到底在哪里"等一系列问题。随着主人公心理危机的逐步恶化、陷入神志紊乱，"马雪比"空间开始出现在人物的梦境和幻觉中，反映出主人公试图通过内在意识的非理性探索，反思与"马雪比"有关的生活内容和历史事件，强调了这段生活经历和主人公心理危机的渊源关系。因此，在这里，"马雪比"已经不再是一个孤立的时空地点，而是超越时空的特殊空间意象，它贯穿并连接了人物的生命经历与精神活动，征服了破碎的历史时间，它所象征的暴力、死亡、隔膜和分裂，是主人公人格分裂的疾病源头，也是历史创伤的显现。即便关于它的叙写是不连贯的，但是"通过主题或通过一套相互关联的广泛的意象网络，可以获得一个空间性的程度"①。"马雪比"场景反映了安娜在非洲殖民地遭遇的政治和情感的挫败。殖民地的种族歧视制度，扭曲的社会结构，敌对隔阂的人群，战争的阴影，这些社会情绪混杂在一起最后催生了颓废无奈、愤世嫉俗，放纵的享乐主义态度，就像一股"毒雾"侵蚀人心、瓦解意志。"马雪比"最终成为分裂的人格与虚无主义的时代情绪的精神象征。这股情绪记忆在安娜离开非洲、回到英国后也难以摆脱。她所看到的普通人的日常生活危机：汤姆的自杀、保罗的厌世与虚无主义、迈克尔的消极人生态度、索尔·格林疯狂的人格分裂和"我"的精神错乱、屡次妄想自杀，以及夫妻、父子、母子、情人之间的形形色色的隔膜与冲突，所有这些都与"马雪比"这段生活历史中蕴含的消极与虚无主义的人生态度一脉相承，是"马雪比"病症的延续。

"马雪比"成为具有象征色彩的空间场景，它是外部生活历史与内在经验的源头，与人物的心理经验发展关系密切。作家在《金色笔记》中对于"马雪比"空间场景的表现，并不注重其作为一种客观写实的历史背景这样一种叙述功能，而是采用非连续的、碎片化的情节叙写方式，对这个空间场景进行多角度的反复表现，强

---

① ［美］约瑟夫·弗兰克等：《现代小说中的空间形式》，秦林芳编译，北京大学出版社1991年版，第148页。

调它在风格、内容、情绪、记忆等潜在内涵上的连续性，将碎片化的空间场景与碎片化的精神结构形成呼应对照，使这个原本异常松散的时空场景成为一种自我分裂、人际隔阂的情感和心理象征。这样的空间处理方式，不仅揭示了主人公精神障碍的历史与政治原因，并且"这些形象模式变化多端，传递出美感和恐惧，有助于形成这样一部复杂、深广、艰深，就像我们的社会与我们的意识一样支离破碎，在艺术和思想上独具挑战的小说"①。

第二节　空间场所的人格化

在《金色笔记》中，对"马雪比"记忆空间的呈现带有现代小说的特征，它不仅是主人公经历中的一个特殊背景，还成为推动叙述进程的空间动力。但是在作品中，传统的空间叙述手法并非荡然无存，它依然发挥了作用，承担了相应的艺术功能，这比较明显地反映在对伦敦空间场景的一些刻画中。伦敦城既是故事的主要发生背景地，是实在的、有形的、具体的地理空间，同时，对伦敦空间场景的描写中也赋予其人格化特质，伦敦的城市风貌和人物的精神活动具有互为表征的意义联系。

"自由女性"和"笔记"中对伦敦城的描写折射了50年代英国知识分子所处的精神环境与社会氛围。伦敦是主人公所处的现实社会的公共生活背景，它作为过去与现在的时空聚合之点，传递出一种无处不在的社会气氛与时代精神。在刻画伦敦城市及其郊外环境时，莱辛多采用现实主义手法，注重客观细节和物质环境的描写，表现出城市的破败灰暗、保守压抑，它失去了传统的庄重文雅和质朴气息，呈现出精神上的矮化和短视，物质主义充

---

① Dorothy Brewster, *Doris Lessing*, New York：Twayne Publishers, 1965, p. 157.

斥于大街小巷，并对人产生心理冲击。如，"黄色笔记 I"中爱拉眼中的伦敦：

> 在她眼前，那条两旁尽是灰暗简陋的小房子的街道一个劲地朝前延伸。……四周数英里以内，全都是这般的污秽和简陋。这就是伦敦——走不到尽头的街道两旁全都是这样的房子。这种纯物质的感受简直让人难以容忍……恐怖和无知充斥着这些街道，无知和卑劣建造了这些街道。这就是她所生活的城市。（第 187—188 页）

这就是战后伦敦的外貌，勉强修复起来的废弃房屋毗邻着空袭后留下的巨大炮弹坑；侥幸在战火中幸存的建筑则顽固地维持着一副阴晦陈旧的面孔，俗不可耐的商业大厦与千篇一律的居民住宅统治了城市，传统的文明被破坏了，新的文明尚未建立，留下的只是一些没有想象力与美感，以实用主义为造型原则的、缺乏个性的建筑群，体现出当代商业社会急功近利的精神特征，它们把朴素和典雅、艺术和审美统统吞噬："古老的英格兰在这里已所剩无几，一切都是那么的新潮和丑陋。"（第 199 页）

黯淡的建筑风貌、阴郁的城市景观也间接折射了当时英国社会在精神领域的沉闷保守。伦敦经受了战争的重创，在战后经济复苏与城市重建中逐渐恢复了生机，但是在思想生活中，由于冷战意识形态的影响，英国社会的风气是保守敏感、谨小慎微的，人们避免有关意识形态的论争，排斥可能与共产主义政治或自由思想沾边的人，左翼知识分子普遍感受到压抑。此外，主流商业社会则推崇消费文化，鼓励物质享受，人们热衷流行时尚，追求舒适的体验，重商主义、功利主义和媚俗气息弥漫都市人的精神生活。这从小说中对城市建筑与家居环境的描写中亦可得到印证。

理查的公司大厦和郊区中产阶级的住宅是通向这座城市主流社会的一扇窗口，从中我们得以窥见50年代的伦敦性格。理查是成功的生意人，他的价值观、道德理念和生活方式代表了当时广大的中上阶层的理想追求，而他所拥有的商业大楼更是他本人性格特征的外化：

> 这个帝国的总部在这座城市里占据着一幢古老而丑陋的四层楼建筑。这里当然不是真正的交易场所，而只是展示理查和他的助手的人格的窗口。……从你走进巨大的正门的那一刻起，那电梯、走廊、候客室无不为你最终见到理查形成一种冗长而周密的铺垫。黑色的地板足足有六英寸厚。墙壁上开有白色的窗口，上面嵌的是深色的玻璃。……他此时就坐在一张桌子后面，桌子酷似一座被绿色的大理石所包围的坟墓。（第402页）

理查的商业大厦是他的物质财富、社会地位和生活理念的展示馆：昂贵的地毯，装饰着繁复花草图案的大厅和肃穆的大理石，华丽考究的装饰中透出冷酷势利的气息，而这些财富掩盖不了理查在精神上的贫乏、自私愚钝的气质特征。相似地，那些中产阶级的家庭装修也是华丽庸俗，缺乏审美修养的。主妇们将女性杂志所提供的生活意见奉为圭臬，将房子装饰得花里胡哨：

> 室内光线明亮，对比强烈的各种色彩——有深绿、有粉红、有黄色——东一块西一块把房间装饰得花花绿绿。韦斯特太太没有任何艺术情趣，整个房间被她布置得俗不可耐。（第191页）
>
> 起居室里的情趣完全属于一个不同的世纪：墙上贴有三种

不同颜色的墙纸，窗帘和垫子的色彩很不协调。房间显然刚布置过：处处留有惹眼的痕迹。（第232—233页）

"让读者把某一个人物的性格特征与一种特定的'空间意象'结合起来，从而对之产生一种具象的、实体般的、风雨不蚀的记忆。而这，也构成了叙事作品塑造人物性格、刻画人物形象的又一种方法——空间表征法。"① 小说中对于豪华办公室和俗丽的中产阶级住宅的展示，都意在反映其空间拥有者在精神品格上的缺憾，显示出整个社会普遍的精神文化的低落，人人都崇尚豪华奢侈，乐于追求富足的物质生活，每一个家庭都有着相似的俗丽格调，成为工业社会消费文化的复制品。

对理查的商业大厦、中产阶级住宅乃至伦敦城的描写，反映了20世纪中期英国社会的保守主义、重商主义社会氛围，人们虽然积累了财富，但是缺乏追求自由思想和高尚精神的动力。在这种保守庸俗的现实环境中，安娜感到厌恶和恐惧，沉闷静止的社会气氛将她软禁在思想的牢笼中，她被"黑暗伦敦的污秽从四面包围着"，感到一种精神的窒息，毫无出路的沮丧，这是一种对物质主义、对抱残守缺的没有任何希望可言的前景的恐惧。她退回自己狭小的私人公寓，以自我禁闭的方式抗拒公共空间的精神威胁。

作品对安娜的公寓空间的刻画也具有人格化的特点，它与女主人公的心理状态紧密相连。"莱辛的小说中出现的各种各样的建筑是伴随着一系列的想象……对于作品中的人物来说，房屋的状态表征了一种精神状态"②，安娜的房间是简陋而空旷的，与房间的"空"相呼应的正是精神生活的寂寞与孤独，而这似乎也是"自

---

① 龙迪勇：《空间叙事学》，生活·读书·新知三联书店2015年版，第261—262页。

② Jean Pickering, *Understanding Doris Lessing*, Columbia：University of South Carolina Press, 1990, p. 9.

由"的必要代价。根据安娜在不同阶段的心理变化，房间也呈现出变形的感受，它既是一个保护地、庇护所，又是一个散发着威胁、具有囚禁意味的空间。

在安娜的心理崩溃加剧后，她把自己整日关在公寓里，对室内家具和装饰产生了恐惧、怪诞的感受：

> 我触摸了一下红色的窗帘，手感是冷冷的，粘粘滑滑的。我看了看窗帘，它是机器制作的，用的是过时的布料，悬挂在我的窗口，像一层毫无弹性的皮，像一具僵硬的尸体。我触摸了一下窗台上的盆栽植物。通常在我触摸这植物的叶子时，我总感到与它那汲取养分的根与它那呼吸的叶十分亲近，然而现在它似乎很不友好，就像头小小的满怀敌意的动物，或像个矮子，被囚禁在这陶制的盆内，因我将其囚禁于此而憎恨我。（第 629 页）

冰冷粘滑的皮肤、僵硬的尸体、如同小兽的盆栽，这些拟人和比喻的手法赋予公寓空间以某种人格特征和生命属性，原本处于静止、被动状态的客观物品一下子具有了生命机能和感情色彩，散发出敌意与攻击性。在这种脆弱的心理感受下，钢筋水泥的房屋失去了稳定的结构和坚固的特征，墙壁变得稀松、地板起伏不平，原本坚实的房屋似乎开始瓦解了：

> 我和床之间的地板仿佛凸出来了，在上下起伏。四面的墙壁似乎在向里凹进，随后又漂浮出去，散入了太空。四壁皆无，一时间我站立在太空，就像站在一座已倾圮倒坍的楼房之上。（第 636 页）

公寓作为私人庇护所却无法给主人公带来安全感，它不仅是脆弱的，还带有隐晦的敌意：

> 我发现自己盯着那些墙壁、窗帘和门，在房间里一圈一圈转个不停，还受到构成房屋的那些物质材料的拒斥，而屋里的色彩也以它们的热烈和虚幻使我眩晕。
>
> 我的大房间，和厨房一样，并没有成为可以把我包容其中的舒适的外壳，却成为从一百个不同的点向我的注意力发起的持续攻击，仿佛一百个仇敌正等着我的注意力转移，它们便可从背后悄悄挨近并袭击我。（第 669 页）

"一间具有攻击性的房间"，这一拟人手法表现出安娜在私人空间也处于持续的紧张心理，她并没有完全的精神错乱，她感到的恐惧和敌意正来自那个同居的伴侣，两人在狭小的空间所爆发的言语冲突和情感对立进一步诱发和催化了安娜在精神深处的崩溃感，导致了她的思维幻觉。

《金色笔记》中对空间场所的描写具有人格表征意义。对伦敦的城市风貌、中产阶级住宅和商业大厦的描写采用写实主义的手法，注重典型环境的再现，其阴郁黯淡、奢华压抑的空间景观反映了英国 50 年代的社会风貌。对安娜的公寓空间的描画中则突出了私密的体验和扭曲的心理感受，公寓既是私密的内室，个人生活的避难所，又象征了精神的禁闭和内心冲突，传递出焦虑紧张、病态妄想的思维特征。外部社会空间与私人公寓空间，这两者的对比和冲突在作品中构成了富有张力色彩的艺术空间，显示出在井然有序的公共空间中涌动着一股愤懑不满、压抑恐惧的个体情绪。作家力图表达这样一种时代观点："二战"结束后，英国社会经过一系列政治经济改革，物质生活和经济建设迅速得到了恢复，社会渐趋繁荣；然而，意识形态领域的冲突，压抑保守的政治环境却持续给个体带来思想的压力，社会无视个体的精神创伤，价值观的分裂、人际关系的隔膜并未得到重视，正如主人公所说：在这个城市的每一扇门，每一间公寓里都上演着静默的疯狂。

第三节　妇女与她们的一间屋子

桑德拉·吉尔伯特（Sandra M. Gilbert）和苏珊·古芭（Susan Gubar）合著的《阁楼上的疯女人：女性作家与 19 世纪文学想象》（*The Madwoman in the Attic：The Woman Writer and the Nineteenth-Century Literary Imagination*，1979）对 19 世纪英国女性文学进行了系统研究，两位学者认为"禁闭空间"的意象在女性文学写作中已有一定的历史传统，成为女性写作中极具性别政治内涵的特殊文学表征："在埃伦·莫尔斯最近称为'女性哥特'的文类当中，居住在神秘而又错综复杂的，或者令人不安和窒息的屋子里的女主人公，经常处于被捕获、被诱骗甚至被活埋的处境中。但是，女性创作的另外一些种类的作品——比如社会风俗小说、家庭故事和抒情诗——同样也显示出作者对空间上受约束状态的深切关注之情。从安·拉德克利夫人笔下情节剧式的地牢，到简·奥斯汀笔下带镜子的起居室，从夏洛蒂·勃朗特笔下神秘诡异的阁楼，到艾米丽·勃朗特笔下呈棺材形状的床，监禁的意象折射出的，是女性作家自身的不安情绪，她的无力之感，以及她对身处格格不入和缺乏伸缩性的环境的恐惧。"[①] 虽然这部论著未就 20 世纪女性文学中的禁闭空间意象做更多展开，但是正如论者们指出的，"有关空间的焦虑感有时似乎不仅控制了 19 世纪的女性文学，甚至也在 20 世纪

---

① ［美］桑德拉·吉尔伯特、苏珊·古芭：《阁楼上的疯女人：女性作家与 19 世纪文学想象》，杨莉馨译，上海人民出版社 2015 年版，第 107 页。

的女性文学中占据了重要地位"①。比如，西尔维亚·普拉斯
(Sylvia Plath) 的《钟形罩》(The Bell Jar, 1963) 中，放置夭折婴
儿的钟形罩和女主人公接受电击疗法的精神病院象征着扼杀女性精
神的父权制囚笼；A. S. 拜厄特《占有》(Possession：A Romance,
1990) 中的水晶棺、阁楼、地下室、城堡等带有幽禁色彩的空间和
女性的历史处境形成相互投射；玛格丽特·德拉布尔《红王妃》
(The Red Queen, 2004) 中的轿厢、宫殿、地穴和米柜是随时可以
窒息女性生命的封建威权的象征。莱辛也擅于在文本中通过空间意
象来表现女性的生存状态：《野草在歌唱》中的玛丽·特纳幽闭在
荒僻的农场，变得疯癫；《19 号房间》("To Room Nineteen", 1978)
中的苏珊受困于婚姻生活，最终在自己的秘密房间里自杀；《四门
城》中的琳达和玛莎在地下室中自我隔绝，神智疯狂；《天黑前的
夏天》中的凯特在不同空间的旅居过程中走向自我意识的觉醒。在
《金色笔记》中，女性生存状态和房屋空间也具有高度关联性，公
寓、卧室、起居室等私人住宅空间不仅是女性生活的特定场景，也
投射出置身于房屋空间中的女性自我幽闭、愤懑不安的矛盾情感。
无论是被迫囚禁在家庭空间中的女性，还是自觉地将自己纳入空间
规范的女性，从她们相似的生活境遇中可以看到父权制文化传统对
女性精神的严格束缚。

　　1929 年，伍尔夫在《一间自己的房间》(A Room of One's Own)
中阐述她的女性主义思想时，历数了几百年来女作家在写作时所面
临的从家庭到社会的各种空间限制，女作家的"房间"见证了女性
在父权制社会参与文化、政治和社会生活的艰难过程。伍尔夫提
出，自由的空间和经济的独立是女性迈向自由生活的最基本的物质
前提。30 多年后，莱辛在《金色笔记》中给予了她的女作家安娜、

---

① ［美］桑德拉·吉尔伯特、苏珊·古芭：《阁楼上的疯女人：女性作家与19 世纪文学想
象》，杨莉馨译，上海人民出版社 2015 年版，第 107 页。

女艺术家摩莉，这两个暂时摆脱了婚姻生活和生育烦恼的当代女性一间属于自己的房间和一笔稳定的收入来源。然而，当女性的独立具备了应有的物质条件后，数不胜数的烦恼和无尽的痛苦却暴露出她们面临的更加严峻而复杂的现实，一间自己的"公寓"俨然成了当代"自由女性"生活的讽喻式场景。

女作家安娜经济独立，生活自由，她独自抚养女儿，经常参加政治活动，有往来密切的社交圈，在情感生活中亦有亲密伴侣。然而，正如"自由女性"所讽刺是女性的不自由，拥有自由生活的安娜也面临各种无形的精神囚笼。安娜原先与好友摩莉同住，但是在摩莉的公寓中她常感到一种不舒服的母性情感的压力，摩莉经常会以老大姐的口吻向安娜谆谆教诲，左右她的一些想法，这令安娜感到不自由；而且，与摩莉的同居关系也遭到男友的反对。迈克尔觉得两个女人住在一起，彼此庇护，这种姐妹情谊暗含着同性恋色彩，而男性有责任阻止这种女性之间的同性恋可能。为了自由生活，也为了迎合男友的感受，安娜搬离了摩莉的公寓，拥有了属于自己的公寓空间。但是，在新的公寓中，安娜并没有获得想象中的自在，她很快陷入了多重身份的冲突和忙碌中。

"多丽丝·莱辛对于房间的浓厚兴趣，并不是小说家所通常关注的那种作为背景的表现。她小说中的房间与思想相联系……是探寻一种象征的意义的场所。"[1] 在安娜的新公寓——自己的一间屋中，分割的空间不仅伴随着日常生活的功能划分，也撕扯着安娜对自我身份的认同。安娜和迈克尔的房间，女儿简纳特的房间，它们是有生活界限和各自归属的。女儿简纳特从不在七点以前踏进安娜的房间，但是每当清晨六点来临，"家庭主妇病"便在安娜身上打开电源，启动发条，催促她在七点闹钟响起时进入女儿的房间开始

---

[1] Dorothy Brewster, *Doris Lessing*, New York: Twayne Publishers, 1965, p. 139.

履行母亲的职责。这本身是一个很日常化的举动，但却给安娜带来精神上的压力，在这个特定的晨间时刻，情人的性爱索取和照顾女儿的责任之间有针锋相对的矛盾，令安娜总有身处夹缝的怨恨和不满之情，但是在进入女儿的房间后，"我的怨恨即刻在责任心的感召下化解了，并很快转换成一种爱怜之情"（第355页）。这段心理插曲反映了安娜在家庭生活中复杂微妙的身份体验，这两个房间标示着她在家中的双重身份——迈克尔的情人，简纳特的母亲，从一个房间到另一个房间的空间移动提醒着安娜，她的身份是不稳定、不统一的，甚至是有冲突的，她不自觉地意识到，作为母亲，她的情妇身份有失体面。

在父权制文化语境下的文学产品中经常出现两种不同类型的女性形象：贞洁的母亲和淫荡的情妇。前者拥有无私奉献的精神、顺从忍耐的美德，她是圣母玛利亚、家庭中的天使，是责任和温柔的化身；后者则是自私善妒、纵欲享乐、缺乏道德感的负面女性化身，她是妖妇迪莱拉和喀耳刻，是危险可憎的美杜莎。母亲和情人，安娜被这两个角色所包含的道德"所指"而折磨，时常处于矛盾和焦躁中。她时而深陷迷人的爱情，为情欲所激荡，身心愉悦；时而又陷入愧疚中，成为某个男士的情人便意味着一种自私自利的情感生活，不良道德示范和对女儿的轻忽，给母亲这个形象添加了不光彩的品质。从安娜怨恨又自责的心态中可以发现，她不自觉地继承了父权制文化对女性形象的刻板审视和定义，并以此来检视自己的生活方式是否符合女性家庭生活的道德要求。

安娜无法将情人关系和母性职责统一起来，一方面她寄希望于迈克尔能扮演起"父亲"的角色，和女儿简纳特建立亲密的情感关系，从而抹去她身份中不合法的情人角色。有论者指出，莱辛和波伏娃（Simone de Beauvoir）的写作中"都强调脱离了生殖行为的女性性生活，她们拒绝母亲的身份（波伏娃做得很明确，多丽丝·莱辛只是将她女主人公的母亲身份边缘化了，但可能更具颠覆性——因为她们有孩子，但并没有将母亲身份作为生活的中心）。然而另一方面，她们都向往'真正的婚姻'"①。"真正的婚姻"未必指缔结了法律关系的婚姻形式，而是指劳伦斯（David Herbert Lawrence）式的理想化两性关系。对于安娜来说，她希望在与迈克尔的性关系中获得稳定的情感保障，以此缓解女性生活和社会看法的冲突，帮助她获得稳定、统一的自我身份认知，但这明显是缘木求鱼，安娜的想法不过是另一种极为危险的、依赖男性来建构女性身份的情感叙事而已，反映了她在自我认知中的主体性匮乏和传统心理的思维定式："在她自己的自我认知中，她受制于女性的生理本性，每个月的经期都会让她'感到无助和失控'。她的情感限制了她的可能性：特别是她通常与其他女性所分享的散漫的、非理性的负罪感；更要强调的是，她感到需要爱和保护。社会的本质和她面对社会的反应严重地限制了她对自由的想象。"② 因此，当她和自己的虚构主人公爱拉被情人抛弃后，随即陷入了持久的抑郁、痛苦和自我贬抑，情感的创伤严重地削弱了她们的自信和活力。

在"黄色笔记"中，爱拉在失恋后长期处于一种被动的、静止的、等待的生活。与保罗分手后，爱拉搬离了原先与情人同居过的房屋，以便彻底遗忘这段感情。可是搬到新公寓后她才意识到，自己依然在等待保罗的回来："多余的空间是为某个男人留着的。事实上是为保罗留着的。她仍然过着那样的生活，好像他不久就会回到她的身边。"（第239页）她在失恋的悲痛中长久沉浸在对那间住过爱人的房间的幻想，她心中为保罗留下的情感空间和现实中为恋

① Elizabeth Wilson, "Yesterday's Heroines: On Rereading Lessing and de Beauvoir", *Notebooks/Memoirs/Archives: Reading and Rereading Doris Lessing*, ed. Jenny Taylor, Boston: Routledge & Kegan Paul, 1982, pp. 67–68.

② Patricia Meyer Spacks, "Free Women", *Doris Lessing*, ed. Harold Bloom, New York: Chelsea House, 1986, p. 96.

人保留的卧室几乎冻结了她的生活，她丧失了快感，变得性冷淡、无法再与其他男性恋爱。爱拉虽然没有丧失生活的自由，但又在事实上失去了"自由"生活的心境，她被心中那间情感的牢笼拘禁着。作为安娜笔下的自传性人物，爱拉自我幽闭的情感空间和安娜同居时承受的空间压力是同一种思维结构的显现，女性对情感的依赖，父权制文化传统对女性形象和女性心理的表述都造成了她们在生活中不自由、压抑的心理状态。而莱辛并不回避当代女性的这种心理特征，并对此做出了现实主义的描写，就如伊莱恩·肖瓦尔特说的："20 世纪 60 年代的小说，尤其是多丽丝·莱辛的力作《金色笔记》，已开始以各种幻灭和背叛的警示指出，所谓'自由女性'其实说到底并不怎么自由。莱辛的自由女性是马克思主义者，她们认为自己懂得女性受到的压迫怎样与阶级斗争联系起来；她们有职业，有孩子，过着独立自主的生活；但她们仍然是分裂的无助的人，仍被锁入依附于男人的格局中。"①

如果说女性对情感的忠贞和依恋在某种程度上导致了自我压抑的拘禁，那么同样对女性构成精神限制的还有所谓无私奉献的母性观念。在汤姆自杀未遂、双目失明后，摩莉陷入了持久的自责中。她认为自己一心追求艺术和理想，常年漂泊在外，对儿子疏于管教和关心才导致了悲剧，她对这场事故负有责任。她放弃了所有的社会生活，一心一意地陪伴在汤姆身边，成日守在家中。而汤姆也自然而然地利用了母亲的内疚感。他一反常态，不再任性阴郁，表现得彬彬有礼、宽宏大量，但态度里却流露出无言的指责，这令摩莉产生了更加强烈的愧疚之情。在家中和儿子相处时，摩莉感到儿子虽然看不见，却对自己在家里的一举一动、所思所想了若指掌。这种感觉令她惶恐，她更加主动地去克制自由行动的念头，她不敢打

① ［美］伊莱恩·肖瓦尔特：《她们自己的文学》，韩敏中译，浙江大学出版社 2012 年版，第 279 页。

电话，不敢接待朋友和随意外出，成日枯坐着守着儿子的生活起居。不可否认，摩莉对儿子的陪伴包含了亲子之爱的本能，但是她的赎罪意识却被儿子所操纵。因为在汤姆的无声谴责中隐含着对她未能尽到奉献自我的母性职责的批评，而理论上的马克思主义者摩莉也认可了这种指责，她将自己禁锢在家中以表示对曾经过度自由活跃的个人生活的忏悔。

独立的生存空间并不意味着女性在心理意识和情感生活上的独立，"莱辛作品中的女性常与家庭的幽闭做斗争，试图逃离，但是，最终都会发现，她们一样会被幽闭在其他同样被剥夺了权力的类别与角色中"①。在《金色笔记》中，公寓里的单身女性和住在城郊别墅的家庭妇女们虽彼此轻视，又有相似的生活处境。理查对婚姻不忠，在外寻花问柳，却用家庭的责任、丈夫的名誉、母亲的身份这套说辞将妻子马莉恩困锁在乡间别墅。在"黑色笔记"中，安娜指责男性用繁重的家务劳作把妻子关在"笼子"里。在"黄色笔记"中，韦斯特医生的妻子在单身女性面前总有一种优越感，不大瞧得起爱拉这样的职业女性。然而她在家庭中的权力无非是随心所欲地布置房间，但是贴墙纸并不能让丈夫安于家庭生活，反而成为单调狭窄的家庭主妇生活的讽刺性见证。当然，更耐人寻味的是爱拉对保罗的妻子穆莱尔的想象。在参观了保罗的家庭住宅后，爱拉在梦境中见到了穆莱尔的样子——一个献身于家庭的幽灵天使。穆莱尔照顾着房子与子女，忙于厨房装修（这是保罗大度地赋予她的权力），可丈夫却长年与情妇同居，只是隔三岔五地回家拿件换洗衬衣。但是，正如爱拉梦见的那样，穆莱尔无声无息、平静地生活在家庭的牢笼中。她心满意足，惧怕离开这幢小别墅。她用孩子的玩具、壁纸、窗帘来装点自己的生活，将自己围困其中，这种围困

① Shirley Budhos, *The Theme of Enclosure in Selected Works of Doris Lessing*, Troy, NY: Whitstion, 1987, p. 92.

是她继续生活下去的希望。即便保罗远走非洲后，穆莱尔也不愿意离开这个安全的囚笼，这座房子就是她的身份与存在的明证。和保罗分手后，爱拉总是去想象穆莱尔的生活，揣摩她的感受。爱拉嫉妒穆莱尔，不再为"俘虏"了她的丈夫而感到自得，她意识到自己想象中的穆莱尔并不是来源于保罗对他妻子的介绍和评价，而是她自己也想成为这样的女人——一个向男性无私奉献、毫无嫉妒的女性："爱拉用无私，即女人是作为奉献者的古老理想来防止自己对保罗的依赖性，她无法想到比自我否定更不具自我伤害性的方式来减少自己的脆弱性。"①

《金色笔记》中的女性主人公，"她们的目标是真正意义上的自主，要与被认为是客体和仅仅是被动的存在做斗争。但由于社会的许多价值观已经融入了她们的意识之中，导致她们的斗争从来没有成功过，自我牺牲、谦虚、母性、顺从等女性行为的传统标准与那些被社会定义为真正的女性美德的消极倾向相吻合。因此，在她们与男性的关系中——关系似乎变得越来越紧张——这些女性经常屈服、放弃和失败"②。安娜、摩莉和爱拉在追求反传统的女性生活道路中遭到挫折，不同程度地流露出向妇女美德的屈服，以此减少情感伤害，但是，对男性的情感依赖、完美母性带来的自责心理和生儿育女的责任意识却成为另一种形式的精神拘禁，女性的身体"成为象征意义上的屋子，也就意味着被否定了使身体获得精神上的超越的希望，而这一超越，如西蒙娜·德·波伏娃所指出的，正是使得人性清晰地与作为动物的人区分开来的关键所在。因此，被幽闭（confinement）于生儿育女（耐人寻味的是，'幽闭'这个词，

---

① Ellen Morgan, "Alienation of the Woman Writer in *The Golden Notebook*", *Doris Lessing: Critical Studies*, edited by Annis Pratt and L. S. Dembo, Madison: University of Wisconsin Press, 1974, p. 59.

② Sydney Janet Kaplan, *Feminine Consciousness in the Modern British Novel*, Urbana: University of Illinois Press, 1975, p. 175.

在 19 世纪正是表达我们今天称为'分娩'这一行为的最重要的术语）的状态之中，从某种意义上正如被幽闭于房子或监狱中一样令人难以忍受"[①]。

女性经验的历史现状和心理积淀决定了女性争取自由的困难。在安娜、爱拉和摩莉的女性生活中，她们要面对多层次的困扰，一是作为女性在心理层面上无法回避的对情感，对爱与被爱的渴望；二是女性在面对母亲、妻子、女儿、恋人等多重身份时，她的自我定位和社会期待的冲突，她的自我意识发展与传统文化心理积淀的矛盾。"一间自己的房间"既可能是困守住女性精神，限制其发展的父权制文化的拘禁象征，同时也可能被女性的创造力所渗透，是她建构独立自主的意识、寻求自由生活的出发地，但是，它最终意味着什么其实依赖于女性在自我意识的发展中如何界定自我和外界的关系。女性不可能在脱离现实社会的真空环境中追求自由生活，女性自由程度的体现、女性自我意识的发展也必然要反映在女性和世界、他人、自我的联系中。

安娜在罹患精神疾病后无法离开公寓，困守其中，她在公寓里写着"笔记"记录人生，在"笔记"中割裂自己的生活，她笔下的虚构人物爱拉也成为一个被房屋和情感所拘禁又同时被困在文本中的女性的生活象征。这些具有平行关系的幽闭——文本中、屋子里和具有母性的女性身体里的幽闭之间是有相互联系的，正是这种联系造成了女性作家的焦虑。[②] 莱辛在《金色笔记》中对于女性的幽闭处境描写正符合了从房屋—身体—文本的延展，这与夏洛特·帕金斯·吉尔曼（Charlotte Perkins Gilman）在《黄色墙纸》（"The Yellow Wallpaper"，1892）中对女性幽闭恐惧的艺术描写非

———————

① ［美］桑德拉·吉尔伯特、苏珊·古芭：《阁楼上的疯女人：女性作家与 19 世纪文学想象》，杨莉馨译，上海人民出版社 2015 年版，第 113 页。

② ［美］桑德拉·吉尔伯特、苏珊·古芭：《阁楼上的疯女人：女性作家与 19 世纪文学想象》，杨莉馨译，上海人民出版社 2015 年版，第 113 页。

常相似。《黄色墙纸》中的女主人公因为产后抑郁症被身为医生的丈夫剥夺了写作的资格，囚禁在育儿室内。她看到墙纸上有一个被囚禁的妇女正试图爬出繁复的图案，从屋子里逃跑。在《金色笔记》中，安娜精神崩溃，深陷无法写作的焦虑症，她将自己关在公寓房间，用新闻报纸贴满了墙壁。从吉尔曼到莱辛，她们都描写了生育、写作和家庭如何对女性形成"三位一体"式的空间囚禁，但是在这里，莱辛并不是要对伍尔夫寄希望于"一间自己的房间"来改变女性生存困境的设想进行质疑和责难，而是站在当代女性的立场上进一步回应并深化了伍尔夫对女性在写作、生存和精神领域面临的困难和复杂性的思考。"一间自己的房间"仅仅是妇女能够独立生活、发展自我意识的基点，而非全部努力的终点。因此，在《金色笔记》中，公寓对于安娜来说，既是女性禁闭生活的空间象征，也是她维持自我人格独立、抵御外在社会压力的庇护所，一个通向自我意识觉醒的内在发展空间。安娜精神崩溃后与情人索尔·格林守在公寓里，"公寓就像一艘船，漂浮在黑沉沉的海面"（第618页），与世隔绝了。在这间屋子里，她思索人生、冥想内心，从狭小的公寓想象到宽广的世界，想象自我成为一滴水珠汇入了汪洋大海，而广阔的宇宙空间也为个人的自由发展提供了无限的可能性。在冥想顿悟的高潮体验中，她的意识超越了公寓的狭小空间，她的身体也仿佛与世界融合了。

在《金色笔记》中，空间场景具有耐人寻味的象征意义，它们不单单是故事情节的发生背景，还参与了作品的结构布局，与人物形象发生联系，对表现人物的精神状态、心理活动和生存处境也有深刻的意义。在对空间的描写方式上，莱辛既运用了传统小说的描写手法，对典型空间进行现实主义描摹，让它们成为时代精神和人物性格的表征；同时也借鉴了现代主义式的手法，通过记忆空间的流动和并置打破了线性时间对小说空间叙述的制约，表现出对当代生活的复杂性的观感："存在是一个复杂多样的整体，在这个整体中，任何特定因素对于其他无数因素都是有所触及的。对一个因果关系的线形结构的抛弃至少导向了一个有机的生活概念，在这种生活里，与其说事件是一条线上可辨明的点，倒不如说它们是一个经验的无缝网络中的任意的（而且常常是同时发生的）偶发事变。"①小说中对女性心理活动和她们所处的空间关系的敏感观察和艺术表现，不仅延续了女性文学传统中独有的禁闭空间的意象表征，也反映了莱辛和伟大的女性前辈作家们在历史浮沉中相似的女性体验，以及她们在各自所处历史基点上不断推进的女性主义的思考。

_____

① ［美］约瑟夫·弗兰克等：《现代小说中的空间形式》，秦林芳编译，北京大学出版社 1991 年版，第 166 页。

第 四 章

《金色笔记》的叙事方式

多丽丝·莱辛曾说:"我们所有人都直接或间接地卷入了时代剧变的旋涡中;我相信,一个艺术家如果感受到这一点、发现自己身在其中,成为其中的一部分;如果他曾经努力去想象并尝试理解这个时代,他将不再绝望,不再自怨自艾。作家之所以是作家,是因为他要代表众多不善言辞的大众去发声,他一直受到这些大众无形的滋养,他要明白自己属于他们,并要为他们负责。对于一个作家来说这是最起码的谦逊。"[1] 对复杂多变的社会现象以及时代思潮的密切关注,是多丽丝·莱辛小说创作中一个十分重要的内容。德拉布尔称莱辛是"被围困的世界中的卡桑德拉","对社会气候有着气压计一般非凡的灵敏度[2],而作家的艺术责任感又使她牢牢地将文学视为介入现实的手段,通过创作去捕捉时代的旋涡、预言社会潮流的巨变,并唤起大众对现实的关注和思考。这不仅反映在50—60 年代莱辛的多部长篇现实主义小说的相继问世,在《金色笔记》中亦体现出以艺术变奏来传递现实思考的新突破。在这部小说中,通过不同叙述声音的交替使用、经验视角的切换、文本的拼

---

[1] Doris Lessing, "The Small Personal Voice", *A Small Personal Voice*: *Essays*, *Reviews*, *Interviews*, ed. Paul Schlueter, New York: Alfred A. Knopf, 1974, pp. 20 – 21.

[2] Margaret Drabble, "Doris Lessing: Cassandra in a World under Siege", *Ramparts*, 10 Feb. 1972, pp. 50 – 64.

贴融合以及非理性心理活动的艺术描写，作家再现了错综复杂的现实语境和置身其中的个人所经历的碎片化的精神之苦，多种叙事艺术的综合使用似乎提供了一种反现实主义的艺术效果，但也体现出莱辛并未真正放弃文学介入现实的艺术功能。在现实主义和后现代主义共同构成的张力空间中，莱辛不仅将对社会问题的思考、小说艺术的发展以更加直观的方式体现在文本叙事中，也为读者参与思辨和讨论提供了多元化的文本语境空间。

第一节　两种叙述声音

莱辛在《金色笔记》中使用不同的叙述声音来处理不同的内容，展开情节，这不仅构成了作品丰富的叙述层次，还赋予作品深刻的文本内涵。首先，小说特殊的结构布局本身就具有一种形式象征意味，体现出对现实主义小说的传统叙写模式和当代小说实验潮流中的后现代主义风格这两类不同创作手法的模仿；其次，主人公作为一个小说家，她去完成作品、尝试不同艺术手法的写作过程使作品具有了元小说的特征，作家以这种方式为探讨小说写作主体、小说形式和外部现实语境的关系提供了艺术空间。正如本特利（Nick Bentley）说的：《金色笔记》是一部批评小说（critical fiction），"它是一种写作形式，它以小说的方式呈现，像小说一样运作，但同时又对小说的本质特征和小说在特定文化环境中传达意义的机制进行了批判性地探索"①。

从小说的总体结构来看，作品中存在着两种由不同人称视角所主导的叙述声音：一个是"自由女性"中以第三人称全知叙述者的

---

① Nick Bentley, "Doris Lessing's *The Golden Notebook*: An Experiment in Critical Fiction", *Doris Lessing*: *Border Crossings*, edited by Alice Ridout and Susan Watkins, London: Continuum International Publishing, 2009, p.44.

口吻对安娜生活经历的讲述；另一个是"笔记"中以第一人称叙述者"我"——安娜·伍尔夫的口吻对自己的日常生活的记录和讲述。在"笔记"中，"我"有时还充当了自叙传小说《第三者的影子》中的第三人称全知叙述者的角色，讲述安娜的另一个虚构化身——爱拉的情感生活。在小说中，第三人称全知叙述者和第一人称"我"在讲故事的过程中分别营造了不同的艺术语境。比如，"自由女性"中的第三人称全知叙述者在讲述安娜的生活经历时，更注重故事构建中的事件、情节的连续性，对人物内心活动的分析也比较连贯完整，逻辑清晰。这是一个传统小说中第三人称叙述者的声音腔调。而在"笔记"中，各篇章关系松散、主题分散，它的内在逻辑不依赖于情节的紧密联系，而是以人物的内心感受和思想活动的变化为线索，是第一人称叙述主体"我"和外部生活发生碰撞后的个人内在思考呈现，叙述中往往有较强的主观随意性，思维跳跃、情绪起伏多变，叙述声音伴随艺术风格的变化而形成复杂的多元语境。这两个叙述声音的背后显示了不同的艺术构思眼光，它们所主导的叙述板块在情节中的平行对照关系使得第三人称、第一人称的交替叙述、重复叙述具有了"轮唱"和"对话"的艺术效果。因此有评论者认为小说的多人称叙述模式体现了巴赫金所说的复调艺术，比如斯普拉格对《达洛卫夫人》和《金色笔记》中的多人称叙述模式和对话模式的比较研究①；巴恩斯从复调理论来阐释《金色笔记》中传统和反传统的叙事策略之间的话语论争②。那么，《金色笔记》中的叙述声音是否意味着具有复调小说的对话性

---

① Claire Sprague，"Multipersonal and Dialogic Modes in *Mrs. Dalloway* and *The Golden Notebook*"，*Woolf and Lessing：Breaking the Mold*，edited by Ruth Saxton and Jean Tobin，London：Macmillan，1994.

② Sophia Barnes，"'So Why Write Novels?' *The Golden Notebook*，Mikhail Bakhtin，and the Politics of Authorship"，*Doris Lessing's* The Golden Notebook *After Fifty*，edited by Alice Ridout，Roberta Rubenstein，and Sandra Singer，New York：Palgrave Macmillan，2015.

呢？无论是从"自由女性"和"笔记"的结构关系，还是从各部笔记内部的关系来看，其中确实存在着多个叙述板块构成的平行艺术空间，这使得多人称叙述声音的参差出现具有了多元对话的效果，但是，"多"恐怕不能等同于复调，巴赫金所说的陀思妥耶夫斯基小说的复调艺术其核心在于不同声音所具有的各自独立意识形成的平等对话关系，即在同一部作品中"有着众多各自独立而不相融合的声音和意识，由具有充分价值的不同声音组成真正的复调"，"这里恰是几个地位平等的意识，连同它们各自的世界，结合在某个统一的事件之中，而相互间不发生融合"①。

在《金色笔记》中，第三人称全知叙述者"她"和第一人称叙述者"我"这两个叙述声音主导的故事内容固然不同，但并不构成相互迥异、彼此独立的思想体系，且不说叙述板块在情节上的交叉联系、人物形象上的联系和彼此隐射，其叙述中的焦点问题也始终统摄在主人公安娜·伍尔夫的人格主体下，是对她所面临的生活困境的不同表达、反复表述。而且这两个叙述声音是围绕同一人物在不同时空和叙述空间的生活，无法构成实际叙述中面对面的争论，但是内容和视角的互补却具有一种"重复"叙述的特点，是从不同的角度再现人物生活，透视人物的内心，这与主人公在"笔记"部分"重写"生活的意识形成呼应。因此，这两个叙述声音在作品中的功能主要在于提供艺术风格的对照。

如果对"自由女性"和"笔记"中的叙述声音作单独考察会发现，不同的艺术风格为这两套叙述声音各自赋予了可靠性。比如，"自由女性"中的第三人称全知叙述者，她虽然置身故事之外，但洞悉人物的生活历史与心理感受，拥有一双慧眼，透视了人生与社会的纷繁万象，并不时做出点评和分析，叙述者的权威感不言而

---

① ［俄］巴赫金：《陀思妥耶夫斯基诗学问题》，白春仁、顾亚铃译，生活·读书·新知三联书店 1988 年版，第 29 页。

喻。再看"笔记"中第一人称"我"的叙述声音的情感基调和艺术风格也一直处在不断变化中，有时是倾向主观色彩的回忆、感想和自我分析，有时是对生活事件的客观复述，有时则充当了权威作者的姿态，这完全视情节需要而定。叙述声音的多变并没有弱化文本言辞的可信度，反而凸显了叙述主体对声音表达的掌控欲望，她意图编织起一张绵密的叙述大网，覆盖个人生活的方方面面。然而，有趣的是，如果每种声音都被赋予了叙述可靠性，它们也将必然失去部分的权威感，证明对方的可疑之处，处于"声音"的竞争关系中。事实上，作者如此精心地构建这个复杂的多人称叙述模式，最终却是要通过拆解这两个叙述者声音的有效性从而建立起隐含作者——莱辛自己的权威声音。

　　韦恩·布斯在谈到小说中的叙述者时说："我们有时使用'人物'、'戴面具者'和'叙述者'这些术语，但是它们更经常是指作品中的说话者，他毕竟仅是隐含作者创造的成分之一，可以用大量反讽把他同隐含作者分离开来。'叙述者'通常是指一部作品中的'我'，但是这种'我'即使有也很少等同于艺术家的隐含形象。"[①] 在小说中，无论是第一人称还是第三人称的叙述者，无论是否代表了作者的意图与意见，其口中传达出来的声音也只是某一些或部分观念的表达。所谓隐含作者，是作者的第二个自我，在他写作时，他不是创造一个理想的、非个性的"一般人"，而是一个"他自己"的隐含的替身。[②] 这个隐含作者的叙述权威的建构，以及他所要传递出来的写作理念是建立在对于作品中叙述人的编排、设置和规定中，体现在文本的宏观结构的设置与叙述声音及风格的控制中，因此，"我们对隐含作者的感觉，不仅包括所有人物的每一点行动和受难中可以推断出的意义，而且还包括它们的道德和情

① ［美］W. C. 布斯：《小说修辞学》，华明等译，北京大学出版社 1987 年版，第 82 页。
② ［美］W. C. 布斯：《小说修辞学》，华明等译，北京大学出版社 1987 年版，第 80 页。

感内容。简言之，它包括对一部完成的艺术整体的直觉理解；这个隐含作者信奉的主要价值，不论他的创造者在真实生活中属于何种党派，都是由全部形式表达的一切"①。

在《金色笔记》中，隐含作者的权威体现在对两种叙述声音的建构和逆向拆解中，它是理解作品的重要切入点。在"自由女性"中，第三人称全知叙述者的声音立场是超然于文本之上的，"在可信性上，全知模式给叙述者提供了大于任何其他模式的活动空间，叙述者既可以选择享受以常规惯例为基础的绝对可信性（这是任何第一人称叙述者都无法达到的），又可以为了某种目的，将自己从上帝般的权威位置下降到人物或第一人称叙述者的位置上（这是其他第三人称叙述者难以办到的）"②。"笔记"中的第一人称叙述者则代表了故事中人物的眼光，"在传统的第三人称叙述（即全知叙述模式）中，叙述者通常用自己的眼光来叙事，但在20世纪初以来的第三人称小说中，叙述者往往放弃自己的眼光而采用故事中主要人物的眼光来叙事"③。但是在《金色笔记》中，这两个叙述者的声音都不能完全代表隐含作者的立场。如果说"自由女性"中的第三人称叙述者是对传统现实主义小说中全知视角的模仿，具有上帝视角的俯瞰之姿和权威感；那么"笔记"中的第一人称叙述者的讲述则具有一种直露生活和心灵的原始面目的真实质感。当这两个叙述声音处于平行、对等的位置时，时而重合、时而错位，成为彼此对照的"影子"式的叙述时，我们往往很难判断谁的叙述更具可靠性，更加真实，一些人物形象的重复、情节的相似也在提示读者去注意思考究竟谁在讲述真实，谁又可能仅仅是文学模仿的虚构产品，这种冲突感在无形中动摇了叙述声音的可靠性。而在小说尾声，最后一部"金色笔

① ［美］W. C. 布斯：《小说修辞学》，华明等译，北京大学出版社1987年版，第83页。
② 申丹：《叙述学与小说文体学研究》，北京大学出版社2005年版，第224页。
③ 申丹：《叙述学与小说文体学研究》，北京大学出版社2005年版，第237—238页。

记"中揭示了"自由女性"也是由安娜所撰写的一部小说时，文本所建造的虚构幻觉被彻底打破，读者蓦然发现，第三人称全知叙述者和"笔记"中的第一人称叙述者都是主人公安娜。当叙述声音的来源都指向小说中的虚构人物时，叙述声音的权威也在瞬间瓦解并回归到隐含作者手中。通过让"自由女性"和"笔记"发生情节上的关联，莱辛不仅收回了隐含作者的权威，还提示读者"自由女性"和"笔记"可能都是一种相互模仿、相互指涉的文学产品，无论它属于安娜的虚构创作，还是作者的虚构创作，那些叙述者们都是精心"杜撰"的虚构产品，重要的不在于这些声音中的信息是否完全可靠，以及故事的艺术性是否足以形成真实的幻觉，而是讲故事的方式，"通过运用一系列元小说技巧和写作风格，她希望引起人们对写作的重要性的关注，从而强调不同文学形式运作和意义产生的政治和意识形态语境。特别是，文本的结构成功地模糊了真实和虚构的区别，迫使读者参与到文本产生的社会内部的实际政治论争中"①。

《金色笔记》中不同的叙述声音的存在是"是关于艺术的本质以及艺术与经验之间的联系的最为复杂的表述"②，它们形成了一种潜在的"对话"关系，通过对这两种声音特征和风格体系的有效建立，到打破、拆解它们的叙述权威，作家将小说艺术形式发展的思考摆到了前台。

在 20 世纪 50 年代中后期，经历了一段较长时间的现实主义小说创作后的莱辛产生了方法论的困惑，这与她在这一时期经历的共产主义政治的信仰危机相交叠，导致小说写作的美学方法和意识形态动机的双重焦虑，并迫使她比起同时期的英国小说家们更早地站

---

① Nick Bentley, "Doris Lessing's *The Golden Notebook*: An Experiment in Critical Fiction", *Doris Lessing*: *Border Crossings*, edited by Alice Ridout and Susan Watkins, London: Continuum International Publishing, 2009, p. 52.

② Jean Pickering, *Understanding Doris Lessing*, Columbia: University of South Carolina Press, 1990, p. 122.

在了小说的十字路口，"当代小说家就成了身处十字路口的人。在他的面前，伸展着一条传统现实主义之路，现在，这条路被宣称是一条了无兴味的路，也可能是一条死胡同。在他的左边和右边，分别是寓言编撰和非虚构叙事两条路。许多小说家将他们的犹豫写进作品，以小说创作的难题作为作品主题。我称它为问题小说，后来它被命名为元小说（我似乎记得这也是由罗伯特·斯科尔斯命名的）并广为流传。自我看来，这类小说的重要范例是多丽丝·莱辛的《金色笔记》"①。《金色笔记》表达了小说家们普遍面临的审美选择的历史问题，曾被英国小说家视为主要道路的现实主义风格在20世纪中后期发生了变化，面临内外挑战。对于莱辛，这种困扰不仅是美学方法的选择，还意味着其背后的文学道德伦理追求和意识形态立场的变动。事实上，任何时代的艺术思潮变化、美学理念的革新都多少带有一些政治底色，文学现象并不能孤立于社会历史潮流，莱辛对现实主义文学态度的价值认定曾受到马克思主义理论的影响。在《个人的小声音》中，她强调作家的道德责任意识，强调作家通过个人声音为大众集体发声，以个人书写来展现时代气候的集体主义精神，她也一直坚持文学反映现实、介入现实的道德立场，这和卢卡奇（György Lukács）的观点很接近："在《当代现实主义的意义》中，卢卡奇对他所定义的过分强调形式而不是内容的现代主义立场进行了批判，这是他颂扬'批判性'现实主义的基础。对于卢卡奇来说，现代主义代表了资产阶级对主体性和个人主义的冲动，而现实主义则保持了对社会进行客观批判的力量，因此更有助于产生一种怀抱政治介入的艺术形式。"② 但是在1956年退

---

① ［英］戴维·洛奇：《戴维·洛奇文论选集》，罗贻荣编译，中国社会科学出版社2018年版，第304—305页。

② Nick Bentley, "Doris Lessing's *The Golden Notebook*: An Experiment in Critical Fiction", *Doris Lessing*: *Border Crossings*, edited by Alice Ridout and Susan Watkins, London: Continuum International Publishing, 2009, p. 45.

党后，莱辛的意识形态立场发生了变动，从马克思主义者转变为自由人文主义知识分子，她说，"你不能再从旧的道德确定性中获得安慰，因为一些新的事情正在发生。我们所有的价值标准都被颠覆了"①。在经历了以现实主义作为介入文学（committed literature）的理想小说形式的美学幻灭，到认识到"成长小说的形式已经'过时了一段时间'：它的消亡是小说与历史的关系发生更广泛变化的征兆"②，莱辛的观点与先锋派作家开始接近，"最使我感兴趣的不仅是我们观念的改变，还包括我们认识、感知生活的方式的改变"③。而小说形式要适应当下历史也必然需要变革，"小说家不能以一种疲惫陈旧的形式合理地、成功地体现当代的真实……当下的真实已经在形式上与 19 世纪的真实完全不同了。那时我们可能相信模式与永恒，但是，今天，当下真实的特征在于一种混乱，混乱就是一种最恰当的解释"④。在"笔记"中，第一人称叙述者"我"的创作颠覆了传统的文学形式，她通过不同美学风格的小说文体，描写当代人所面临的道德、政治、性关系和价值观的混乱无序和她碎片化的心理感受。

那么《金色笔记》中叙述声音的多变以及大量的后现代主义技巧的使用是否意味着莱辛在经历了政治观念、美学理念的变化后彻底放弃了现实主义艺术，放弃了文学介入现实的写作立场呢？小说中叙述者声音的表达方式极为多样，莱辛采用了多种艺术技巧，从

---

① See Alice Ridout, "'What is the Function of the Storyteller?'：The Relationship Between *Why* and *How* Lessing Writes", *Doris Lessing*：*Interrogating the Times*, edited by Debrah Raschke, Phyllis Sternberg Perrakis, and Sandra Singer, Columbus：Ohio State University Press, 2010, p. 85.

② Randall Stevenson, *The Last of England?* （The Oxford English Literary History, Vol. 12：1960 –2000）, Beijing：Foreign Language Teaching and Research Press, 2018, p. 437.

③ Jonah Raskin, "Doris Lessing at Stony Brook：An Interview", *A Small Personal Voice*：*Essays*, *Reviews*, *Interviews*, ed. Paul Schlueter, New York：Alfred A. Knopf, 1974, p. 66.

④ B. S. Johnson, "Introduction to *Aren't You Rather Young to be Writing Your Memoirs?*", *The Novel Today*, ed. Malcolm Bradbury, Manchester：Manchester University Press, 1977, pp. 155 –156.

而丰富与强化了叙述者声音的表现力与层次，显示出作家对于小说实验以及自我意识分析的叙述技巧的兴趣。① 但是，两种叙述声音所代表的不同文学风格和美学理念也反映出现实主义艺术和后现代主义的推陈出新并不是全然对立、彻底割裂的，莱辛始终认同现实主义的精神遗产，在某些方面表现出对传统现实主义艺术的"适度肯定"，因为"温暖、人道主义和对人类的爱，是一个伟大时代的文学所必不可少的"②。同时，正是文学介入生活、反映现实的思想追求推动了莱辛在小说中做出积极的艺术形式实验。《金色笔记》在形式上的自我突破和颠覆传统的艺术技巧并不是意味着莱辛改变了艺术初衷，而是"超越了卢卡奇对传统（和批判）现实主义形式的狭隘依附。小说的形式实验并不是抛弃介入文学，而是如何更'现实'、更'真实'地呈现这种体验"③。文学要呈现当下现实图景，表现时代潮流的巨变，就需要接近新的艺术理念和小说技巧，包括对后现代主义的激进态度和解构精神的吸收，这是不可完全呈现的精神世界和流动的世界图景所决定的。

第二节 经验视角的变换

在《金色笔记》的"笔记"部分，作家调动经验视角来变换叙述策略，以不断切换的经验视角构成了叙述声音的叠加与交错，形成叙述的反复，表现出第一人称叙述者对回忆视角下的记忆书写的犹豫和矛盾，她无法弥合主观记忆和话语表述方式之间的断裂，

① Randall Stevenson, *The British Novel since the Thirties*, Athens: University of Georgia Press, 1986, p. 155.

② Doris Lessing, "The Small Personal Voice", *A Small Personal Voice: Essays, Reviews, Interviews*, ed. Paul Schlueter, New York: Alfred A. Knopf, 1974, p. 21.

③ Nick Bentley, "Doris Lessing's *The Golden Notebook*: An Experiment in Critical Fiction", *Doris Lessing: Border Crossings*, edited by Alice Ridout and Susan Watkins, London: Continuum International Publishing, 2009, p. 45.

在构建文本和生活的艺术纽带时陷入了重写焦虑。此外，主人公在"笔记"的重写过程中，对于艺术"真实感"的过度追求反映了莱辛在 50 年代面临的小说创作瓶颈，意识形态对文学追求的干预和塑造、传统小说艺术形式的局限和语言危机促使她去探索小说美学的新形式。

以经验视角的切换来推动情节的发展在"黑色笔记"中表现得尤为明显。"二战"期间，安娜在非洲参与了当地左翼知识分子的政治活动，她根据这段经历写了小说《战争边缘》。这部小说出版后很畅销，颇受市场欢迎，但是也给她带来烦恼。她发现这部小说受欢迎的原因是它被大众"误读"了。她原来打算根据个人历史经验的书写，再现殖民地种族隔离制度下艰难的政治斗争，创作"那种充满理智和道德的热情，足以营造秩序、提出一种新的人生观的作品"（第 68 页），从而唤醒大众的道德反思。但是小说出版后却被定位成异国情调的浪漫爱情小说，怀旧情绪成为超越其他一切主题之上的最为强烈的风格。读者喜爱小说中的异国情调、恋爱悲剧和感伤情绪，并不关心政治内容，也丝毫没有从中接受道德教育，进入社会批判的思想高度。安娜怀疑是自己的写作方式出了问题，她在日记中反思创作，认为对这部小说的阐释和接受的过程已不受作者控制，更难以忍受的是它为何会产生令人"误导"的艺术情调。安娜在日记中再次回溯这段非洲历史，通过"重写"来探索通往"真实"的生活面目的小说形式。

在安娜对于非洲生活的回忆叙写中，莱辛采用了两种不同的经验视角，即第一人称"我"在当下追忆往事时的视角和第一人称"我"过去正在经历事件时的视角，这两种视角对事件的讲述态度是不同的："在第一人称回顾往事的叙述中，可以有两种不同的叙述眼光。一为叙述者'我'目前追忆往事的眼光，另一为被追忆的'我'过去正在经历事件时的眼光。这两种眼光可体现出'我'在不同时期对事件的不同看法或对事件的不同认识程度，它们之间的对比常常是幼稚与成熟、了解事情的真相与被蒙在鼓里之间的对比。"①"黑色笔记"的回忆叙写便是由这两种经验视角的讲述所构成，它们使叙述者安娜的声音和思考显示出丰富的情感层次，尤其是她在当下对往事的看法和处在当时的时空情景中的强烈感受具有鲜明的对比性，比如第一人称"我"在当下追忆往事时的视角：

> 回顾过去，我看得出，从这个共产主义集团成立的第一天起，这种变化就已呈端倪。（第73页）

> 现在，当我回首往事，我才恍然大悟；但当我生存在那一片光辉灿烂的阴霾之中时，我就只能按自己不断变换着的欲求而左右摇摆，闪烁不定了。（第130页）

又比如主人公在当时的复杂情绪："突然间，兴奋、愤怒和悲伤等诸多感情都一齐涌上我的心头，就像一枚爆炸开来的炸弹。此刻除了保罗，别的一切我都顾不上了。"（第159页）这两种回忆视角的情感结构是不同的，一个是侧重对于往事场景的还原，包括人物置身当时那个历史场景的原始感受和情绪；而另一个是从饱经沧桑的"过来人"眼光去过滤历史，她似乎看清了历史中的自我所处的混沌一片的真相，语气中透露着拨云见日的成熟和理性，反映了现在的"我"对于过去历史的反思和探寻。虽然这两种经验视角同时存在，但很明显，第一人称叙述者"我"在当下追忆往事的叙述主导了回忆记叙的情节走向，她的声音不断介入稍显情绪化和混乱的历史场景中，对记忆中发生的事件、心理活动、人物关系做出议论和评价，试图在往事回顾中重新再现过去生活的场景，唯恐错漏

————————

① 申丹：《叙述学与小说文体学研究》，北京大学出版社2005年版，第202页。

了历史细节、丧失了客观真实性。从这种略带强迫感的表述方式中，可以清晰地感到叙述者对回忆的焦虑，"我"的记忆是否真实？"我"的记忆书写是否具有可信度？"当初我为什么不把所发生的一切如实予以报道，而偏要编造一个与原始材料毫不相干的'故事'来呢？"（第70页）

回忆叙写在一开始所提出的"事实""故事"这两个关键词，是人物"重写"历史的主要动机。安娜怀疑自己是否掌握了小说艺术和文学标准，而她最关心的是如何将"真实"的历史素材（事实）转化为文学书写的经验"真实"（故事），因此，在对历史记忆的清理与讨论中一直涉及如下问题：厘清小说艺术形式和客观真实的多重关系，如何将"事实"转变为"故事"，又如何以"故事"传递"真实"，以恰当的小说形式诉说关于社会、历史、人性的真实面目。"当我开始编写'故事'或'小说'时，我便打算奉行这样的准则，别的一切我都顾不上了。我所关心的只是：我应该……让读者感受到他们的真实性。"（第78页）

然而，安娜的回忆续写必然陷入循环论证的怪圈。客观事实和文学写作之间是有距离的。作为思想的产物和主观心灵的载体，文学作品始终是观念的、历史的、经验的、心理的和情绪的产物，无论是通过视角和语调来追求表述的客观，还是通过写实主义、自然主义的方法以逼真的细节来表现客观，文学艺术"处理的都是一个虚构的世界、想象的世界。小说、诗歌或戏剧中所陈述的，从字面上说都不是真实的；它们不是逻辑上的命题"①。因此，如果固执地在文学创作中寻求客观事实，把虚构艺术的价值等同于客观历史的表述，那么"文学真实"就成了伪命题，是无法以任何形式企及的小说目标。文学价值认识的错位使安娜将

---

① ［美］勒内·韦勒克、奥斯汀·沃伦：《文学理论》，刘象愚等译，江苏教育出版社2005年版，第15页。

非洲回忆的叙写看作是失败的艺术尝试："今天我把这篇东西通读了一遍，自写成后还是第一次读它。里面的内容充满了怀旧情结，每个字都含有那种意味，尽管当初我写下它时以为自己很'客观'。"（第 164 页）

无论是主人公的记忆书写还是基于当下眼光对历史记忆的客观评述，这些思考始终是思维的主观产物，受到不同时期写作动机、文学心理和意识形态的支配，在赋予经验以文学形式的同时不可避免地将改变它们，正如同对同一事件的每一次表述都形成了一个新的表达方式，制造了新的意义的增殖，因此，"真实"具有多面性，理想的文学"真实"永远难以阐明，没有可能以一劳永逸的方式去表达文学"真实"，"不仅审美程度和情感距离影响事实呈现的方式，哪怕是表面上最中立的事实的报道方式，而且时间的流逝也必然会带来进一步的变化"[①]。安娜"黑色笔记"中的日记、回忆录和《战争边缘》这三种文本的互文关系更加证明了"经验不是单一的，而是多重的。能说什么取决于谁表达它，什么时候表达它，以及它是如何和从谁的角度进行审美塑造的"[②]，所以关键不在于材料的一是一、二是二，而是何时何地以何种方法进行审美塑造，写作在时间和经验维度上的主观差异也必然带来对艺术真实的不同认定标准，主人公也发出这样的感慨："我诧异自己生活在主观色彩浓厚的烟霾中，那么多事物都被我忽视了，你怎么知道我所'记得的'一切就是最重要的呢？我所记得的只是经过二十年前那个安娜所挑选的东西，我不知道今天这个安娜是否还会作这样的选择。"（第 147 页）

历史和文学，客观真实和主观情感，小说和现实，这些看似截

---

① Roberta Rubenstein, *Literary Half-Lives*: *Doris Lessing*, *Clancy Sigal*, *and Roman à Clef*, New York: Palgrave Macmillan, 2014, p. 195.

② Roberta Rubenstein, *Literary Half-Lives*: *Doris Lessing*, *Clancy Sigal*, *and Roman à Clef*, New York: Palgrave Macmillan, 2014, p. 195.

然不同的术语在进入叙述后却难以界说分明，因此在文学写作中苛求客观事实必然是无法落实在文字与纸面上的，这最终将瓦解文学的形式和艺术价值。回忆叙写被宣告失败后，安娜为了回避思想的主观性可能制造的干扰，她在"蓝色笔记"中致力于当下日常生活记录，尽可能与现实生活同步，还原客观真实，"既然他说我善于虚构生活中的故事，那就让我尽可能实事求是地把自己每天的生活记录下吧"（第351页），她以不带感情色彩和价值判断的文字将日常琐事一桩桩记录在案，如："早起。读某某书。见某某人。简纳特病。简纳特愈。摩莉得演她喜欢的角色/她不喜欢的角色，等等。"（第497页）她用言简意赅的语言记录纯粹的事件，不带任何感情和议论，可谓将"客观而无动于衷"的写作发挥到极致，但是依然不能令她满意："这本蓝色笔记，我原先指望它成为最真实的一种，结果却比其余的笔记更糟。我本希望在重读的时候，对事实的简洁记录会提供某种模式，但这种记录和对一九五四年九月十五日所发生的事所作的记叙同样的虚妄不实。那天的记叙如今读来令人感到难堪，因为显得太动感情，太主观臆断……"（第497页）也就是说，安娜发现，无论是动情写作还是客观记录，都是失败的艺术实践，和她认定的真实隔着好几层。

安娜在回忆叙写、故事重述和日记创作中感受到的挫折，表面上看是因为无法协调"故事"和"真实"的矛盾，但实际上是对文学标准的困扰。她对小说作为虚构艺术的质疑、对经验真实的怀疑，源于外部政治经历对文学创作的影响，是寻求政治正确、道德目的的写作，还是表现人性的深层经验，通过安娜的写作历程，莱辛反思了她所经历过的意识形态机制对文学创作的挤压。

小说中安娜思考写作的过程具有"指涉作者"、将作者引入文本的元小说特征："作者是一个跟虚构人物处于相同本体论位置的人物：这是一种以特别极端的方式暴露文本虚构性的写作方法，始终揭示对虚构话语及其与世界的关系的伦理与认识论本质的某种焦虑。"① 如果说安娜与她"笔记"中的第一人称叙述者"我"处于同等位置，那么莱辛和她笔下的半自传性主人公安娜也处于相同本体论的位置，安娜对于《战争边缘》的不满和怀疑，和莱辛对自己的短篇小说《饥饿》（"Hunger"，1953）的不满是相似的。《饥饿》的写作背景可以追溯到 1952 年莱辛前往苏联参加"世界作家和平大会"的经历，在参观交流中，她耳闻目睹了斯大林的高压统治对人们生活的巨大影响，文学完全被政治所钳制，苏联作家没有创作自由，语言也被政治口号所污染。她感到失望。但回国后，不知出于怎样的动机，她模仿共产主义文学的套路写了这篇小说。《饥饿》受到读者欢迎，被收录于短篇小说集《五》，这部作品在 1954 年获得毛姆文学奖。但是此后，她不止一次地表达过对这篇小说的不满，"这个故事被翻译成多种语言，再版了很多次，但我对此感到羞愧"，"这个故事的问题在于它太多愁善感，它的写作目的是不单纯的，是带着道德理念写出的故事"②。

　　莱辛把自己的写作反思放置到安娜身上，主人公对作品的感受和认识几乎反映了莱辛自己的切身经验，在究竟应该以什么样的写作手法、文学形式来反映现实的问题上，《饥饿》《战争边缘》涉及的"真实"与虚构的关系，既是一个经典的文学理论命题，也关涉莱辛自己在 50 年代末期经历的美学理念和政治信仰的冲突，它将"现实主义和自由人文主义的形式和思想矛盾异常清晰地表现出来，是自觉的、焦虑的、孤独的女性艺术家的立场论

---

① ［英］戴维·洛奇：《戴维·洛奇文论选集》，罗贻荣编译，中国社会科学出版社 2018 年版，第 308 页。

② Doris Lessing, *Walking in the Shade：Volume Two of My Autobiography，1949 - 1962*，New York：HarperCollins, 1997, p. 70.

争的舞台"①。

对于作者莱辛/安娜来说，《饥饿》《战争边缘》都是带着写实和批判的动机来创作的。安娜试图塑造新的人生观；莱辛则以道德目的为驱动，塑造狄更斯式的非黑即白的主人公，但最终却写糟了，因为不真实。② 对于大众读者来说，狄更斯式的小说艺术已经能满足文学欣赏的乐趣，但是对于莱辛/安娜来说，她们发现的是艺术和真实的错位。传统现实主义和当代社会发展的距离，政治意识形态对于文学创作的干预，使写作脱离了真实和人性，在苏联访问时，莱辛发现政治干预艺术带来了写作方法的教条化和虚假倾向，在英共党内活动时，她对党的文艺理论、无产阶级文学、社会主义现实主义文学有过诸多批评，单一的文学标准、意识形态至上的政治态度一再破坏了文学规律，在安娜受到的政治教化中，排斥人性和个性的观点曾风行一时：

> 我们本来是不可以忘记"个性"早已不复存在这个事实的，但前人所写的小说有一半将它作为主题，那些社会学家和其他所有的什么什么家都将个性作为研究的课题。而我们却经常被告知：在我们一直坚信不疑的一套东西的压力下，人的个性已经化为乌有。然而，当我回首往事，想起花紫树下那一班子人并让他们重新出现在我的记忆中时，我突然恍然大悟：那一套东西全都是无稽之谈。（第118页）

文学创作如果奉行政治标准、迎合集体意志，把道德教化当作目的，而忽视复杂的人性经验，不敢表达个性的思想，那么只

---

① Jenny Taylor, ed. , *Notebooks/Memoirs/ Archives*：*Reading and Rereading Doris Lessing*, Boston：Routledge & Kegan Paul, 1982, p. 7.

② ［英］多丽丝·莱辛：《拚日记》，范浩译，南京大学出版社2008年版，"序言"第3页。

能是远离真实的伪浪漫主义。安娜挫败的文学经历正体现了忽视艺术规律与个性，按照政治理念来进行文学创作的不良后果，这造成她失去了文学标准。莱辛抗拒政治干预文学，也试图剥离意识形态对文学的消极影响，里德奥特认为："从很多角度看，《金色笔记》是莱辛的个人笔记，在这本笔记中，她尝试研究拒绝了共产主义以及她所认定的现实主义的道德确定性后，造成的哲学和形式后果。"[1]

除了政治因素外，小说修辞所面临的语言危机也在某种程度上动摇了莱辛对现实主义艺术的信心。本特利认为，对词语的不信任和写作中感受到的语言局限影响了她对现实主义艺术的态度："其中一个原因是，她觉得语言往往不足以传达深刻的感受和情感，她还将这一发现归因于《金色笔记》的写作：'当我在写《金色笔记》时，搜肠刮肚地寻找一些描写安娜梦境的词汇时，我第一次意识到了语言的局限性。'"[2] 这里的语言危机并不是指某种具体的人类语言文字正在面临消亡的风险，而是语言符号的象征功能、表意系统在当下现实语境中的无力感。艾丽丝·默多克在讨论萨特存在主义哲学的语言观时曾经指出："在最近过去的这段时间，我们已经意识到了语言的变化。我们不能再理所当然地把语言作为交流的手段……就好像正在经历语言的崩溃。"[3] 两次世界大战后，经历了重创的西方社会面临一切价值重估的思想危机，在理论界和知识

---

[1] Alice Ridout, "'What is the Function of the Storyteller?': The Relationship between *Why* and *How* Lessing Writes", *Doris Lessing*: *Interrogating the Times*, edited by Debrah Raschke, Phyllis Sternberg Perrakis, and Sandra Singer, Columbus: Ohio State University Press, 2010, p. 83.

[2] Nick Bentley, "Doris Lessing's *The Golden Notebook*: An Experiment in Critical Fiction", *Doris Lessing*: *Border Crossings*, edited by Alice Ridout and Susan Watkins, London: Continuum International Publishing, 2009, p. 50.

[3] A. S. Byatt, "People in Paper Houses: Attitudes to 'Realism' and 'Experiment' in English Postwar Fiction", *The Contemporary English Novel*, eds. Malcolm Bradbury, David Palmer, New York: Holmes & Meier Publishers, 1980, p. 30.

界，多元化、去中心主义、反理性传统的方法论和哲学观涌现，社会思潮的激变、当代生活的新现象、认知观念的新变化，都对传统文化秩序和思想体系构成冲击，这也加剧了语言表意系统中"能指"与"所指"的断裂感，作为工具的语言它指向自己，作为符号的语言它指向象征，而在新的社会语境下，语言的意义和内涵都变得不稳定，或者发生新的意义增殖，这必然造成理解的差异、语言表达的歧义和多义。小说中的安娜也体验到"能指"与"所指"的断裂："别人所谈的话一下子全都听不进去了。我发现从他们口中说的每一句话，每一段话，好像都成了一种外语——他们本应表达的意思与他们实际上所表达的意思之间存在着一条似乎无法逾越的鸿沟。"（第 319 页）莱辛曾说：如果说当代文学有个明显的特征，那就是标准的混乱与价值的不确定，而这种混乱与当代复杂的社会现实以及人的精神状态有密切关联。在新的时代背景之下，当代社会生活的这种不确定与不可靠的特征，使得我们难以再使用"好"与"坏"这样的字眼做出道德判断。[①] 无论是默多克所说的语言崩溃，还是莱辛感受到的"词穷"，都体现出那批现实主义小说家在接近当代生活场景时的无力感，这既是语言的危机，也是小说形式的危机，在某种程度上为当代小说提出更高的要求，我们是否依然能使用那些文字符号来倾吐我们的生活感受，文学是否能书写人们的经验，表现真实的生活？当代这些特殊命题的存在，以及不断出现的时代新场景促使作家在文学领域必须有所创新和超越。

在《金色笔记》中，作家通过经验视角的切换叙述，表现了主人公在写作中经历的困难而艰涩的艺术探索过程。安娜对写故事还是写真实的惶惑，很难归因于单一的心理矛盾。一个关注社会现象的作家，良知和责任感使她赋予写作一定的使命感和道德追求。但

---

① Doris Lessing, "The Small Personal Voice," in *A Small Personal Voice*：*Essays*，*Reviews*，*Interviews*，ed. Paul Schlueter, New York：Alfred A. Knopf, 1974, p. 5.

是，她对政治理念的追求造成了文学标准的错位、混乱，站在了艺术规律的反面，比如否认文学作品的经验价值，回避对人的情绪和思想情感的艺术创造。安娜的写作困境是莱辛对个人经验的体会，她在50年代的很多小说不仅有鲜明的政治主题，集体观念和政治使命感也影响过她的创作态度，而且现实主义美学理念和马克思主义理论对她的作家道德责任观、文学介入思想的形成确实产生了影响。但是可以肯定的是，莱辛反对效忠某种意识形态的写作，传统的自由人文主义精神最终决定了她的文学创作是要保持和政治的批判性距离，回到人性经验的维度中来。所以，在多次否定了自己的小说创作的艺术价值后，安娜顿悟到人性和个性对于维系艺术完整性的重要价值。

第三节　文体拼贴

《金色笔记》的小说实验带来的一个重要的艺术效果就是，它自身成为一部以不断重新表述文学形式为主题的文本，因此它能够与一系列批评模式保持一种富有成效的对话关系。正如一些研究者指出的："这部作品同时也可以被看作是关于小说创作的一个自我反思文本的例子。它在主题和形式上或隐晦或清晰地提出了小说的特点以及功能的问题，而不是只关注文学作品的形成方式。"①

安娜的作家身份，她在写作四部"笔记"时不断尝试各种文体，努力克服创作瓶颈的写作过程，以及那部最后也成为虚构小说的"自由女性"，都赋予《金色笔记》一种元小说的色彩。莱辛似乎在验证文学形式的有效性，假设现实主义进入了僵局，那么后现

① Jeannette King, *Doris Lessing*, London：Edward Arnold, 1989, p. 37.

代主义呢？因为这一具有实验色彩的写作特征，《金色笔记》被视为作家的后现代主义身份的证明，凯瑟琳·费什伯恩（Katherine Fishburn）就认为，多丽丝·莱辛从来都不是评论家认为的现实主义者，她一直是一个元小说家，一个自觉虚构的作家。① 如果将小说中出现的文体拼贴、戏仿、元小说写作视为艺术风格尝新，也许会得出这样的结论，但是，《金色笔记》中丰富的文体形式、文类杂糅现象不仅显示了作家对后现代主义的吸收，也是她对不同话语形式背后的意识形态影响痕迹的解析。在文学和现实的关系中，意识形态究竟扮演了怎样的角色，又是如何参与了作家的文学写作过程，这是无法回避的话题和现象，也是莱辛在作品中一直反复追问的问题：“艺术代表自由，还是只是另一种话语？既然每一种话语都被铭刻在特定意识形态的价值观中，那似乎无处可以听到个人的声音。”②

“笔记”是安娜绘制的另类文学地图，其中囊括的文本类型多样，有心理分析、事实陈述、小说戏仿、新闻剪报、评论、日记、短篇小说、故事素材和电影剧情等。这些五花八门的文类令人眼花缭乱，制造了阅读中的阻滞感，因为不论是其中穿插的离题小故事，还是更贴近人物经历的传记小说、日记信函等，都常常要中断原有情节的叙事进程，在风格上具有跳跃、不连贯和多变的特征，对读者也提出了更高的阅读要求，即必须将这些分散的文本进行综合性的理解，将它们在整体上视为一种焦虑的文学形式探寻过程，“莱辛赋予她的主人公——安娜·伍尔夫以作家的身份，从而使作者提高了关于中心人物的经历和叙事表达的自觉程度，与其说是莱辛在叙述和评论主人公的经历，不如说是作家伍尔夫在直接叙述和

---

① Katherine Fishburn, "Wor(l)ds Within Words: Doris Lessing as Meta-Fictionist and Meta-Physician", *Studies in the Novel*, Vol. 20, No. 2, 1988, p. 187.

② Jeannette King, *Doris Lessing*, London: Edward Arnold, 1989, p. 44.

审视她自己的经历"①。

在"笔记"中，短篇小说戏仿构成文本拼贴的一个重要板块。这些小故事看上去是些"离题"之作，但仔细解读可以发现，它们的出现并不是偶然现象，这些故事和主人公的政治生活、写作经历有紧密联系，在语言和修辞上显然又经过认真揣摩，富有艺术讽刺效果。比如，"红色笔记"中穿插了一些戏仿50年代苏联文学的小文章。莱辛有意使用苏联文学中常见的陈词滥调和写作套路，又刻意营造热诚欢快、积极上进的革命乐观主义风格，这些小故事精练准确地捕捉到了50年代流行的苏联文学中一些基本的模式和元素，比如渲染领袖崇拜，塑造斯大林的慈父形象，描写健康向上、充满朝气的生活等。但是，小说中光明乐观的叙述基调和当时苏联的状况完全背道而驰。这不仅是对所谓的苏联社会主义现实主义文学的讽刺，亦是对50年代苏联文学生态政治环境的批评。这些社会主义现实主义文学无视现实生活的阴暗面，粉饰生活的痛苦，宣讲虚假的繁荣，它们虽然提倡现实，但实际上回避社会问题、社会矛盾和人性经验，具有一种令人厌倦的虚伪风格，就如安娜所批评的："他们的文学大多平淡无味，充满乐观主义，叙述的调子总是出奇的欢快，甚至在处理战争和苦难的题材时也是如此。这种风格来自那个神话。"（第369页）安娜对苏联文学的反感不仅是对一种文学现象的批评，事实上传递的莱辛从个人政治生活中体验到的意识形态对文学活动的消极影响。在当时的苏联，主导了这种文学产品的便是意识形态政治，文学创作要服务于政治路线，衡量文学艺术的唯一尺度就是政治标准，这导致当时所产生的一批文学作品都成为政治宣传材料。

作为前共产党员，莱辛参与的政治活动、接受的政治理论教育

① Roberta Rubenstein, *The Novelistic Vision of Doris Lessing: Breaking the Forms of Consciousness*, Urbana: University of Illinois Press, 1979, p. 72.

对她的文学观念、文学活动都产生过一定影响，但是在 50 年代中期，她逐渐意识到政治活动已背离初衷、脱离现实。参与英共党内的政治活动时，她感受到政治话语成为检验作家政治忠诚的"武器"，只要符合政治需要，即便是满嘴谎言，没有真情实感的作品也会被认为具有"真实性"；政治话语对文学艺术的侵犯不仅在于它要求艺术家要服从某种政治信念，而是让艺术活动失去个性和活力，按照既定的模式标准去创作，"这一类作品最要命的问题是非个性化。它的弊端就在于这非个性化。它的作者似乎就是二十世纪一个新的无名氏作家"（第 370 页）。虚伪的政治辞令、腐败的语言环境导致文学的贫瘠。逃避个人观点，崇尚集体政治的意志，不能讲真话使这些作品失去了个性和洞察力，久而久之也令作家失去了自己的声音。在党内的一次活动中，安娜像往常一般使用老练的政治套话进行演讲，阐述文学创作观：

> 中世纪的文学是集体的，非个人的，它表现的是群体的意识。那里没有资本主义时代的艺术所具有的那种感人而痛苦的个性化特征。将来有一天，我们会抛弃个人化艺术那种激动人心的自我吹嘘，回归到表现人类的责任和相互间兄弟般情谊的艺术中去，从而将表现人之间的区别和差异的题材抛之一边。（第 370 页）

但是几个月过后，当她再次试图用这套话语进行演讲时，却变得"结结巴巴，未能把这种话继续说下去"（第 370 页）。曾经流利的政治套话突然失效："她开始结结巴巴，讲不完课，然后就干脆不讲了，因为她不由自主地意识到，她在共产党的工作中一直在读的共产主义艺术是'死文学'。'真艺术的闪光'都是从'毫不掩饰的个人情感'中产生的。"① 鲜活的艺术在于刻画人性，表达个人化的情感、体验和思想，并通过艺术形式实现从个人化走向非个人化的转换，而不是以非个人化的集体意志来塑造个体的思想和话语，主动将自我融入政治语汇的集体音响中。安娜的失语过程也显示了长期"被政治教化所扭曲"② 的语言开始觉醒，她说不下去是因为对这种虚伪的、违背艺术规律的政治辞令的反感和抵触，这种话语正成为文学创作的态度与基调，文学评估的方式，她对以政治标准来框定艺术价值的这套机制感到怀疑。

"笔记"中一篇名为《香蕉林中的血迹》的短篇小说则是对浪漫通俗小说的戏仿，它和《战争边缘》的影视改编过程形成呼应，这两篇小作品的命运反映了文学商业化背景下资本市场所引导的大众文化趣味对文学艺术的诱导。《香蕉林中的血迹》是一篇"革命加爱情"的浪漫小说，爱情悲剧和政治悲剧搅和在一起的俗套情节颇受欢迎。尤其是通俗刺激的情节和夸张滥情的语言格调，无疑抓住了大众读物市场所热衷的一些叙事元素，比如小说中的一些描写所渲染的悲情格调：

> Frrrrrr, frrr, frrr, say the banana trees ghosting the agetired moon of Africa, sifting the wind. Ghosts. Ghosts of time … Frrrrrr, frrr, frrr, say the banana trees …
>
> （沙沙沙，沙沙。香蕉树迎着风，对疲惫不堪的非洲的月亮鬼鬼祟祟地说。鬼祟。……沙沙沙，沙沙。香蕉树在诉说）
>
> （第467—468页）

---

① Alice Ridout, "'What is the Function of the Storyteller?': The Relationship between *Why* and *How* Lessing Writes", *Doris Lessing Interrogating the Times*, edited by Debrah Raschke, Phyllis Sternberg Perrakis, and Sandra Singer, Columbus: Ohio State University Press, 2010, p. 81.

② Roberta Rubenstein, *The Novelistic Vision of Doris Lessing: Breaking the Forms of Consciousness*, Urbana: University of Illinois Press, 1979, p. 78.

'John, John,' says my girl ...

（"约翰，约翰。"我的女友叹息着）（第 468 页）

'Sleep, sleep, I do not hate you myNoni ...'

（睡吧，睡吧，我并不恨你）（第 468 页）

'But John, my John, I am sickening with ...'

（但约翰，我的约翰，一想到我背叛了你，背叛了我的男人，我的情人，我心里便很难受）（第 468 页）

'Aie, Aie, Aie,' screams my love, my love Noni ...[①]

（"哎，哎，哎！"我的爱人，我的诺妮尖叫着）（第 469 页）

　　这些掺杂了感叹词、拟声词、名词的语句重复出现了多次，叙述者似乎是在长吁短叹中讲完了这个复仇故事，显然是在模仿一种夸张的情感风格。这个故事的题材本身很有现实意义，《香蕉林中的血迹》的背景是殖民地，种族压迫、肤色歧视导致了人物的不幸，但是夸张的语言、过度的情感渲染彻底瓦解了小说中残酷的社会主题，种族政治变成了一出爱情悲剧。莱辛有意模仿通俗小说的格调，它们把尖锐的现实冲突、政治的阴暗面就这样进行了巧妙偷换。这里的戏仿写作是借文学讽喻来挖苦、揶揄当代文化生活的浅薄趣味。大众文化市场庸俗扁平的艺术趣味驱使商业资本大量生产粗制滥造、格调单一的文艺产品，这类产品的泛滥不仅挤压了严肃文艺的生存空间，也诱导大众沉溺于这些思想扁平、空洞刺激的文化消费品。影视公司对《战争边缘》的改编也反映了大众消费文化和商业资本相互引导、彼此交换的机制。影视编剧打算将《战争边缘》改编成电影剧本，他们的要求

---

① Doris Lessing, *The Golden Notebook*, Toronto：The Bantam Book, 1973, pp. 440–442.

是，可以接受小说原著中的非洲背景和异国情调，因为它可以为读者提供一种浪漫情感的消费感受，却不能保留原著中所反映的种族压迫、殖民统治等政治内容。他们要求将小说中的种族隔离背景置换为地区差异或阶级冲突，将作品改编成一部纯粹的爱情悲剧，淡化小说的种族矛盾和现实痛苦，这样才更容易被大众所接受。

对于作家安娜来说，她的文学创作在两头受到挤压，"我，安娜，就是这么个自相矛盾的人物，既唾弃我自己所创作的'不健康'的艺术，又唾弃我所见到的那些所谓'健康的'艺术"（第370页）。50年代苏联文艺工作中的虚伪态度和教条主义精神正逐渐渗透到她在英国的政治和文学生活中，这是她难以接受的；同时，资本主义商业文化也诱导作家服务于庸俗的大众趣味，比如追求情感刺激，回避令人不悦的现实问题等，这也形成另一种类型的文学教条。在《金色笔记》中，对社会主义现实主义文学或浪漫爱情故事的戏谑模仿，不仅批评了政治文学、商业文学的功利主义动机，也提出更尖锐的问题，文学怎样才能呈现真实？这些戏仿文本背后的意识形态机制虽然不同，主题格调也看似南辕北辙，但却具有相似的扁平的文学特征：缺乏真实性和情感的虚伪。它们回避矛盾、冲突和阴暗面，也不愿触及人性，将真实的生活浪漫化、扁平化，毫无思想论争的空间。作家的个性、艺术的个性都被单一的价值观和情感维度所拉平，与现实生活和人类经验相分离。在《金色笔记》中对这类文学的批评既指向特定意识形态，也不一定指向特定意识形态，因为，如何处理任何可能的意识形态语境和文学艺术的关系始终是艺术家要面对的问题，任何文学产品的背后都有某种意识形态的主导，"写'真相'不是一个简单的过程，而且它不可避免地被写作形式的意识形态所困扰。真相因此变得偶然，它取决于呈现的方式"①。但是，如何在艺术作品中求真实、反映客观现象？对于小说中的安娜，以及《金色笔记》的作者来说都在探索中，不过有一点是可以肯定的，违背艺术规律，不能致力于现实问题讨论的文学作品被安娜/莱辛所否定。

在《金色笔记》中，戏仿、拼贴和文体杂糅等艺术技巧的使用始终围绕主人公对文学艺术的思考和探索，当虚假的文艺泛滥于世，坚持反思、关注现实、再现真实的作家却陷入了文学的失语状态：

> 文字失尽了意义。在我思考的时候，这些文字不是成了重现经历的形式，而成了一系列犹如幼儿牙牙学语般的毫无意义的声音，并消失在片面的体验之中。或者像电影中与影片内容脱节的音节。当我思考的时候，我只要写下一个短句，如"我走过大街"，或者从报上摘下片言只语："某些经济措施导致了充分利用……"而瞬息之间这些文字淡化了，我的脑海中开始涌现出无数和这些文字毫不相干的意象，以致我耳闻目睹的每个字都犹如一叶小舟在无边的意象大海中飘荡。于是我无法写下去了，除非我写得很快，并且根本不看刚写下的东西。因为如果我若回头一看，那些文字便又漂浮起来，失去了意义，我只感到自己，安娜，像在无边黑暗中跳动的脉搏，而我安娜所写下的那些文字都微不足道，毫无意义……（第506页）

安娜觉得自己的写作呆板乏味、虚假、不真实，严厉的自我批评，矛盾的文学意图，使她难以将写作进行下去。她固执地寻求可

---

① Nick Bentley, "Doris Lessing's *The Golden Notebook*: An Experiment in Critical Fiction", *Doris Lessing*: *Border Crossings*, edited by Alice Ridout and Susan Watkins, London: Continuum International Publishing, 2009, p. 48.

以反映"真实"的各种文学体裁，把简报新闻、写作素材混杂在各部"笔记"中，并逐渐替代了日记、传记和虚构文学的空间。在"黄色笔记"中，安娜不再继续写《第三者的影子》，而是粘贴了19个简短的故事素材。这些无法写下去的创作素材反映了安娜"失语"的文学状态。她有思想的灵感，也有对于生活的敏感体察，可是她无力写作，无法用妥帖的语言、适合的风格形式将个人的思考进行完整的表达。在"红色笔记""黑色笔记"和"蓝色笔记"中还"粘贴"了许多新闻时政简报，有美苏军事危机、核试验、非洲民主运动、朝鲜战争、苏伊士运河危机等。主人公在"笔记"中粘贴新闻简报的举动，和她将新闻简报贴满墙壁的举动形成情节呼应，反映了安娜试图理解生活，并与社会现实保持紧密联系的心态，但这个举动也意味着她对文学真实在客观细节和字面意义上的苛求已经偏离了艺术轨道，即完全客观的审美方法也会产生糟糕的写作。她陷入思维认知的怪圈，似乎只有这些客观的事件记录才能确保文字记录的真实性。简报是她自我内心感受的外化，它们在笔记中的出现表明她丧失了使用自己的语言进行阐释的能力……暗示了安娜无力面对内心的混乱。[1] 这些简报除了让人感到世界的混乱无序、面目可憎之外，并不能提供理解现实、阐释现实的经验和思考。它不能体现思考的过程，人的认知能力，也断然不是纯粹理性的产物，这是走向了另一个极端。

安娜原本希望通过语言和文学来构筑一个反映现实、认识自我的镜像世界，实现对于生活的完整理解。但是，当主人公只能以简报来呈现碎片化的社会现象，以事实替代思考，以记录替代理解，这无疑是失败的尝试，带来的后果则是人物主体身份和社会语境愈加疏远的分裂。安娜的职业身份是作家，文学创作是她诉说个体认

---

① Roberta Rubenstein, *The Novelistic Vision of Doris Lessing*: *Breaking the Forms of Consciousness*, Urbana: University of Illinois Press, 1979, pp. 78 – 85.

知、建立个人价值，与社会发生联系和沟通的主要途径，但她放弃言说和思考的权力，宁可湮没在新闻简报的材料堆中，这意味着个人走向和社会生活相远离的孤立境地。

盖尔·格林认为：作家的视角使莱辛和现实主义之间产生了复杂的联系，"《金色笔记》揭下了传统现实主义的面具，挑战了文学和语言形式是对现实的单纯'反映'的假设，这种形式与它的解构之间的张力正是这部小说的迷人之处"①。在格林看来，莱辛在《金色笔记》中的写作实验是对"现实主义方式的小说虚构"进行挑战。主人公的小说家身份，安娜所尝试的各类文本实验具有后现代主义色彩，解构并质疑现实主义的有效性。然而，从另一个角度看，丧失了文学有效性的仅仅是现实主义吗？或者说令安娜焦虑痛苦，陷入文字失败的精神臆病中的并不是现实主义艺术的局限性，而是在各种文体的写作中都无法找到趋近现实的途径，解决以文学反映真实的艺术难题。在小说中，她难道不是陷入了各种文体大杂烩的纷乱无序中吗？而在"金色笔记"中恢复了写作信心的安娜写下的第一句话却是一个典型的现实主义小说的开头。可见，莱辛借用后现代主义的文本游戏策略，并不意味着要彻底颠覆现实主义文学，而是关于文学表现真实的方法论思考，对文学背后的意识形态策略的反思，这是文学介入生活的"现实主义"态度的另一种体现："如果这部小说以其恰当的方式形成，那么它就是对于传统小说形式的评论：自小说诞生以来，关于小说的争论一直存在，而不是像人们在阅读当代学术著作时想的那样，是最近的事情。"②

《金色笔记》中的元小说、文体拼贴、戏仿等后现代主义艺术技巧的使用，和"笔记"碎片化的、开放的、非线性结构，多视角

① Gayle Greene, *Doris Lessing*: *The Poetic of Changes*, Ann Arbor: University of Michigan Press, 1994, p. 24.

② Doris Lessing, "Preface to *The Golden Notebook*", *A Small Personal Voice*: *Essays*, *Reviews*, *Interviews*, ed. Paul Schlueter, New York: Alfred A. Knopf, 1974, p. 32.

声音叙述形成呼应，形成了一幅瓦解中心秩序和权威意识的后现代主义图景。然而，从现实主义到后现代主义，文学艺术在传承和延续中革新，而不是彻底废弃传统。戴维·洛奇在《今日小说家，仍在十字路口吗?》（1996）中感喟，"现实主义如此顽强，它没有像斯科尔斯和六七十年代的其他一大批作家、批评家所断言的那样寿终正寝"①，大批有声望的小说家仍然在用现实主义文学的方法进行写作，当代文学的总体趋势是小说艺术的多元和交叉。在《金色笔记》中，这种小说艺术的交叉融合，相互借鉴并进行对话的色彩更鲜明，"通过对写作的本质和小说形式的自我反思，她（莱辛—引者注）超越了疲惫的、不稳定的后现代主义文学，试图发现一种适合她的文学目的新形式。她实现的是一种新的小说形式，它继续对占主导地位的西方资本主义社会的方方面面进行批评，但不依赖于50年代强调的现实主义作为这种批评的主要形式。因此，《金色笔记》代表了从卢卡奇式的对批判现实主义的肯定转向布莱希特式的实验主义的强调，这一文学形式使介入文学适应了50年代早期不断变化的政治和意识形态环境"②。

第四节　梦境和冥想

莱辛对于人类的各种精神活动和心理现象一直有着浓厚的兴趣，她认为西方的理性主义文化传统带有偏见色彩，使大多数人对非理性精神怀有恐惧和不安的情绪，"我们的文化将无意识视为敌人……但是其他文化将无意识作为一种有用的力量加以接受，我想

① ［英］戴维·洛奇:《戴维·洛奇文论选集》，罗贻荣编译，中国社会科学出版社2018年版，第305页。

② Nick Bentley，"Doris Lessing's *The Golden Notebook*：An Experiment in Critical Fiction"，*Doris Lessing*：*Border Crossings*，edited by Alice Ridout and Susan Watkins，London：Continuum International Publishing，2009，p. 56.

我们应该学习这种方法"，"梦对于我来说非常重要……我常常通过做梦来解决困难的抉择"①。莱辛认为，梦境、幻觉、冥想等潜意识思维活动能够提升人的认知和理解能力，使人们超越日常的理性思维的局限性，对获得精神启发有着重要作用。在60年代，结识了精神病学家R. D. 莱恩后，莱辛对反精神病学理论产生了兴趣，参与了莱恩主持的一些药物治疗实验，记录了自己服用了致幻剂"酶斯卡灵"（Mescaline）后的幻觉体验："在清醒的情况下我并不记得关于波斯的任何事情——但是最近，在酶斯卡灵的帮助下，我发现我记得许多东西，而这些往事在我不知道的情况下影响了我。"②她在幻觉中好像回到了前出生状态，获得了"出生记忆"，想象自己被母亲分娩时朦胧的心理感受："我既是主动的产生，又是被动的被生出。谁是母亲？谁是婴儿？我两者都是又两者都不是。"③ 致幻剂带来的幻觉想象并非真实的记忆，却又源于历史记忆，是在潜意识中对历史记忆、人生经验进行重构后获得的启示。幻觉中哭泣的孩子是一个"哲学婴儿"，它对作家提出了关于生命存在的本体论疑问，我是谁？我是由谁创造的？我是愿意来到这个世界上的吗？这个"哲学婴儿"唤起了她心底对于人生、存在和历史的种种思考，也使她更加笃信人的非理性经验和潜意识领域蕴藏着无穷的奥妙，它对人生的过去与未来有着重要的指引和暗示作用。由此也影响了她小说中偏重于人的心理描写和精神分析的艺术写作。

在《金色笔记》中，梦境和冥想是安娜在崩溃的精神体验中发展自我内在意识、进入自我分析、自我精神拯救的主要方法。"安

---

① Jonah Raskin, "Doris Lessing at Stony Brook: An Interview", *A Small Personal Voice*: *Essays, Reviews, Interviews*, ed. Paul Schlueter, New York: Alfred A. Knopf, 1974, pp. 66–68.

② Roy Newquist, "Interview with Doris Lessing", *A Small Personal Voice*: *Essays, Reviews, Interviews*, ed. Paul Schlueter, New York: Alfred A. Knopf, 1974, p. 45.

③ Roy Newquist, "Interview with Doris Lessing", *A Small Personal Voice*: *Essays, Reviews, Interviews*, ed. Paul Schlueter, New York: Alfred A. Knopf, 1974, p. 58.

娜的夜晚梦境标志了一个真正的转折点"①，莱辛描写了安娜在睡眠中产生的形形色色的噩梦，比如金色织网、行刑队和刽子手、龟裂的大地、哭泣的鳄鱼、囚笼中的老虎、玩偶、双性人、非洲马雪比等。这些扑朔迷离的梦境意象不仅是人物精神紊乱的象征，也反映了她在现实生活的政治幻灭、写作困境、情感危机和对战争的恐惧，就如莱辛所言："那位居住在我们心底深处的无意识艺术家是非常简单明了的，只用几个象征性的梦境就能确定一个人的全部生活，以及预测我们的未来。安娜的梦境包含了她在非洲时期生活的精髓，她对于战争的恐惧，她与社会主义的联系，以及作为作家的两难处境。"② 因此，"梦"既是叙述中重要的情节内容，又是重要的艺术手段，对于各种梦境的处理方式和解读态度反映了莱辛对于非理性意识的思考，以及对各种精神分析理论的不同接受所产生的艺术影响。

在解决安娜的精神危机过程中，被称为苏格大娘的心理分析师马克斯太太扮演了一位荣格派学者的角色。安娜在马克斯太太的诊所接受心理咨询指导，向其倾诉各种令人困惑的梦境，但是马克斯太太把安娜的精神问题归结为一种小说家创作焦虑的集体症候，她将安娜梦境中出现的各种混乱无序的元素解读为原始文化中集体无意识的心理积淀，并从一些历史和典故中寻找类似的意象作为解读根据，从而将这些梦归入某些特定原型中。苏格大娘对安娜的精神指导和分析方法是典型的荣格式精神决定论。荣格认为："原型是一种趋向，这种趋向构成这类主题的表象——细节上可以千变万化，然而又不丧失其基本的类型的表象"，"我们称之为本能的东西是生理上的强烈冲动，这些冲动通过感官为人感知。但是，与此同

---

① Claire Sprague, *Rereading Doris Lessing*: *Narrative Patterns of Doubling and Repetition*, Chapel Hill: University of North CarolinaPress, 1987, p. 77.

② Jonah Raskin, "Doris Lessing at Stony Brook: An Interview", *A Small Personal Voice*: *Essays*, *Reviews*, *Interviews*, ed. Paul Schlueter, New York: Alfred A. Knopf, 1974, p. 67.

时，它们也以幻想的形态显现自己，而且它们常常只是通过象征性的意象来显现自身的存在。这些显像正是我称之为原型的东西。"①潜意识的梦境是受到深层心理本能所驱使的，它紊乱含混、令人迷惑，精神分析师的解谜方法是对各种梦境进行归类和"命名"，将噩梦纳入原型理论的认知系统，以此缓解安娜的个人焦虑。但是安娜不能接受这种非个人化的解答。她反对将私人经验归结为类型化的原型象征，也不愿意逃避到人类的集体神话传说中去，以此祛除心灵的困惑和不安，似乎这样个体的痛苦就能消融在人类历史的混沌河流中，他无须为自己的历史罪责负责，也无须承担反思的责任。

　　安娜和马克斯太太的精神分析讨论无疾而终，关于那些原型的讨论无法帮她解决噩梦的困扰，她的精神难题依然没有答案。在这个层面也许可以看出莱辛对精神分析理论的一些个人看法，她肯定了现代心理学的研究成果，尤其是对人的非理性意识的深入研究无疑拓宽了、深化了对人的复杂心理现象的认知，为人类文化学研究也提供了很多新启示，甚至她自己也是擅于使用一些"原型"来写作的。但是，莱辛更加重视的是个体精神认识的自觉和主动探索。非理性意识成为个人精神成长的途径，也可以帮助、促进理性认知的发展，但是这种精神启示的获得依赖于个人内在意识的成长，而不是从学术理论中获得一些模式化的答案。因此，安娜虽然没能从马克斯太太那儿得到有效帮助，但她还是坚持在"笔记"中记录自己的梦境，对这些梦进行分析和反思。这些梦境记录展现了人物深层次的心理变化，她从梦中的体验和感受中获得了一些朦胧的认知，并逐步走向精神愈合，这种心理发展的描写反映了莱辛对心理分析的主张，一是不必将疯癫、精神分裂视为一种可怕的反常人

---

① ［瑞］荣格等：《潜意识与心灵成长》，张月译，上海三联书店2009年版，第49页。

格，"正如莱恩在《经验的政治》中所提出的，所谓的疯狂可能并不需要心理上的'崩溃'，而是一种启示性的、治疗性的'突破'，进入意识和自我整合的扩展形式"①。二是个体必须通过自己的力量去解决精神中的冲突和困惑。对于安娜来说，通过梦境意象的整合与思考，她从个人历史的挫折和罪责中走出来了，在汲取了精神启示后，恢复了生活的信心。

在安娜的梦境中，"金色大网"和"行刑队"反映了政治生活的创伤，她在信仰破灭、退党前后压抑的内心情感。在"红色笔记"中，安娜记录了这段梦："我梦见一张由漂亮的织物组成的大网……上面五颜六色，绚丽多彩，但这个巨大的织物给人的总体印象是它的红色，一种色彩斑驳、金光闪耀的红色。"（第316页）在梦中，这张金光闪闪的大网变成苏联地图，后来逐步扩大，覆盖了东欧东亚，并向着周围的国家和大洲延伸过去，"整个世界已经连成一片，统一在一种我从未见过的金光闪耀的色彩中。这一刻我感到幸福极了"。然而，"有人拉了拉这织物上的一根线，它于是全瓦解了"。（第317页）"金色大网"从编织到瓦解的过程对应了现实中安娜参与的共产主义政治运动在20世纪中叶的兴衰。共产主义思想源于西欧，苏共政权的建立带动了东欧、亚洲和世界其他国家的共产主义运动和社会主义政权的建立。"金色大网"象征着主人公一度的乌托邦憧憬，它是共产主义信仰对理想、富足、平等、美好的人类社会的承诺。在梦中，看到这张"金色大网"的编织和覆盖，直到瓦解，安娜始终感到一种强烈的、不断膨胀的幸福和喜悦感，甚至在醒来之后依然"既高兴又得意"。这与她在现实中消沉忧郁的政治挫折感完全不同。说到底，她曾经追求过的共产主义信

① Suzette Henke, "The Challenge of Teaching Doris Lessing's *The Golden Notebook* in the Twenty-First Century", *Doris Lessing: Interrogating the Times*, edited by Debrah Raschke, Phyllis Sternberg Perrakis, and Sandra Singer, Columbus: Ohio State University Press, 2010, p. 192.

念已经融入了她生活和情感的历史血脉中，这被割舍的生命追求，这些现实中的迷失、错误和遗憾，最终在梦中获得精神补偿。"金色大网"编织出的世界图景满足了她的政治幻想，被放弃的乌托邦之梦，无法舍弃的政治情感也得到了宣泄、释放，她感到无比喜悦，郁结的精神也获解脱，在醒来后安娜心里想："我其实一点也不关心政治、哲学这一套东西，我惟一关心的是迈克尔……"（第317页）梦境过后，政治理想的情感包袱被卸下，安娜如释重负，从挫败和愧疚中走出。

如果说"金色大网"成为一种情感宣泄，治愈了安娜离开党组织后的精神危机，那么"行刑队"之梦则帮助她更进一步认识到政治斗争的残酷和非理性的本质，是她对现实政治的一种批判。"行刑队"是囚犯和执法者互换身份的梦：一个政治犯在等待执行死刑，但是行刑前突然发生了政变，他从犯人变成了统治者，从死刑犯变成了死刑执行者，而原本的执法者变成被处死的犯人。这个梦境多次出现，后来安娜写给索尔·格林的小说开头也是在这个梦境故事的基础上改编的。这个梦无疑是荒诞的，但是它的情节却高度概括了所谓政治生活的一般规律和现象，它的反复出现反映了安娜在潜意识中对政治的非理性特质的认识。死刑犯和行刑者原本是感情深厚的挚友，但是不同的政治立场让他们成为敌人、杀害对方的刽子手。无须解释、沟通，他们可以不带感情的杀害对方。这不是人与人的天然对立，是党派原则主导下的盲目仇恨。通过这个梦境，安娜领悟了政治生活的分裂性，人们对某种意识形态不加思考的盲目追随制造了社会中的憎恨、敌对和暴力，人们被这些政治原则分割，感情联系被破坏，社会关系、人与自我的关系都被一种机械的政治原则所分裂。在人的感情、理解力、同情心面前，钢铁般的政治原则、意识形态的刻板意志愈加显得残酷和非理性，毫无逻辑可言。

安娜的梦境常常是混杂的，这增加了作品在叙事上的复杂和难度，但对于表现人物心理意识的发展有重要的烘托作用，"梦"有时使她感到喜悦，获得精神抚慰与指导；有时则反映了她在潜意识中对生活中普遍存在的威胁和险恶的一种概括、提炼。安娜经常梦到一些令人厌恶和恐惧的物象，它没有固定的具体形态，但同时又拥有很多形态。比如，她在梦中多次看到的人形玩偶，这些玩偶没有感情和知觉，服从外部指令做出一些机械的动作，令人感到厌恶和恐怖。安娜曾梦见自己变成了玩偶，丧失了对女儿的亲子之爱。梦中的玩偶其实对应了她在日常生活中见到的一些人格分裂患者，比如将自己和他人相隔绝的、冷冰冰的纳尔逊夫妇；对待感情反复无常，冷酷自私的索尔·格林。在这些人身上，安娜观察到一种冷漠的性格，他们与人疏离，对他人的痛苦无动于衷；他们情感匮乏、自我封闭，倾向于通过伤害他人获得满足。后来安娜又梦到"俄罗斯花瓶""丑老太""丑老头"和"双性人"，它们和"玩偶"属于同一类变形，都是没有情感，散发恶意，令人厌恶的物化人形。这些形象在梦中出现时是杂乱无序的，既没有很强的故事性——比如"行刑队"，也没有明显的象征指涉——比如"金色大网"，但它们总令安娜感到厌恶、恐惧，甚至这些丑陋的形象还没从梦中跳出来，安娜就已经感到有什么令人憎恶的事物即将逼近。出于恐惧，也因为无法解释这些形象的来源，安娜将这些散发出纯粹的威胁性的形象命名为"恶的本原"，它们代表了人类生活中的怪诞和恶意。"命名"也许暂时豁免了安娜的恐惧感，规避了噩梦的威胁了，但是还是无助于解决她逐步加深的精神危机。

梦境中的意象虽然纷乱复杂，但与人物的现实处境并非无关，噩梦不仅象征着一种精神焦虑与生活的威胁，也成为安娜发现超越生活中的"恶"的途径，预示了未来的力量。安娜的梦境中常出现与"水"相关的景象，"水"不仅是一种创作源泉的象征，还代表了思维中的潜意识领域。比如梦境中干涸的土地、缺水的荒漠反映了她在现实中面临的写作瓶颈，以及心理上的焦虑。梦中的水体、水源还反映了她对潜意识思维的理解。作者描绘了这样一个梦境：安娜发现自己睡着后沉入黑色的浊水中，似乎潜得很深，那是一片不见底的深潭。然而，转眼之间她忽然发现，这想象中的深渊其实是极浅的，它只是老虎笼子下的一汪臭水。她用力蹬了几下后就跃出水面，向上飞去。这里的"水"体现了弗洛伊德精神分析学对于人类潜意识的描述：潜意识是一汪深不见底的黑潭，它幽深而神秘莫测，但却蕴藏着人的生存发展的重要动力，个人生活中的许多费解的奥秘，都可以从它寻找到解释。虽然它深不可测，但是与现实和日常生活却只有一步之遥。在进入深度睡眠后，主人公仿佛坠入了意识深处，但其实，这深潭与真理和现实之间只有一线之隔，她只要轻轻蹬几脚就能从非理性的意识深处飞离，并且超越目前窘迫的生活处境——肮脏而恐怖的老虎笼子，而这飞离现状的能力却是从深潭——潜意识中获得的。也正是在此时，安娜发现原来令她害怕、以为可能会对她造成伤害的老虎，和她一样处境艰难，都是被囚禁在生活的牢笼中。主人公梦境中的老虎是情人索尔·格林的化身，那个总是令她害怕又同情的"野兽"。通过这段梦境，安娜意识到自己和索尔·格林的处境相似，他们都受到社会的压迫与排斥，同处一室——同在囚笼中，彼此伤害。一种同情感在主人公心中油然而生。她意识到了沟通的需要，并且开始理解索尔·格林分裂的内在感受。安娜对梦境中"水潭"的理解进一步阐释了莱辛对精神分析理论的看法：潜意识心理、非理性精神元素的使用和探索可以为混乱的内心世界提供启示，但是必须置于个人的经验领域，关联个人现实处境进行的思考才是有建树的，内在意识的发展是主体发现生活的本质、打通面向外界的重要桥梁，由此，个人才能走向历史、集体、社会和他人，获得完整的主体性，这是一个艰难的精神平衡过程。

无意识心理作为超越理性主义思维的局限性、超越精神崩溃，实现对于生命的完整理解的一个重要途径，具体表现在主人公对"马雪比"之梦的理解上，安娜认识到潜意识人格才是"拯救我免于崩溃却又受到冷落的那个人"（第652页）。在安娜的"马雪比"之梦中，她回到过去，回到记忆的深处，超越了残碎的历史记忆，获得对于生命的完整理解，那些无法通过"笔记"来说清道明的往事再次获得整合，这标志着她与历史的和解。"马雪比"之梦的呈现方式是特殊的，做梦的人就像是在睡眠中观看了一部电影，影片中演绎着在非洲时的一些生活镜头，出现了记忆中的人与事。同时，还有一个电影放映员——安娜的情人索尔·格林，他以画外音方式讲述着梦境的内容，变换着影片的演进方式，安娜甚至与这个放映员的声音对话。在电影放映员反复播放的影像中，安娜有了一次回看往事的机会，"回过头去看看自己生活中经历的场景，而不是做我一向所做的事情，虚构人生的故事，以图不必去直接面对人生"（第652页）。

如梦似幻的"马雪比"之梦探究的是人物内心深处的创伤经历与实际生活的关系，同时去验证历史、记忆和真实之间的关系。在梦中，所有过往历史中的人和物、生活的片断和场景交融在一起，这些似曾相识的记忆令安娜痛苦不安。她看到自己曾如此轻忽他人的苦痛，她发现自己不愿意面对生活中的恶与暴力，不愿意面对生活的全部真相，回避人生的艰难，这导致她在写作中也有逃避真实的倾向，因此，她总是变换写作方式，又觉得无法通过文学去表现真实，表述出来的文字总是虚伪、不诚实的。她曾以偏狭的理想主义和自我中心主义的态度来审视他人和生活，愤世嫉俗而刻薄冷漠，但是，马雪比之梦对历史场景的复现纠正，弥补了她对于现实的残缺认知，克服了自我中心主义的局限，对他人的痛苦和悲伤产生了理解和共情，对个人的历史迷误也能淡然看待。

　　"索尔就像一个隐形的'放映员'，为安娜展示了一段历史与虚构、噩梦与传记相交融的超现实主义梦境。在'金色笔记'中，索尔从老虎/情人转变为内心良知的象征，他促使安娜重述并确认了过去的历史——重温痛苦的记忆并熬过了心理焦虑的共鸣。这部加速放映的电影是一部复合的个人历史，它将传记和艺术以治愈的方式融合在一起。通过叙事改写的梦幻策略，安娜的生活片段开始汇合在一个新的电影剧本中，她能对过去的经历进行想象性的审美再融合。这部梦幻电影迫使安娜创造性地将过去的人、过去的思想和情感融入一个深刻、治愈、有意义的剧本中，从而开启了一条自我认知的'突破'之路。"① 非洲马雪比是安娜政治经历的肇始之处，也是她追求理想、写作和爱情的开端；但是"马雪比"也成了一切政治冲突、写作困境、两性矛盾和精神分裂的历史源头，然而，最终也是在"马雪比"之梦中，安娜超越了历史阴影的障碍，获得精神启示，认识到完整地看待世人与现实、理解他人，担负责任的重要。首先，人必须具有勇气与责任感，敢于面对生活中的恶和非理性。生活是美好的，也需要理想，但生活本身也包含了丑恶、不公和艰难险阻，接受生活就必须将其负面的内容一并承担下来，这样才能保持一种完整的而不是碎片化的人生观念，就像"在'金色笔记'最后描写的一系列梦境中，安娜开始想象一种人类、思想与观念的大融合，以取代隐含在其他笔记中的碎片化内容"②。而那种只看自己愿意看的，只愿意面对自己愿意面对的，以理想主义的冲动改造世界的行为，最终将把所有人都踢出地球，而这就是

---

　　① Suzette Henke, "The Challenge of Teaching Doris Lessing's *The Golden Notebook* in the Twenty-First Century", *Doris Lessing：Interrogating the Times*, edited by Debrah Raschke, Phyllis Sternberg Perrakis, and Sandra Singer, Columbus：Ohio State University Press, 2010, p. 194.

　　② Sydney Janet Kaplan, *Feminine Consciousness in the Modern British Notebook*, Urbana：University of Illinois Press, 1975, p. 169.

独裁、暴力和法西斯主义的根源。① 其次，知识分子必须克服消极与挫折，认识到自身的责任，以西绪福斯推巨石上山的勇气做出承担，而不是以虚无主义态度否定一切。以安娜和索尔·格林为代表的一代知识分子，他们接受了人道主义的熏陶和教育，曾希望共产主义、社会主义运动能够拯救人类的生存困境，然而，经过生活的锉磨，理想也溃败了。他们陷入虚无主义、犬儒主义，变得尖刻自私、玩世不恭，丧失了知识分子的人道主义信念和社会责任感。安娜在梦境中的精神领悟也反映了莱辛的态度：知识分子要克服私人生活与精神生活中的消极和挫折，要勇于面对历史与迷误，即使处于一种西绪福斯式的悲剧语境中也要有承担责任的意识。就像在"马雪比"之梦中，安娜听到的启示："我们终身奋斗，以便使人们比我们稍稍聪明一点，从而可以领会伟人们一向明白的真理。……我们这些推大圆石的人。他们知道我们会继续推石上山，在一座巍巍高山的低低山坡往上推动一块巨石，而他们早已自由自在地站立于高山之巅。我们这一辈子，你和我，我们将竭尽全力，耗尽才智，将这块巨石往上推进一寸。他们依仗我们，而他们总是对的。这便是我们毕竟并非毫无用处的缘由。"（第654页）

"在《金色笔记》中，通过类似于莱恩的反精神病学的精神分析尝试，安娜承认了潜藏于内心深处的暴力和受虐倾向，以及一直被否认、遭到压抑的自我伤害和自我厌恶的情感创伤。"② 当她处在精神崩溃的临界点上时，梦中的潜意识活动对她的思考发生了影响，从中捕获精神启示，认识到过往的生活并不是毫无意义、无所

①　莱辛曾说："我们总是在进行各种分类，将人群和事物进行不必要的群体归类。就理想主义来说，你知道吗？希特勒就是一个理想主义者。"Jennifer Byrne, *Interview with Doris Lessing*, http：//www. abc. net. au/foreign/stories/s390537. htm.

②　Suzette Henke, "The Challenge of Teaching Doris Lessing's *The Golden Notebook* in the Twenty-First Century", *Doris Lessing*：*Interrogating the Times*, edited by Debrah Raschke, Phyllis Sternberg Perrakis, and Sandra Singer, Columbus：Ohio State University Press, 2010, p. 194.

作为，也认识到个人对社会、他人负有相应的责任。她赋予历史经验、现实生活以新的构想，将心灵的碎片进行了整合，克服了艺术的瓶颈，重新恢复了写作信心；同时，安娜也认识到要超越单一思维方式的限制，必须建立个人与世界和他人的融合、沟通。这一精神启示主要表现在安娜时常进行的空间冥想。

冥想这一思维方式，体现了作者所受到的苏非主义哲学的影响。苏非主义致力于自我的提升，自我发现，这与莱辛寻求个体精神拯救的思想颇为接近，"对于她来说，苏非主义为个人审视事物开启了一种新的方法"①。苏非主义推崇直觉、冥想等非理性思维，但是并不是与现实社会相脱离，也不是要求人脱离现实生活，冥想也不是自我与现实世界的脱节，而是获得一种更为超脱的、更有高度的审视意识，"苏非主义也要求从自我放逐返回到现实中，因为它既是依赖于现存的文化的，同时它也不主张个体从社会脱离。而是应该处在社会中，同时又能看清其中的意义"②。自我意识的超脱并不意味着脱离世界，相反，它是为了更好地帮助我们理解与投入这个世界，这是苏非哲学给莱辛带来的重要启发。莱辛认为个人应该站在一个更高的视点去认识个人和社会的关系，就如同从高空俯瞰世界，才能脱离狭隘的个人主义，对人和世界的关系有相对完整的理解。莱辛对苏非哲学、苏非寓言的兴趣，并不是意味着从现实主义走向神秘主义，这应该是她在心理意识领域探索兴趣的延伸，寻求个人内在意识发展的途径和方法。正如小说中安娜的冥想过程所显示的，她探索内心的目的是一种自觉的、有意识的思维训练：

---

① Ann Scott, "The More Recent Writing: Sufism, Mysticism and Politics", *Notebooks/Memoirs/Archives: Reading and Rereading Doris Lessing*, ed. Jenny Taylor, Boston: Routledge & Kegan Paul, 1982, p. 186.

② Ann Scott, "The More Recent Writing: Sufism, Mysticism and Politics", *Notebooks/Memoirs/Archives: Reading and Rereading Doris Lessing*, ed. Jenny Taylor, Boston: Routledge & Kegan Paul, 1982, p. 184.

首先我想像我正位于其中的这间屋子，一件件东西想过去，"叫出"每一件东西——床、椅子、窗帘……然后出去，想像出整栋住房，然后再出去，慢慢勾勒出整条大街，随后升起在空中，俯瞰伦敦……随后设想着英格兰，在大不列颠中英格兰的形状，之后是相对于欧洲大陆的英伦三岛，之后，我慢慢地想像出整个世界，一块又一块大陆、一片又一片大洋……直至我升入太空，回望地球……我会同时努力想像出一滴充满了生命的水珠，或是一片绿叶。有时候我能达到我所希冀的目的，即同时认知广阔无垠和微乎其微的两重世界。（第582—583页）

比起抽象、混乱而可怖的梦境，安娜的冥想则是正念训练。她有意识地围绕某一主题和意象进行发散性的思维流动，冥想的过程有相似的精神路径，是从狭小的微观世界逐渐扩大到宏观世界，想象不同族裔的人群、各种思想观念的大融合；她从一粒尘芥、一滴水珠、一片树叶、一个渺小的自我，扩展到城市、国家、大陆、海洋、宇宙，随着这种宇宙意识和空间感受的不断扩大和提升，混乱、挫折、晦暗和病态心理渐渐消退，一种神秘的融合感充盈人物心中。在这种自觉而不是盲目的努力中，体现出一种追求融合的意念，即个人与集体、个别与普遍的关系的调整。安娜的冥想过程是艰难的，有时分外疲惫，并不是每次都能达到融合之感，克服自我封闭，打破孤独中的慎思，将个人追求融入对他人和世界的关注中并非易事，这也反映了莱辛思考中的两难。置身封闭空间中的安娜如同致力于个人创作的艺术家，"封闭"是维护个人的完整性和独立性的象征，它意味着发展个人思考的重要性，正像安娜在梦境和冥想中获得精神顿悟那样，它不太可能依靠公共讨论；但是"封闭"也可能导致偏狭的痛苦，艺术家还要保持对外界事物的清晰洞察力，并通过个性化的艺术创作、私人化的视角去表达时代、历史和社会这类集体公共问题的思考。这平衡之道在哪？也许并没有一个处理这种平衡关系的万能公式，重要的是艺术家在敞开的公共性与封闭的私人性之间保持向现实趋近的动态距离。

莱辛的小说注重对人的心理变化过程的描写，多方面、多侧重地去呈现人的不同思维状态和心理活动。在《金色笔记》中，对安娜·伍尔夫心理活动的刻画所涉内容之丰富、艺术之复杂并不逊色于20世纪的心理现实主义小说，甚至意识流小说，这体现出精神分析学说、集体无意识理论、反精神病理论及苏非哲学对莱辛在时间、记忆和直觉等领域的思想影响。莱辛将非理性思维视为促进人的精神觉醒、整合分裂的思维碎片，以及个人重新进入世界，恢复与外在生活、集体存在的平衡关系的重要途径。但是，莱辛的心理描写艺术和伍尔夫、乔伊斯等意识流小说家有很大不同。现代主义作家注重表现在宏大历史的阴影下卑微、脆弱的个体对生命丰富、闪光的心灵体验，个体在瞬间的生命顿悟中超越了现实历史的局限。而莱辛对人物的心理描写始终在个体意识觉醒和集体意识的渴求之间来回滑动，她重视内在意识的觉醒对于个体精神成长的重要性，要求保留个人的思想独立性；但是她又认为，个体精神的成长还在于能否为集体、社会做出某种贡献，包括对现实的关注，保持个体与社会的联系性。她说："在任何一个时代，我们经历的都是大众情感和社会条件对我们产生的影响，我们几乎不可能与这一影响相分离"①，"但我坚信的是，从长期来看，永远是个体在确定社会的基调，提供给社会真正的发展"②。传统文学的介入精神、马克思主义理论的接受经历，以及60年代受到的苏非主义思想影响，使莱辛对个人与外部社会、集体意识的关系思考必然侧重于面向社

---

① ［英］多丽丝·莱辛：《画地为牢》，田奥译，南京大学出版社2019年版，第9页。
② ［英］多丽丝·莱辛：《画地为牢》，田奥译，南京大学出版社2019年版，第102页。

会、介入现实的目标，比如安娜从"金色织网"的世界大同的梦境中获得心理补偿；"马雪比"之梦中领悟到克服个人中心主义、理想主义的道德局限，追求西绪福斯的精神价值；以及冥想中自我和宇宙的融合等。因此，安娜在整合碎片化的精神世界时其实包含两层逻辑，属于"我"的私人的经验、历史、记忆和情感的整合，以及个人精神活动的意义整合最终要超越个人视角的局限，落实在通向外部世界的图景，从中获得现实启示，再反哺自身。这样的理念也导致了莱辛小说中的非理性心理描写最终会呈现出一种刻意为之的思维过程，就如肖瓦尔特说的，"个人意识变成了集体意识，个人意识变成了社会意识，女性意识变成了世界意识"[1]。

---

① ［美］伊莱恩·肖瓦尔特：《她们自己的文学》，韩敏中译，浙江大学出版社 2012 年版，第 286 页。

第 五 章

《金色笔记》中的身体隐喻

现代小说的一个重要特征，就是对于人的身体经验的艺术表现得以解放与回归。在 19 世纪的小说中，身体的经验总是被小心翼翼地呈现着，用理性化、审美化的方式去描述，以避免令人不安的原始欲望和生理性征，"叙述的历史提供了它自身的故事，犹豫不决地揭露身体的故事——日益专注于身体，并且以某种略带狡猾的方式，摆脱了对于情欲化的身体的言不尽意。在法国，巴尔扎克、福楼拜、左拉和普鲁斯特形成了关于欲望及其对象越来越清晰的话语的各个阶段。在英国，更为沉重的社会压力影响着身体的表现，但是一种替代的、删改过的性爱主题在狄更斯、勃朗特姐妹、亨利·詹姆斯或托马斯·哈代的读者心里留下了深刻的印象。在对身体进行无保留的、实事求是的表现方面，一个重大突破出现在我们这个世纪，在詹姆斯·乔伊斯的《尤利西斯》里……"① 文学中对身体的描写在 20 世纪现代主义文学中获得突破，D. H. 劳伦斯、乔伊斯等作家将人的性经验和生理特征的描写作为人格主体呈现不可或缺的重要部分，身体不再是一个需要被话语来反复涂抹遮掩的他者，它具有了能指性，成为人的精神主体的物质性隐喻，灵魂和肉体的分裂在现代小说中似乎得到了弥合。但是，身体写作的进程在

---

① ［美］彼得·布鲁克斯：《身体活》，朱生坚译，新星出版社 2005 年版，第 26 页。

男女作家的笔下并不对等。左拉的《娜娜》（*Nana*，1880）有着"对于女人的性的身体（作为叙述动力原理）最亲密的接近"①，劳伦斯更是将笔触深入到女性的性体验；但女作家对身体经验的描写依然是隐晦的，即便是"对世界的观察很讲究感官享受，甚至是情欲化的"②弗吉尼亚·伍尔夫，她在描写女性身体经验时也覆盖着一层由比喻和象征编织起来的修辞之网，她不想让男性来读懂，和女性也难以形成共鸣，她对女性身体经验的描写依然难以进入公共文化空间。女性身体经验在女性文学中的缺席，男女两性对妇女身体经验的不对等阐述造成了性别认知的偏见和错谬，在左拉对娜娜的性力量的张扬夸张、坦荡直观的描写中，女性性欲被视为一种无法理解、令人焦虑的神秘动力；劳伦斯则将女性性欲表现成对男性生殖力量的崇拜和顺从。女性文学中被阉割的女性身体经验，反倒成了弗洛伊德"阉割"理论的讽刺性印证，它们似乎都在说明女性的匮乏、不足，对另一个性别的渴望，这进一步巩固了对女性具有支配色彩的性别文化。但是，被剥夺的女性身体经验在当代女性文学中获得了解放和回归，"从女性主义当中，崛起了有关妇女的性生活感受的公开的女性话语"③，女作家对女性身体经验的艺术表达让妇女的身体具有了支配自我、生产自我、表达自我的话语力量。

《金色笔记》对当代女性文学的重要贡献便在于真实坦率地描写了女性的身体经验，"莱辛常以现实主义的，甚至是客观化、细节性的描写表现了女性身体处在生理期、怀孕、流产、分娩，以及性爱、疾病、体重变化、衰老和退化等各种状态"④，这些身体经验

---

① ［美］彼得·布鲁克斯：《身体活》，朱生坚译，新星出版社2005年版，第179页。

② ［美］伊莱恩·肖瓦尔特：《她们自己的文学》，韩敏中译，浙江大学出版社2012年版，第251页。

③ ［美］简·盖洛普：《通过身体思考》，杨莉馨译，江苏人民出版社2005年版，第111页。

④ Ruth Saxton, "The Female Body Veiled: From Crocus to Clitoris", *Woolf and Lessing, Breaking the Mold*, edited by Ruth Saxton and Jean Tobin, London: Macmillan, 1994, p. 95.

的呈现不仅是从女性角度去还原妇女身体的自我感知的真相，同时
也"'实现'妇女解除对其性特征和女性存在的抑制关系，从而使
她得以接近其原本力量"①。安娜在精神分裂导致的焦虑、无意识的
思维混乱中，她在对身体的本能感受，对身体的感性经验的分析和
记录中，不断深化了自我对于欲望、自我存在和两性关系的理解与
认知，成为自我意识发展和精神整合的重要环节。

第一节　身体与人格分裂

彼得·布鲁克斯说："写作……为文字恢复其精神，为身体恢
复其意义。那种改编一般采用给身体打上标记或符号的形式。那就
是，身体成为一个能指，或者是书写信息的地方。在叙述文学里也
许大都如此，在那里，经过欲望和时间考验的身体的故事，通常就
是一个人物的故事的重要组成部分。"② 在《金色笔记》中，各种
"身体"经验的丰富表现成为塑造人物性格、揭示两性关系、审读
当代文化的重要叙述手法，安娜对身体的思考与观察成为自我意识
发展的一个新的增殖点，这和她试图用文学创作建构秩序的努力形
成对照。当无法再将文学写作进行下去后，她沉浸在精神的幻梦和
冥想中，也更加清晰地感受到肉体的各种尖锐、原始的本能反应，
"她似乎通过沉浸在肉体卑微的痛苦景观中达到了自我整合的新焦
点"③，与心理分裂的动荡做斗争。

莱辛多次描写到处在精神焦虑中的女主人公反复发作的胃痛，
她的焦虑总是伴随着对胃部的强烈感知。刚开始胃的不适只是偶然

---

① 张京媛主编：《当代女性主义文学批评》，北京大学出版社 1992 年版，第 194 页。

② ［美］彼得·布鲁克斯：《身体活》，朱生坚译，新星出版社 2005 年版，第 27 页。

③ Suzette Henke, "The Challenge of Teaching Doris Lessing's *The Golden Notebook* in the Twenty-First Century", *Doris Lessing: Interrogating the Times*, edited by Debrah Raschke, Phyllis Sternberg Perrakis, and Sandra Singer, Columbus: Ohio State University Press, 2010, p. 194.

现象，在和索尔·格林同居后，安娜胃部的疼痛发作愈来愈明显、频繁，譬如：

> 今天早上醒来时，体验到一种从未有过的感觉。脖子紧张而僵硬，感到自己的呼吸不顺畅——不得不迫使自己深呼吸。更糟的是，我的肚子，更确切地说，是横膈膜以下的部位疼痛。疼得好像那里的肌肉都拧在一起形成肿块了。（第589页）
>
> 在我渐渐走近自己的公寓时，我感到胃中的痉挛在加剧。一进家门，我就有点恶心想吐。（第612页）
>
> 他站在那儿满含敌意地看着我，我感到自己胃部的肌肉收紧了，焦虑之云像黑沉沉的雾笼上了心头。（第619页）
>
> 我的胃收紧了，看着自己的幸福感在消失。（第648页）

从医学角度看，胃被认为是人的第二个大脑，精神或情绪问题会影响胃的消化功能，从而带来疾病，而安娜频繁发作的胃部疼痛和她内在的精神危机是相通的、关联的。每当焦虑或紧张袭来，安娜的胃就会"提前"发出恐惧的痉挛，甚至是经由这种不适和痛感，她会猛然意识到"自己患了焦虑症"，或者察觉到来自外界的敌意。安娜过度敏锐的身体感觉，间断发作的胃疼，反映了她情绪上的紧张不安，这和她逐渐丧失了写作能力，思维领域的混乱，感情生活的挫折几乎是同步的。如果说精神疾病的根源是模糊的，难以追踪，那么身体的症状却是清楚实在，一目了然的，安娜肉体的不适——"胃疼"预示了她内心不断加重的精神分裂症，那么，这些症状要警示的是什么？对于人物的意识发展是否起到某种催化作用？答案是肯定的。对于这些身体状态的追踪和描写，都是服务于人物内心深处的矛盾冲突。安娜胃部的痛楚成为不可捉摸的心理疾病的反射，这股持续的生理压力促使她意识到在自己的身体——精神中存在着的一个不健全的自我，另一个衰弱的人格。当她置身人群，感受到环境的压力，头晕目眩时，她觉得另一个安娜，另一个自我已萎缩成一个硬邦邦的球体躲在胃囊里。胃囊成为"另一个"安娜的象征，是那个衰弱、病恹恹的安娜，"她"瑟缩在安娜灵魂的深处，并诱发了间歇性的疼痛。当那个精神萎缩的人格出现，健全、清醒而坚强的安娜则脱离了肉体的囚笼，她像是一个旁观的陌生人，一个冷静的他者，"我因种种忧惧而全身收紧，却又冷漠超然地注视着这种'焦虑症'的症状。这就像一位受尽某种我所不知的症状折磨的陌生人，紧紧抓住了我的身体一样"（第591页）。安娜"注视"着并记录下身体的痛楚，去探索痛楚的来源："我看着痛楚之手揪住了我的胃，痛楚之指刺进我了的脖颈和背脊。病恹恹的安娜再度回来占据了我。我知道是楼上徘徊的脚步声把她召唤来的。"（第643页）

在身体的疼痛不安中，安娜意识到自己的精神出了问题，似乎是两种人格、两种体验同时并存于灵魂中，"一个安娜，陷于恋爱却受到了冷落，正寒冷凄惨地缩在我心中某个角落里，而一个好奇、超然、又爱讥讽的安娜，则在冷眼旁观并不时叹息"（第597页）。疼痛不仅是疾病，也成了精神分裂的表征，一个病态的安娜存在于焦虑的肉体之中，以爆发出阵阵疼痛来强调自己的存在以及对于身体的控制权，她是脆弱的，顺从于身体的情感本能，因为自身的不协调和男性伴侣的伤害而奄奄一息。而另一个安娜则成了冷静的记录者，她审视着自己日益病态、衰弱的精神变化，就像一个医生在以科学的态度为病人写下一份翔实的检查报告，她对痛苦无动于衷，还带着一种研究的兴味。

莱辛对安娜的心理疾病和身体疾病的贯通描写，形象地刻画出一个人格分裂症患者内心的自我疏离，"远远的我可以望见安娜，她属于一个正常的温暖的世界；我可以望见她，但我想不起来她那个样子活着是怎样的感觉"（第515页）。自我的疏离意味着她将一些自身的体验和情感从认知中分裂出去，抛弃了它们；也表示出她无法将情感和认知中的矛盾进行完整的理解，这种症结不只存在于安娜身上，她周围的人也存在相似的精神问题，当安娜和汤姆、索尔·格林、德·席尔瓦、纳尔逊在一起时，她的胃部疼痛常常会被触发：

> 我感到自己的胃部收紧了，于是我第一次意识到我的焦虑是由索尔·格林引起的。（第591页）

> 但现在我不是凭借这些对话，不是凭借这样的注视，而是根据我的胃部突然收紧产生焦虑而体会到这样的时刻。首先我感到了那种病态的焦虑，那种紧张，……我意识到存在着某种不和谐，某种惊愕，就像什么东西上出现了裂缝，别的东西透过裂缝渗透进来了。而这别的东西又是恐怖的，对我极不友好的。（第593页）

> 我的脑中思绪起伏，胃里也翻腾不息。我没法想象，因为这位如此温和多情的人，正是令我致病的家伙。（第605页）

安娜从胃部的疼痛中意识到身边的异性伴侣给她带来了精神压力。这些男人大多是学识丰富、有思想见地的知识分子，但往往也是冷酷自私、给女性带来情感伤害的唐璜式人物。在《金色笔记》中，莱辛以冰冷的金属武器来形容男性在情感中的冷漠、反复无常和自私，以遭到伤害的女性肉体来比喻两性关系的冲突，比如，"我感觉尖刀刺入了我的皮肉，插入肋骨之间，刀刃嘎嘎地摩擦着骨头"（第527页），"他的脸看起来像把斧头"（第619页），胸脯"上面密密插满男人射来的无情的箭"（第673页），等等。男性在情感关系中的冷酷无情、反复无常的态度给安娜带来精神压力。

"他的嘴像只汤匙，或一把铁锹，或一挺机枪，在发射喷吐出炽热的放肆的话语，字字都像子弹一般。……我能感受到他的黑色力量在狠狠敲打我的每条神经，我感到胃部肌肉在剧烈搅动"（第665页）。这些具有杀戮和暴力色彩的描写将男性对女性的情感压迫和歇斯底里的怒气表现得触目惊心，不禁使人联想到伍尔夫在《到灯塔去》（*To the Lighthouse*，1927）中同样以"黄铜的鸟嘴""渴血的弯刀"来形容专横自私的拉姆齐先生不断向妻子索取爱和同情，进行情感剥削的行为。在恋爱关系中，安娜承受着自我中心主义者的情感掠夺，这给她带来精神压力，也是导致她心理发展失衡的原因之一。但是，莱辛并不是要把安娜的精神分裂归咎于情感的伤害，是两性斗争的结果，而是让女主人公经由自身的痛苦，去观察造成情感敌对、人际冲突的原因是什么，又是什么导致他们形成一种不稳定的人格特征。在伴侣身上，安娜看到了人格分裂患者的病态：他们没有时间感，表现得像几个不同的人。他们既是自私自利、满嘴谎言的自我中心主义者；又是甘愿为社会大众利益而奉献自我的理想主义斗士，奋斗与挫败，牺牲与残酷在他们身上同时存在，他们一会儿可以为政治理想侃侃而谈，是社会改革者与道德家，一会儿又是一架不断射出"我、我、我"的自私冷酷的机关枪，他们尖锐的言辞对女性造成了精神伤害，在她身体上留下痛苦的记忆。在身体疼痛的感知中，安娜不仅意识到自己的分裂危机，也意识到他人的精神之苦，这种疼痛来自不协调的个性和分裂的人格，它具有弥漫性和传染性，给自我和他人都造成深刻的伤害，这也是为何安娜与他们在一起时常常感到紧张和疼痛。

在精神分析学的治疗中，医生通过谈话为病人身体上无法解释的各种生理症状寻找心理根源，让语言和身体产生联系，赋予身体以精神意义的能指功能。在《金色笔记》中，莱辛也让安娜身体上的疼痛具有了精神隐喻的色彩，安娜的身体症状是心理过程的遗留痕迹，她通过对自己身体的观察和分析，充当了自己的精神分析师，在疼痛和焦虑的肉体感受中，她认识到自身不协调的、紊乱的精神危机，也意识到来自外部的潜藏的情感压力，那么，她的伴侣，那些同样存在人格障碍的精神病患者究竟是什么造成了他们的身心分裂？

第二节　身体与情感隔膜

如果说胃部的疼痛引发了安娜对分裂人格的自我审视，那么在两性关系中，冰冷的、充满寒意的男性身体则是病态人格的写照。通过安娜对男性的冰冷躯体的感知，她的惧怕和同情、抵抗和接受的心理过程，莱辛揭示了政治冲击、理想失落给左翼知识分子带来的精神创伤。他们在情感生活中的极度自我中心主义、倾向于伤害他人的冷漠性格是情感匮乏的体现，冷漠是他们面对现实的自卫方式，也使他们常处于精神苦刑中。

作品对于男性的刻画是比较松散的，相比起女主人公安娜所占据的分量，作家似乎并没有将艺术笔力过多集中在某一个男性人物身上，而是分散在多个不同人物的塑造中，比如保罗、纳尔逊、迈克尔、席瓦尔、索尔·格林和米尔特，安娜和爱拉的这些男性情人出现在小说的不同部分，但是，这并不妨碍我们对"他们"形成完整的艺术理解。他们大多属于知识分子流亡者这一精神群体，身份处境和政治经历有某些一致性，在人生态度、思想观点和言语表达上也有类似之处，尤其是在两性关系中，他们表现出的病态身体特征也是高度相似。

安娜和情人索尔·格林在一起时，她时常注意到对方的脸色不自然，气色不好，身体瘦骨嶙峋，"面容有种不健康的苍白""白得像上等的皱纸""灰色的眼睛病恹恹的毫无光泽"。而且他的身体总像冰块一样寒冷：

> 我想让他翻过身来，一触到他的身体，手感十分冷——可以感到一阵冰凉直透我的掌心。我害怕极了。甚至现在，我都能在掌心感受到他裹在睡衣里的肉体所透出的冰凉。（第590页）
>
> 索尔在我怀抱中又变冷了，沉甸甸冷冰冰的一团。（第598页）
>
> 我紧挨着索尔冰冷的躯体躺着，像是紧挨着一块冰。（第631页）

在和德·席尔瓦过夜后，安娜感到，"我心若槁灰——感觉全身心已了无生气，已彻骨冰凉。我感觉他已抽去了我的生命"（第533页）；和米尔特同居时安娜感到"躺在自己怀中的他全身冰凉，沉甸甸冷冰冰的，像是个死人一样"（第699页）。苍白、冰冷、僵硬这类感官描写常出现在安娜对情人的身体感受中。睡眠中的男人冰冷僵硬，她感觉像是在抚触尸体，这和他们在日常生活中的傲慢自大、咄咄逼人形成极大反差。继而她意识到，令她害怕的不是这冰冷身体的死亡气息，而是它侵蚀人心的寒意，这是一种冷漠无情的象征，而且具有情感上的传染力。在和美国情人纳尔逊的交往中，安娜发现了他们的身体和情感的内在关联。纳尔逊时而冷酷、时而温情，感情反复无常，就像身体里住着多重人格，他需要爱，但又拒绝付出情感，"我发现所有的人都在竭力地想泯灭感情。冷漠，冷漠，冷漠，正是如此。正是这面旗帜，先从美国揭起，现在席卷了我们"，"精确衡量的感情，待人处事皆冷漠。这样一个感情有限的可怕的世界"（第579页）。

莱辛在作品中对男性身体的特殊描写是对人物内在心理病症

的外化，没有温度的、冰冷的身体是情感匮乏的体现，而抗拒情感的态度则带来了伤害他人的倾向，这些描写容易引起一些争议，它似乎延续了一种传统的性别看法，即男性是冷酷自私的，擅于控制情感；而女性则是温情泛滥、乐于自我牺牲的，因此，这些两性情感冲突的描写，安娜的特殊体验和施以同情的态度，也被一些评论视为现代社会两性冲突的证据，以及表达了作者对男性群体的讨伐。《金色笔记》中对冷漠的男性情人的刻画固然反映了作者对男性在两性关系中的自私态度的批评，但并不能据此认为作家在控诉性别压迫。安娜对男性冰冷衰弱的身体的感受和接受过程，其实是一个从感性体验到理性思索的过程，她感受到情感的压力，但更倾向去分析造成这反复无常、冷漠无情的性格态度的历史源头。如前所述，这里对身体的诸多描写都具有精神分析的讨论功能。

安娜的伴侣，给她带来情感创伤的这些男性角色的国籍、年龄、职业不尽相同，却有着相似的政治挫折。他们都是理想破灭、被社会抛弃的知识分子边缘人，精神和肉体上的流亡者。和安娜一样，他们曾怀抱革命热情和共产主义理想参与了20世纪上半叶的左翼政治运动，但最终败下阵来，历史的负担、理想的挫败让他们处于精神苦刑中。他们依然拥有睿智的头脑，不时发出人生的真知灼见，但是情感世界荒芜，变得残忍尖刻、忧郁消沉，言语具有"自我惩罚式的幽默与嘲弄"。知识分子流亡者的病态心理和他们孱弱苍白的身体面貌相吻合，俨然成了一种双重失败的表征，因为无论从社会地位来看，还是人格价值来看，他们都被社会敲打得七零八落，根本无法和取得了世俗成功意义的理查相较量。且看莱辛如何描写理查的外貌。理查的身体厚实健壮，粗笨有力，他有温暖光滑的"古铜色手臂"、裸露的"古铜色的脖颈"，以及"泛着红光、冒着热气的脸"（第28页）。他不仅拥有发达的商业帝国，还拥有身体的活力。理查的成功在于他能快速地从政治挫折中走出，彻底抛弃了激进的政治理想，转向商业帝国的建造。在这一对比下，知识分子边缘人的处境更显可悲，他们的失败在于无法走出理想的挫败和历史的阴影，他们陷入持续的噩梦，在睡眠中流露出因恐惧而产生的寒冷，正如迈克尔所说的你不能要求一个经历了欧洲过去 20 年政治历史的人不做噩梦。

　　作家对于女性身体的痛觉体验，以及对男性躯体的冰冷感受的描写，这些身体经验的表现其实是指向了一种相似的精神困境——无处不在的人格分裂。安娜从疼痛、寒冷的身体经验中认识到，他们——这些男人、女人——失败的知识分子们，都是时代的遗留物，政治的受害者，是无家可归的精神流浪儿。他们的人格分裂和歇斯底里源于巨大的精神挫败。他们是失败者，西绪福斯式的悲剧英雄：卖着大力推巨石上山却发现一生都不会有将巨石立于山巅的那一刻。但他们还有知识分子的尊严，在认识到这样的残酷现实后，依然无法抛弃自己所扮演的角色，在不断重复的单调失败中遭受精神的折磨，被历史的负担压得透不过气来，只能以玩世不恭和冷酷无情的态度来自卫。作者虽描写男性的种种人格缺陷，但也倾注了自己对这些失败英雄的同情和理解，正如主人公那样，竭力拥抱这些冰冷的身体，以自己的体温将他们温暖。

第三节　身体经验与女性的焦虑

　　埃莱娜·西苏（Hélène Cixous）在《美杜莎的笑声》中说道："妇女必须参加写作，必须写自己，必须写妇女。就如同被驱离她们自己的身体那样，妇女一直被暴虐地驱逐出写作领域，这是由于同样的原因，依据同样的法律，出于同样致命的目的。妇女必须把自己写进文本——就像通过自己的奋斗嵌入世界和历史一样。"① 在漫长的父权制历史中，女性一直被摒弃于自己的身体之外，她没有言说自我身体的权力，也持续处于性的罪感和耻感中，这不仅对女性的自我认知制造了系统性的扭曲和压迫，女性写作也遭到束缚："男性所强调的女性贞操阻碍了女性艺术家的创作，因为这剥夺了她充分和诚实地写下自己的激情和身体的自由，更重要的是，这最终剥夺了她创作的权利，也就是'生下'一件艺术作品的权利。"② 因此，妇女写作不仅是参与文化空间的构建，在历史中传递女性的声音和立场，也是要恢复女性对自身存在的言说权利："通过写她自己，妇女将返回到自己的身体，这身体曾经被从她身上收缴去，而且更糟的是这身体曾经被变成供陈列的神秘怪异的病态或死亡的陌生形象，这身体常常成了她的讨厌的同伴，成了她被压制的原因和场所。身体被压制的同时，呼吸和言论也就被抑制了。"③ 女性写自己的身体，探讨她们的性经验是为身体符号祛魅，这是女性主体意识发展的重要过程，她要去发现什么是真实的自我，什么是被矫饰和强加的自我。

瞿世镜认为："莱辛或许是第一位在小说中真诚坦率地描绘女主人公性生活的女作家。"④ 莱辛小说中对女性的情感和身体经验的坦率描写揭开了覆盖在女性身体上的面纱，打开了那个隐蔽的盒子⑤，将那些以前一直被视作不宜说出口的事实进行了阐明。因此，有不少学

---

① 张京媛：《后殖民理论与文化批评》，北京大学出版社 1999 年版，第 188 页。

② Tonya Krouse, "'Anon,' 'Free Women,' and the Pleasures of Impersonality", *Doris Lessing*: *Interrogating the Times*, edited by Debrah Raschke, Phyllis Sternberg Perrakis, and Sandra Singer, Columbus: Ohio State University Press, 2010, p. 42.

③ 张京媛：《后殖民理论与文化批评》，北京大学出版社 1999 年版，第 193—194 页。

④ 瞿世镜：《当代英国小说》，外语教学与研究出版社 1998 年版，第 274 页。

⑤ 彼得·布鲁克斯认为，在乔治·艾略特的小说《丹尼尔·德隆达》（*Daniel Deronda*, 1876）中，患有歇斯底里症的女主人公格温多林所拥有的珠宝匣子，是对女性的子宫和生育力量的特殊隐喻。参见［美］彼得·布鲁克斯《身体活》，朱生坚译，新星出版社 2005 年版，第 295—308 页。

者将莱辛与 D. H. 劳伦斯相比较，认为两位作家对人类性经验的写作都有极大的突破性。但是，劳伦斯在描写性关系时依然无法超越阳具崇拜的视点："两条血流发生了神秘的结合，被赞赏的却只是阳具之流……他几乎从未表现过一个被女人激动的男人，但他一再让我们看到，女人被男性那热烈、微妙而机巧的恳求暗暗地打动。"① 在劳伦斯的小说中，女性在性关系中只能是屈从者，她沉溺于感情，被奉献给有限的存在，女性的身体是内向性的，她无法通过她自己达到一种面向宇宙和未来的认知，生命之旗只能由男性扛起。然而，莱辛的性经验写作和劳伦斯不同，她不仅立足于女性视点和女性主体性来描写两性关系，也揭示了女性的身体经验被操纵的过程。在她的小说中，妇女矛盾的自我意识时常源自无所适从的身心感受，她的身体在驱使她成为母亲、妻子、伴侣，但她的主体意识却不想被身体所驱使，她想成为她自己，渴望作为一个独立的人走向宇宙，而不是被封闭在身体和情感中。那么，究竟是女性的身体本能、不可捉摸的自然之力决定了女性向古老社会角色的顺服，还是后天的文化环境参与了身体的塑造？女性所认为的身体本能、生理意志是否早已被父权制文化所形塑，所谓的女性的内向性、女性本质的说辞只是用于掩盖社会规训力量的温柔面纱吗？在《金色笔记》中，莱辛通过安娜——一个女作家对自己身体的观察和感受，分析了女性性心理和情感生活中的矛盾，她的自主和被动，独立和依附，愤怒与驯顺，她在被符号化的身体和主体意识的冲突中感受到的疏离和分裂。

　　《第三者的影子》中有这样一段关于性和写作的分析。写性对于女人来说是一件困难的事情，"对于女人来说，其难处在于性的美妙是不可探索的、不可分析的。因此，女人们都有意不去思索性

① ［法］西蒙娜·德·波伏娃：《第二性》，陶铁柱译，中国书籍出版社 2004 年版，第 206 页。

的技巧。每当男人们谈起性技巧，她们便会生气，这也是出于自我保护：她们想维护的是那种自发的情感，因为这对她们的幸福是非常重要的。对于女人来说，性本质上属于情感的问题"（第227页）。作为安娜的一部自传性小说，《第三者的影子》中关于性的不可描述的分析也可以看作是女作家安娜的一种立场。安娜认为，女性的性欲属于情感问题，这是无法用道理说清楚，也无法用言语进行分析的。她反对用语言工具去解读女性的性体验，这与爱拉在性生活中反感所谓的性技巧的心理如出一辙。她们都认为性从属于感情体验，反对用技术和知识去解读。这一看法和劳伦斯小说中的性爱描写模式不太一样，劳伦斯将性爱作为智性发展的途径，赋予性经验以工具色彩，而安娜/爱拉则强调性爱的不可言说的神秘和含混的感性体验。那么，是否可以认为，爱拉/安娜的观点体现出反劳伦斯性欲描写的女性主义立场吗？如果将爱拉/安娜在恋爱关系中经历的性欲挫败和她们在写作中的"不可说"相联系，我们会发现女作家思想中的性的不可言说，并非是女性主义精神的体现，而是受到父权制文化的思想禁锢的另一种表现。是女性在自我认知和情感生活中的"不完整"，是她的身体被剥夺与塑造后在主体意识中的欠缺性的反映。

爱拉认为，女性的性欲满足必须建立在完满的情感体验中，如果没有幸福的爱情，女性不会有性欲的高潮体验。爱拉对女性情感体验的强调是传统的女性心理延伸，它基于这样的认识：女性是被动的，她没有独立的性欲（这几乎是19世纪以前认为女性没有性欲的说法的升级版），要唤醒她的性欲必须以男性的身体为中介，依赖于和男性的情感联系。在爱拉/安娜的爱情生活中，身体的性经验、情感的幸福快乐都如此依赖于另一个身体——男性情人的到来："在最初的几个月中，只要爱拉一开始跟保罗做爱，便即刻体验到性欲的高潮，正是这一点使她坚信自已爱他，使她敢正视‘爱’这个字眼。那是发自阴道的性兴奋。如果她不爱他，她不会有这种体验。这种性兴奋产生于男人对于女人的需要，表示了男人对这种需要的确认。"（第228页）另外，就是认为女性是内向性的，天生情感丰富，但理智不足，缺乏智性。女性的感情世界和情欲世界一样都是混沌一片，无法用知识和逻辑去理解。对性与女性情感关系的认知谬误导致了女作家所自认为的性的神秘和不可写。

就像卡普兰说的，"在‘笔记’中，很多关于性的描写都是基于所谓的女性在性方面的被动这一传统观念"①。《金色笔记》中的女作家们所认为的性的"不可写"并不是对劳伦斯的批判和反对，而是将劳伦斯的阳具崇拜观念内化了，从而强化了女性对自身的否定。她的身体是缺乏自我满足感的、被动性的，必须和另一人的身体相结合才能获得性欲和情感的完整，这也导致她的情感依赖，急于得到异性的肯定。而一旦陷入了和欲望对象的身体相结合的期盼中，即所谓灵与肉相统一的劳伦斯式的性期待中，女性也就部分地失去了对自己身体的确定性。在和保罗相恋时，爱拉时常陷入矛盾，她不知道该如何穿衣打扮、维持外表的自信，也不确信自己举手投足的姿态、性的姿态是否令男人满意；她开始对自己不满，陷入左右为难的冲突，因为顺从情人的意志意味着要否定自己的真实想法，而忤逆他的意志又要加速对方的离开。她并不是和保罗对抗，而是和自我意志相对抗，这种不断叠加的情绪冲突令她感到身心是分离的："我为自己失去了某部分独立和自由而难过；我的这种‘自由’与写小说无关。它表示的是我对一个男子的态度，这态度同时又证明是不可靠的，因为我的人格已被分裂。事实是，与保罗在一起使我感到幸福，对我来说，它比什么都重要。但它最后让

---

① Sydney Janet Kaplan, *Feminine Consciousness in the Modern British Novel*, Urbana: University of Illinois Press, 1975, p. 77.

我得到了什么呢？孤独，以及由此而引发的恐慌。"（第333页）

在爱拉/安娜的恋情中，女性为了维持和情人的关系时常压抑自己的情绪，掩饰真实想法，这是为了迎合对方还是出于性的本能，可能难以得到真实的证词。但是比较明确的是，在情感关系中，她们缺乏和男性进行有效沟通的通道，女性的性欲和心中的怨气都是"不可说"的，而在失恋后她们都曾长时间地陷入情感创伤。莱辛并不回避、也不掩饰女性的心理局限，揭示了拥有了自己的一间屋子的"自由女性"在心灵深处对父权制文化的内化和吸收："莱辛笔下的女性人物在传统性别角色的祭坛上牺牲了自我，尽管她们创造了自己想要成为的、拥有性自由的虚幻女性形象。小说中的女性几乎都忽视了对她们的生活方式形成规范的意识形态机制，她们扮演着古老的性别角色，成为忠诚、奉献和无私的伴侣。'自由女性'这个称谓显然具有讽刺意味，因为'她们觉得自己作为人是不完整和低人一等的'，'有一种少数群体的心理取向，这使她们贬低自己的女性气质和友谊，寻求男性的认可和认同。'"①

"身体在一定程度上必然暗示着性——这里我不仅是说单纯的生殖性，而是复杂的意识和无意识的欲望和禁忌，它们影响着人们对于自身作为有欲望的造物的观念；身体一直都是包括语言在内的文化所俘虏的骚动不安的囚徒。"② 在《金色笔记》中，女性的身体被父权制文化符号化、驯化的过程，导致了女性人格的异化和自我疏离。在爱拉和保罗的恋爱关系中，保罗对她身体的性控制令她困扰，这不仅包括所谓的性技巧，还包括日常生活中的审视和批评。爱拉感到，在保罗对她身体的摆弄中，有着隐隐的不满，是对

---

① Suzette Henke, "The Challenge of Teaching Doris Lessing's *The Golden Notebook* in the Twenty-First Century", *Doris Lessing Interrogating the Times*, edited by Debrah Raschke, Phyllis Sternberg Perrakis, and Sandra Singer, Columbus: Ohio State University Press, 2010, p. 187.

② ［美］彼得·布鲁克斯：《身体活》，朱生坚译，新星出版社2005年版，第7页。

她的独立的人格意志的不满。保罗时常不经意地去影响爱拉对自己身体的看法，他"经常把她的头发掠过来掠过去，或者把她的衣服摆弄出不同的型，说'爱拉，你为什么偏要把自己打扮成一个一本正经的女校长的模样呢？上帝知道，你根本就不像那种人。'他还经常把低胸衣拿到她面前，或者指给她看商店橱窗里的某套衣服，说：'你为什么不买一套那样的衣服呢？'"（第231页）他诱导爱拉改变穿衣习惯，试图对爱拉的身体施加自己的意志，这不单是个人的欣赏癖好，也有隐蔽的控制与征服，以否定和影响爱拉对自身的认知来剥夺她的自信，令她臣服在他的话语之下。爱拉意识到了其中的危机，但是她无法拒绝保罗的身体操纵，她是那么渴求另一个身体去加入她的情感生活，和她同步达到爱的完整与和谐。对于爱拉来说，完整的爱情意味着契合的两性关系，完整的性爱意味着肉体与灵魂的融合一致。然而，这不啻是她的自欺和妄想，是旧式神话的改写，其精神实质依然没有超越女性的被动性的说辞，即她是无法主动创造自我的。但是，爱情神话却令爱拉在性关系中处于被动而脆弱的地位，任凭男人操纵她的身体感受和自我认知，变得无所适从。所以一旦保罗离开，情感关系瓦解，爱拉也破碎了。保罗走后，"爱拉突然感到自己已泪流满面，每一根神经都因失望而打起了寒战。尔后数天，爱拉仍动辄就想哭，无法使自己不打寒战"（第237页），那个健康的、快乐的女性消失了，她变得虚弱颓废、丧失了性欲。即便一年之后，爱拉依然感到生活在保罗的阴影里，"她已万念俱灰。保罗带走的不仅仅是她的幸福，而且是她的意志"（第325页）。

在《金色笔记》中，女性主人公们"所感受到的脆弱可能并不是由两性之间某种固定的生理或心理的差异造成的，而是因为在一种文化中，性仍然被看作是男人的一种征服过程，而心理健康的女人，不能进行没有爱的回报的性关系"①。以情和欲的完美结合，并最终走向理想化的两性关系的劳伦斯式神话，不过是要求女性克制欲望，守护身体"贞洁"的另一套现代话语表述。它使爱拉陷入一种有关女人的谎言："她现在强烈的性饥渴并不是为了性，而是由生活中的一切感情饥渴日积月累所造成的。在她再次爱上一个男人后，她就会恢复正常，成为一个女人，也就是说，她的性欲会和男人的相协调，并不断消长。可以说，女人的性欲是为男子所包容的。"（第483页）爱拉为自己有性欲而羞耻，强迫自己徒劳地等待保罗的回来。后来她才逐渐意识到，情人离开后的持续性冷淡和洁身自好的生活方式，不过是受到性控制的另一种形式而已。所谓女性的性经验必须和爱情保持一致，也是一种关于女性的身体谎言。

《金色笔记》中对女性在两性关系中的身体经验描写具有写实色彩，正如方德（Roxanne J. Fand）说的："虽然伍尔夫的叙述中缺乏对身体内容的明确描写，但她的诗化风格是由身体的符号学驱动的，而莱辛经常以全知叙述者的声音来谈论身体。"② 显然莱辛不打算运用女性美学去呈现这个现实话题，但她对于女作家心中"不可说"的性经验的探讨，正好打破了性的"不可说"的女性写作禁忌，她要去揭示为什么女性（作家）被这种"不可说"所困扰，是真的不可说、不能说，还是因为她面对白色大陆的那座匮乏之碑③根本无法将自己的经验予以表达？

在《金色笔记》中，除了描写女性被身体的性屈服和自我内在

① Ella Morgan, "Alienation of Woman Writer in *The Golden Notebook*", *Doris Lessing: Critical Studies*, edited by Annis Pratt and L. S. Dembo, Madison: University of Wisconsin Press, 1974, pp. 56 – 57.

② Roxanne J. Fand, *The Dialogic Self: Reconstructing Subjectivity in Woolf, Lessing, and Atwood*, Selinsgrove, PA: Susquehanna University Press, 1999, p. 98.

③ 张京媛主编:《当代女性主义文学批评》，北京大学出版社1992年版，第200页。

意志的冲突弄得无所适从、迷惑不安外，莱辛还富有幽默兴味地描写了男人和女人在性话题上的较量。他们关于女性身体的矛盾看法，侧面解释了女性之所以不能拥有一个完整而自足的身体，是因为在历史的长河中，她的身体多数时候是被审视的"她者"，她并没有对自己的身体进行阐释和诉说的权力。爱拉坚持认为女性的性高潮确实存在，而且这种生理反应和爱情紧密联系。保罗则从医学的角度来否定爱拉的身体体验，他否认女性具有产生阴道快感的生理基础，在与爱拉的性生活中，他也试图控制爱拉的性体验。在保罗工作的医院里，布拉德罗特教授——一位男性学者召开了一场关于雌性天鹅的性兴奋机制研究的讲座，他得出的结论是：雌性天鹅不存在性兴奋，根据此研究结果，他认为在女人身上也不可能存在阴道性兴奋。当时在场旁听的女医生们都悄悄退场。见此情景，布拉德罗特教授认为，女人们实在假正经。

保罗与爱拉关于女性的性生活争论，医学教授与女医生们的对立，已无关科学研究的真伪，这个情节本身是讽刺性的，它再次证明了女性首先在知识领域就一直没有讲述自己身体的话语权。"男性作为男性与女性作为女性之间（它们总是作为一种性别关系）的交往，就不得不建立在这样一种知识的基础上，这种知识是关于女性的，但却又是由男性（作为知识的整理汇总者和理性的代言人）整理汇总的。尽管这种认识根本不够充分，而且还常常与女性自身有关自己的陈述不相吻合。但是女性对此却无能为力。妇女不能受到信任，即便是告诉有关她们自身的真相也是如此。"① 两性在性经验的看法上不仅是矛盾的，而且男性依然想去掌握话语权，去主导女性自我审视的方向。在这种不愉快的对抗中，男性对于女性身体的阐述以科学话语为支撑，相形之下，女性则如同那只被用来做实

---

① ［美］简·盖洛普：《通过身体思考》，杨莉馨译，江苏人民出版社 2005 年版，第 110 页。

验的雌天鹅，根本没有开口自明的机会，女医生们的沉默离场、爱拉逃避关于性高潮的讨论，不过是安娜所言的性的"不可说"的另一种存在形式，这种不可说在于父权制的知识体系中女性的边缘化处境，"她们的言语，也由于和男性符号逻辑性、明晰、固定的语言规范不相吻合，而被贬低为胡说八道"①。

在父权制文化中，对身体的知识阐释的力量不对等造成了女性对自我存在的错误审视和自我贬抑。摩根认为《金色笔记》中的女性受到文化与周围环境的影响，她的判断总是在轻视、拒绝、扭曲自己的经验，并抹去她自身的自然而然产生的感觉，女性之所以恐惧自身具有的女性主义感受，是因为这是不合法的，不被她所坚信的广义的人道主义所承认。② 女性对自我主体经验的否认和轻忽是父权制文化中厌女心理的一种体现，它表现为女性对自我和其他同处亚文化语境中的"他者"的反感和敌视。安娜所经历的同性恋恐惧和雌性蜘蛛的噩梦反映了她潜意识中的厌女心理：

> 我想到纳尔逊曾对我说起，有时候他看着妻子的肉体，很厌恶那种女性特征，他厌恶它……他说，有时候他觉得妻子就像某种蜘蛛……。我坐在床上，看着自己瘦瘦白白的双腿和瘦瘦白白的双臂，又看着自己的乳房。我湿漉漉又黏糊糊的中心似乎很令人厌恶。在我看着自己的双乳时，我所能想到的只是，在它们充盈乳汁时会显得怎么样，我想那不会令人愉悦，反会使人厌憎。这种对自己的肉体陌生厌恶的感觉使我的头脑一阵眩晕……即刚才我所体验到的，根本就不是我的思想。我

---

① ［美］简·盖洛普：《通过身体思考》，杨莉馨译，江苏人民出版社2005年版，第110页。

② Ella Morgan, "Alienation of Woman Writer in *The Golden Notebook*", *Doris Lessing: Critical Studies*, edited by Annis Pratt and L. S. Dembo, Madison: University of Wisconsin Press, 1974, pp. 55–57.

平生第一次那么富于想象力地体验到的，是同性恋者的感情。我第一次理解了对同性恋作品的厌恶感。（第648页）

纳尔逊将妻子的身体形容为一只贪婪的雌性蜘蛛，他的描述刺激了安娜，令她对自身的女性特征产生了强烈的厌恶感，而她的厌女倾向和她对同性恋的恐惧也有某种一致性。安娜的公寓中住过一对男同性恋，他们的态度不太友好，令安娜反感，甚至担心他们的存在会对女儿产生不良影响，最终将他们赶走。"许多学者包括艾拉·摩根，克莱尔·斯普拉格，约瑟夫·艾伦·布恩和朱迪思·凯根·加德纳，都对安娜·伍尔夫的同性恋恐惧症做出了敏锐批评，认为安娜的反感情绪中带有女性自我厌恶的迹象。"① 的确，莱辛在描写阿尔佛和罗尼这对同性情侣时带有明显的漫画讽刺色彩，但是，安娜的同性恋恐惧并不能代表莱辛的立场。加德纳（Judith Kegan Gardiner）认为，小说中的这一情节是含蓄地讽刺了英国社会的同性恋恐惧症。安娜对同性情侣的恐惧和她"二战"期间在非洲时对同性恋的态度有很大反差，作为战后英格兰的公民，安娜"内化了一种占主导地位的异性恋厌女文化，这种异性恋在与生俱来的不在场证明下将女性气质、女性和卑鄙联系在一起"，"男同性恋者在安娜身上引发的情感，特别是她的女性恐惧症，揭示了安娜在战后的异性恋激情的根基是一种历史化的厌女症，这种厌女文化敌视女性和女性化的男性"② 。再联系到小说中迈克尔对安娜和摩莉的友情的敌意，他觉得自己身为男人，为了"防止"安娜的同性恋

① Suzette Henke, "The Challenge of Teaching Doris Lessing's *The Golden Notebook* in the Twenty-First Century", *Doris Lessing*: *Interrogating the Times*, edited by Debrah Raschke, Phyllis Sternberg Perrakis, and Sandra Singer, Columbus: Ohio State University Press, 2010, p. 191.

② Suzette Henke, "The Challenge of Teaching Doris Lessing's *The Golden Notebook* in the Twenty-First Century", *Doris Lessing*: *Interrogating the Times*, edited by Debrah Raschke, Phyllis Sternberg Perrakis, and Sandra Singer, Columbus: Ohio State University Press, 2010, pp. 191 – 192.

倾向，有必要让安娜从摩莉家搬走，和他一起同居生活。而安娜也迎合了迈克尔的要求。她的同性恋恐惧和厌女倾向都是内化了父权制思想后的心理效应，她排斥自我、也排斥遭到父权制厌弃的同性恋，不知不觉中成为男性的同谋。但是，正如爱拉意识到的，女性为了迎合男性的需要而塑造自我，她改变自己的个性，她的不同个性的呈现只是为了或者与那个男人相和谐，或者相对立，而这些被促成的新"个性"都不是她的真实本性。

《金色笔记》中，安娜/爱拉认为写作性是困难的，性是"不可说"的，反映了女性自我压抑的心理特征："我不想写下去，原因在于我很不愿意写到性。很奇怪，这股不准写性的情绪竟然非常强烈。"（第512页）女性所处的父权制文化语境并不支持女性去主动认识自我、阐述自我："在我们文化的意识形态中，女性都是被描述的客体，而不是言说的主体。妇女作为妇女，正像是有关妇女的神话中的那些化身一样，她们是从来不会创造文化的。"[1] 而且，由于历史因素，女性在知识领域也难以拥有阐述身体的话语权，"女性的奥秘"在很长一段历史时期内都掌握在男性手中。弗洛伊德将性的科学研究和心理学研究相结合，率先让意义回归身体，但是，他对女性身体的研究依然难逃"解剖即命运"的观点，对女性身体经验的阐释依然立足于菲勒斯中心主义，她不仅是男人身上的肋骨，也是男性文化中嫉妒的他者。这种非此即彼的二元对立关系，不仅始终将女性置于他者的边缘、被动地位，也妨碍了两性的交流和沟通，并不利于平等。在小说中，即便是安娜、爱拉这样的知识女性也难以获得男性伴侣对她们的尊重和理解。这带来的后果便是，男性的话语所塑造的女性形象逐渐成为现实中女性存在的对立面，并困扰着女性的主体意识，"她发现自己处在进退维谷中：她不能完全否定

---

① ［美］简·盖洛普：《通过身体思考》，杨莉馨译，江苏人民出版社2005年版，第110页。

自己的意识，她的感知从最深层意义上说是女性主义的，具有潜在的政治性。但是，由于这些感知受到文化影响的压制，她又怀疑自己的感知，并且觉得这些感知可能是她自身存在缺陷的标志。"① 菲勒斯中心主义、"解剖即命运"的心理学阐释，都在不同程度上否定和轻视女性自我的身体经验，也在某些时刻诱导女性将自己的身体特征，以及将非主流的性别倾向视为异己的力量。安娜在日记中对自己身体的不洁感受、性的不可说的抵触情绪似乎暗示，安娜可能无法获得解放，成为自由女性。但是，作家莱辛对女性不可言说的身体经验和矛盾的心理感受的深入解剖，却见证了女性对身体的探索意识，对自身主体性的渴望。

莱辛在《金色笔记》中对女性性心理和身体经验的坦率描写"深刻地表现了在一个由男性所定义和主导的文化中的女性创造力的冲突与迷惑"②，也突破了弗吉尼亚·伍尔夫含蓄的女性美学在女性身体经验表达上的不足，莱辛说："我总是觉得弗吉尼亚·伍尔夫的东西太过于女性化了。……我想那种创作方式确实是迷人的，但是我觉得她的经验一定因此受到限制。"③ 莱辛将女性身体经验的描写带入了公共话语的讨论空间，这是伍尔夫小说未能做到的。同时，她的大胆写作和小说中的女作家们对性经验的"不可说"的写作心理困扰形成了有意思的互文关系，揭示了为何对于女作家来说性经验是"不可说"的。

虽然有一些学者认为《金色笔记》中的女性依然是虚幻的自由女性，她们的身心体验带有明显的性别文化的烙印，比如过度依赖

---

① Ella Morgan, "Alienation of Woman Writer in *The Golden Notebook*", *Doris Lessing: Critical Studies*, edited by Annis Pratt and L. S. Dembo, Madison: University of Wisconsin Press, 1974, p. 63.

② Elayne Antler Rapping, "Unfree Women: Feminism in Doris Lessing's Novel", *Women's Studies*, vol. 3, 1975, p. 29.

③ Elaine Showalter, *A Literature of Their Own*, Beijing: Foreign Language Teaching and Research Press & Princeton University Press, 2004, p. 308.

情感，追求男性的价值认可，否认女性身体的完整和自足，包括女性性经验的描写也似乎在支持陈旧的弗洛伊德主张。但是如果将《金色笔记》和《我的秘密花园》（*My Secret Garden*，1973）《海特报告》（*The Hite Report*，1976）等70年代出版的一系列由女性撰写的研究女性性生活的作品进行整体审视，我们发现它们构成了一种互文现象，推进了当代女性主义运动的进步。《海特报告》以其科学性和严谨性证明了"妇女有能力对自身的性生活进行合乎逻辑、坚持不懈并不夹私心的研究"①。《我的秘密花园》则"将我们带进了那个肉感的、非理性的激情世界。然而，这两本书都体现出一种共同的信念，即妇女的性欲本能与冲动是可以拥有意义的，知识与秩序是完全可以与妇女的生殖器／头脑那看似幽暗纷乱的内部结构联系在一起的"②。她们这些作者——莱辛、海特（Shere Hite）、弗莱迪（Nancy Friday）都意识到了女性生活中自我否定力量的外部来源，如果说《金色笔记》描写并揭示了围困、阻碍妇女写作自身的神秘魔咒，那么当代女性主义思潮则是要去打破困住安娜／爱拉的身体的魔咒，找到女性分裂的主体意识的根源，去扭转女性对身体、两性关系、情感生活的误解，肯定女性身体经验的独立性和自足性，将女性身体的阐释权力回归到女性手中，"归还她的能力与资格、她的欢乐、她的喉舌，以及她那一直被封锁着的巨大的身体领域"③。

---

① ［美］简·盖洛普：《通过身体思考》，杨莉馨译，江苏人民出版社2005年版，第111页。

② ［美］简·盖洛普：《通过身体思考》，杨莉馨译，江苏人民出版社2005年版，第112页。

③ 张京媛主编：《当代女性主义文学批评》，北京大学出版社1992年版，第194页。

结　语

多丽丝·莱辛曾说："艺术家的一个传统职业就是释梦。"[1] 无论在时代的美梦还是噩梦里，作家都必须忠实于自己的内心、忠实于自己的感受，并清晰、严肃、真诚地将个人的理解、预言和阐释诉诸文字，因为，"小说依然是作家能够以清晰、直接的话语对他的读者进行演说的唯一艺术形式"，"小说家是以微小的个人声音与读者进行一对一的个体交流"[2]。对于时代精神的敏锐性，使莱辛倾向于去观察社会生活领域发生的政治、思想和心理波动，这些问题和她笔下的女性主人公的命运息息相关，但又不完全是性别问题，最终成为对人类精神和时代现象的预言和剖析，莱辛似乎总是能够轻易挖掘到人类情感旋涡的最深处[3]，这种深入现实和人性的笔力令她的小说传递给读者以"热度"和"力"的持续阅读感受。

作为莱辛早期创作中的三部长篇小说，《野草在歌唱》《金色笔记》和《四门城》无疑在她的创作史中占有重要地位。作为莱辛第一部长篇小说，《野草在歌唱》的主题源于作家对非洲殖民地

---

[1]　Doris Lessing, "The Small Personal Voice", *A Small Personal Voice: Essays, Reviews, Interviews*, ed. Paul Schlueter, New York: Alfred A. Knopf, 1974, p. 7.

[2]　Doris Lessing, "The Small Personal Voice", *A Small Personal Voice: Essays, Reviews, Interviews*, ed. Paul Schlueter, New York: Alfred A. Knopf, 1974, p. 21.

[3]　Roy Newquist, "Interview with Doris Lessing", *A Small Personal Voice: Essays, Reviews, Interviews*, ed. Paul Schlueter, New York: Alfred A. Knopf, 1974, p. 45.

生活的反思，作品对性别问题和种族政治问题的双重书写体现出莱辛敏锐的现实洞察力，而小说中纯熟的视角操控和生动细腻的心理分析则预示了她此后的长篇小说中，在女性经验写作、政治现象讨论和精神分析领域都有进一步发展。作为 60 年代最后一部长篇现实主义小说，《四门城》在主题、情节和人物刻画上与《金色笔记》有关联性。作家重新拾起了现实主义的编年史叙述，意图将《金色笔记》中"碎片化""文本化"的五六十年代予以历史性地重现，但小说中对人的非理性意识和超感官思维的深度写作使作品具有了多维度的空间主题。《四门城》不仅没有重复此前几卷作品的扁平而枯燥的历史记叙，小说中对科幻寓言的借鉴、对乌托邦的设想，也体现了经历了 1956 年的退党危机后的莱辛，她对政治运动的疏离和反思也影响了她的小说在文学介入现实的艺术策略上的转变。

《金色笔记》是多丽丝·莱辛最重要的代表作品。这部小说具有强烈的个人意义。它的内容与形式、风格与叙述技巧以及主题思想，反映了作家对于自己的生活体验和美学观念的一种整合，它是作家对当代社会现状与文学现象进行思想探索和艺术追求的成果。不仅如此，这部作品还有着浓厚的时代象征意义。它包含了当代的诸多哲学理念和社会文化内容，作品中复杂的艺术思想与个人写作困境则隐喻了当代英国小说在发展道路上的各种冲突、矛盾和选择。作家安娜的写作困境与生存焦虑，不仅折射出身处"十字路口"的英国当代作家的创作特征与焦虑情绪，也是处在社会发展与时代转折点上的一代左翼知识分子的精神写照。这一切都经由作品复杂的结构布局、各种新颖的艺术技巧的交错使用以及文本的深层结构关系而被传递出来。

在当代西方社会，传统文化的精神基石遭到两次世界大战和各种非理性哲学思潮的冲击，似乎一切传统思想、方法、观念与意识都遭到不同程度的贬斥、怀疑和批判。然而，西方历史中延续下来的人文精神、启蒙传统与文学道德观却依然根植人心。如何正确地认识传统、审视过去、观照当下，这是需要贯彻一种辩证精神的。正如艾丽斯·默多克所言，简单地去模仿 19 世纪的现实主义小说是不可能的，然而，我们必须从传统中汲取力量。① 多丽丝·莱辛在《金色笔记》中，正是以一种辩证的思维方式来看待传统小说艺术和现代、后现代主义精神的关系。在这里，传统与实验、继承与创新、冲突与融合已然成了一体两面、难以分割的掌心掌背，对其中任何一方面的片面肯定或否定将导致对小说主题的误读。

　　"崩溃"是这部作品的主题。在小说中我们看到，作者通过独特的叙事方式、时间和空间的处理艺术，从人物的身体经验和梦境等不同角度表现了当代人复杂而迷茫的心绪，以及一颗完整的灵魂如何裂变，又如何顽强地重新建立起来，并达到整体化的过程。这些采用不同艺术技巧、涉及不同主题层面、探索当代人精神分裂原因的叙写，显示出作者谋求以小说艺术形式的创新来表达复杂深奥、令人费解的人性，四分五裂的当代社会现实以及时代道德风气的瓦解。小说因此而更加贴近时代与现实的真实境况。同时，在作家以抽丝剥茧的方式、层层褪去覆盖在主人公心灵与意识之上的织物，疏通被堵塞的心灵时，作品的另一个主题"自我超越"逐渐浮于纸上了。超越精神分裂、虚无主义，获得一种完整的人格，这正是作者塑造这样一个饱受精神分裂之苦的主人公的重要主旨所在。

　　《金色笔记》艺术形式上的创新并不是一种纯形式的追求。作

---

　　① A. S. Byatt, "People in Paper Houses: Attitudes to 'Realism' and 'Experiment' in English Postwar Fiction", *The Contemporary English Novel*, eds. Malcolm Bradbury, David Palmer, New York: Holmes & Meier Publishers, 1980, p. 20.

品貌似四分五裂的结构布局，看似琐碎的板块结构，风格迥异的叙事手法，彼此之间都有着密切的呼应，它们不是零散而割裂的，而是形成了相互对应和联系，在作品的深层结构上它们是整一而严密的。作者打破传统小说叙事模式与一般小说写法，将不同性质的叙述元素与风格技巧融合在作品的整体框架中，使其形成一个具有高度整合性的有机整体，创立了一种新颖的小说写作形式。小说令读者在极为艰涩的阅读过程中，亲身体验到分裂的人格意志遭受的内心磨砺，感悟到当代混杂而令人困惑的时代氛围。如何自我拯救、人类命运的前途又在哪里，关于这些问题的思考从作品的虚构情境中一直延伸到我们的实际生活中来，可见"夸张的实验恰是现实主义的一种回声"①。通过对主人公的潜意识心理及其精神成长的描写，作者表达了自己的人生看法和思考，表明只有以勇气和责任感去面对并接纳生活的全部真相，才能保持一种独立完整的人格意志，获得与他人和世界相沟通、理解的可能，人性与人道主义才有可能得到延续。作品中主人公的精神觉醒，并不是因为她最终掌握了一种超越前人的新型的艺术武器或认识论；她的精神的超越与突围，更多地体现在对自我与外界的强烈认识要求与勇气中；而作为饱受政治离乱的一代左翼知识分子，莱辛也揭示了极端的理想主义和乌托邦主义的潜在负面威胁，说明它们割裂了人性，阻碍了对于社会现实与人心现状的深入体察。

在波涛汹涌的人类历史长河中，个体只是微不足道的一粟。在充满了各种嘈杂、轰鸣、喧嚣尖锐的声音的历史大背景中，个人的声音是微不足道而孱弱的。但是，莱辛对表达的执着与渴望，同样是热烈的。挣脱笔尖跳脱而出的黑色铅字也好，从柔软的双唇中缓

---

① A. S. Byatt, "People in Paper Houses: Attitudes to 'Realism' and 'Experiment' in English Postwar Fiction", *The Contemporary English Novel*, eds. Malcolm Bradbury, David Palmer, New York: Holmes & Meier Publishers, 1980, p. 30.

缓流出的言语也罢，无论是对文字、文学和生活的肯定、怀疑、揣测或狂想，"作者莱辛"的话语所映射出的始终是一张思索者的坚定面庞。《金色笔记》的文本就是她观察生活、与生活对话、与自我对话的一面"镜子"①；而作家对于写作的坚持、对于文字的理想，本身就是个人生命活动价值实现的一个隐喻。

---

① Doris Lessing, "The Small Personal Voice", *A Small Personal Voice*: *Essays*, *Reviews*, *Interviews*, ed. Paul Schlueter, New York: Alfred A. Knopf, 1974, p. 5.

参考文献

一　中文文献

［美］M. H. 艾布拉姆斯、杰弗里·高尔特·哈珀姆：《文学术语词典》，吴松江等编译，北京大学出版社 2014 年版。

［荷］米克·巴尔：《叙述学：叙事理论导论》，谭君强译，中国社会科学出版社 1995 年版。

［法］西蒙娜·德·波伏娃：《第二性》，陶铁柱译，中国书籍出版社 2004 年版。

［美］彼得·布鲁克斯：《身体活》，朱生坚译，新星出版社 2005 年版。

［美］哈罗德·布鲁姆：《影响的焦虑》，徐文博译，江苏教育出版社 2006 年版。

［美］W. C. 布斯：《小说修辞学》，华明等译，北京大学出版社 1987 年版。

［美］詹姆斯·费伦：《作为修辞的叙事》，陈永国译，北京大学出版社 2002 年版。

［美］约瑟夫·弗兰克等：《现代小说中的空间形式》，秦林芳编译，北京大学出版社 1991 年版。

［加］诺思罗普·弗莱：《批评的解剖》，陈慧等译，百花文艺出版社 2006 年版。

［美］简·盖洛普：《通过身体思考》，杨莉馨译，江苏人民出版社
　　2005 年版。

［美］戴卫·赫尔曼主编：《新叙事学》，马海良译，北京大学出版
　　社 2002 年版。

黄梅：《不肯进取》，辽宁教育出版社 1996 年版。

［英］艾瑞克·霍布斯鲍姆：《极端的年代》，马凡等译，江苏人民
　　出版社 2010 年版。

［美］桑德拉·吉尔伯特、苏珊·古芭：《阁楼上的疯女人：女性
　　作家与 19 世纪文学想象》，杨莉馨译，上海人民出版社 2015
　　年版，

［法］加缪：《西西弗的神话》，杜小真译，陕西师范大学出版社
　　2006 年版。

［美］弗雷德里克·杰姆逊：《后现代主义与文化理论》，唐小兵
　　译，北京大学出版社 2005 年版。

［英］卡罗莱·克莱因：《多丽丝·莱辛传》，刘雪岚等译，江苏人
　　民出版社 2017 年版。

［英］R. D. 莱恩：《分裂的自我》，林和生等译，贵州人民出版社
　　1994 年版。

［英］多丽丝·莱辛：《时光噬痕》，龙飞译，作家出版社 2010
　　年版。

［英］多丽丝·莱辛：《刻骨铭心：莱辛自传，1919－1949》，宝静
　　雅译，北京联合出版公司 2016 年版。

［英］多丽丝·莱辛：《影中独行：莱辛自传，1949－1962》，翟鹏
　　霄译，北京联合出版公司 2016 年版。

［英］多丽丝·莱辛：《画地为牢》，田奥译，南京大学出版社 2019
　　年版。

［美］苏珊·兰瑟：《虚构的权威》，黄必康译，北京大学出版社

2002 年版。

乐黛云主编：《世界诗学大辞典》，春风文艺出版社 1993 年版。

龙迪勇：《空间叙事学》，生活·读书·新知三联书店 2015 年版。

陆建德主编：《现代主义之后：写实与实验》，中国社会科学出版社 1997 年版。

［英］戴维·洛奇：《戴维·洛奇文论选集》，罗贻荣编译，中国社会科学出版社 2018 年版。

罗钢：《叙事学导论》，云南人民出版社 1994 年版。

［美］华莱士·马丁：《当代叙事学》，伍晓明译，北京大学出版社 2005 年版。

［挪威］陶丽·莫伊：《性与文本的政治》，林建法等译，时代文艺出版社 1992 年版。

瞿世镜：《当代英国小说》，外语教学与研究出版社 1998 年版。

［法］热拉尔·热奈特：《叙事话语 新叙事话语》，王文融译，中国社会科学出版社 1990 年版。

［瑞］荣格等著：《潜意识与心灵成长》，张月译，上海三联书店 2009 年版。

［英］拉曼·塞尔登：《文学批评理论——从柏拉图到现在》，刘象愚等译，北京大学出版 2000 年版。

［美］爱德华·W. 萨义德：《知识分子论》，单德兴译，陆建德校，生活·读书·新知三联书店 2013 年版。

［英］安德鲁·桑德斯：《牛津简明英国文学史》，谷启楠等译，人民文学出版社 2000 年版。

申丹：《叙述学与小说文体学研究》，北京大学出版社 2005 年版。

申丹：《叙事、文体与潜文本》，北京大学出版社 2009 年版。

申丹，王丽亚：《西方叙事学：经典与后经典》，北京大学出版社 2010 年版。

［美］埃德蒙·威尔逊：《阿克瑟尔的城堡》，黄念欣译，江苏教育出版社 2006 年版。

王丽丽：《多丽丝·莱辛研究》，社会科学文献出版社 2014 年版。

［美］勒内·韦勒克、奥斯汀·沃伦：《文学理论》，刘象愚等译，江苏教育出版社 2005 年版。

［英］弗吉尼亚·伍尔夫：《论小说与小说家》，瞿世镜译，上海译文出版社 2000 年版。

杨莉馨：《西方女性主义文论研究》，江苏文艺出版社 2002 年版。

［英］特里·伊格尔顿：《当代西方文学理论》，王逢振译，中国社会科学出版社 1988 年版。

［法］露西·伊利格瑞：《他者女人的窥镜》，屈雅君等译，河南大学出版社 2013 年版。

［美］伊莱恩·肖瓦尔特：《她们自己的文学》，韩敏中译，浙江大学出版社 2012 年版。

张京媛主编：《当代女性主义文学批评》，北京大学出版社 1992 年版。

张京媛主编：《后殖民理论与文化批评》，北京大学出版社 1999 年版。

二　外文文献

Bloom, Harold, ed., *Doris Lessing*, New York: Chelsea House, 1986.

Boehm, Beth A., "Reeducating Readers: Creating New Expectations for *The Golden Notebook*", *Narrative*, Vol. 5, No. 1, 1997.

Bradbury, Malcolm, ed., *The Novel Today*, Manchester: Manchester University Press, 1977.

Bradbury, Malcolm, and David Palmer, eds., *The Contemporary English Novel*, New York: Holmes & Meier, 1980.

Brazil, Kevin, David Sergeant, and Tom Sperlinger, eds., *Doris Lessing and the Forming of History*, Edinburgh: Edinburgh University Press, 2016.

Brewster, Dorothy, *Doris Lessing*, New York: Twayne Publishers, 1965.

Budhos, Shirley, *The Theme of Enclosure in Selected Works of Doris Lessing*, Troy, NY: Whitston, 1987.

Drabble, Margaret, "Doris Lessing: Casandra in a World Under Siege", *Ramparts*, 10 Feb. 1972.

Draine, Betsy, "Nostalgia and Irony: The Postmodern Order of *The Golden Notebook*", *Modern Fiction Studies*, Vol. 26, No. 1, 1980.

Eve Bertelsen, "Veldtanschauung: Doris Lessing's Savage Africa", *Modern Fiction Studies*, Vol. 37, No. 4, 1991.

Fand, Roxanne J., *The Dialogic Self: Reconstructing Subjectivity in Woolf, Lessing, and Atwood*, Selinsgrove, PA: Susquehanna University Press, 1999.

Fahim, Shadia S., *Doris Lessing: Sufi Equilibrium and the Form of the Novel*, New York: St. Martin's Press, 1994.

Fishburn, Katherine, "Wor(1)ds Within Words: Doris Lessing as Meta-Fictionist and Meta-Physician", *Studies in the Novel*, Vol. 20, No. 2, 1988.

Fishburn, Katherine, *The Unexpected Universe of Doris Lessing: a Study in Narrative Technique*, Westport: Greenwood, 1985.

Galin, Müge, *Between East and West Sufism in the Novels of Doris Lessing*, Albany: State University of New York Press, 1997.

Ghosh, Tapan K., ed., *Doris Lessing's* The Golden Notebook: *A Critical Study*, New Delhi: Prestige Books, 2006.

Gilbert, Sandra M. , and Susan Gubar, eds. , *No Man's Land*: *The Place of the Woman Writer in The Twentieth Century*, New Haven: Yale University Press, 1988.

Greene, Gayle, *Doris Lessing*: *The Poetics of Change*, Ann Arbor: The University of Michigan Press, 1994.

Hague, Angela, *Fiction*, *Intuition& Creativity*: *Studies in Brontë*, *James*, *Woolf*, *and Lessing*, Washington, DC: Catholic University of America Press, 2003.

Hammond, Andrew, *Cold War Stories*: *British Dystopian Fiction*, *1945 – 1990*, Palgrave Macmillan eBook, 2017.

Hardin, Nancy S. , "The Sufi Teaching Story and Doris Lessing", *Twentieth Century Literature*, Vol. 23, No. 3, 1977.

Head, Dominic, *The Cambridge Companion to Modern British Fiction*, *1950 – 2000*, Cambridge: Cambridge University Press, 2002.

Hite, Molly, "Doris Lessing's *The Golden Notebook* and *The Four-Gated City*: Ideology, Coherence, and Possibility", *Twentieth Century Literature*, Vol. 34, No. 1, 1988.

Hite, Molly, *The Other Side of the Story*: *Structures and Strategies of Contemporary Feminist Narratives*, Ithaca, NY: Cornell University Press, 1989.

Kaplan, Sydney Janet, *Feminine Consciousness in the Modern British Novel*, Urbana: University of Illinois Press, 1975.

King, Jeannette, *Doris Lessing*, London: Edward Arnold, 1989.

Krouse, Tonya, "Freedom as Effacement in *The Golden Notebook*: Theorizing Pleasure, Subjectivity, and Authority", *Journal of Modern Literature*, Vol. 29, No. 3, 2006.

Lessing, Doris, *In Pursuit of the English*: *A Documentary*, Harper

Collins e-books, 1996.

Lessing, Doris, *Under My Skin: Volume One of My Autobiography, to 1949*, New York: HarperCollins, 1994.

Lessing, Doris, *Walking in the Shade: Volume Two of My Autobiography, 1949 – 1962*, New York: HarperCollins, 1997.

Mulkeen, Anne M. , "Twentieth Century Realism: the 'Grid' Structure of *The Golden Notebook*", *Studies in the Novel* , Vol. 4, No. 2, 1972.

Perrakis, Phyllis Sternberg, "Doris Lessing's *The Golden Notebook*: Separation and Symbiosis", *American Imago*, Vol. 38, No. 4, 1981.

Perrakis, Phyllis Sternberg, ed. , *Adventures of the Spirit: the Older Woman in the Works of Doris Lessing, Margaret Atwood, and Other Contemporary Women Writers*, Columbus: Ohio State University Press, 2007.

Pickering, Jean, *Understanding Doris Lessing*, Columbia: University of South Carolina Press, 1990.

Pratt, Annis, and L. S. Dembo, eds. , *Doris Lessing: Critical Studies*, Madison: University of Wisconsin Press, 1974.

Raschke, Debrah, Phyllis Sternberg Perrakis, and Sandra Singer, eds. , *Doris Lessing: Interrogating the Times*, Columbus: Ohio State University Press, 2010.

Ridout, Alice, and Susan Watkins, eds. , *Doris Lessing: Border Crossings*, London: Continuum International Publishing, 2009.

Ridout, Alice, Roberta Rubenstein, and Sandra Singer, eds. , *Doris Lessing's* The Golden Notebook *After Fifty*, New York: Palgrave Macmillan, 2015.

Rose, EllenCronan, "Doris Lessing's *Citta Felice*", *Massachusetts*

Review, Vol. 24, No. 2, 1983.

Rowe, Margaret Moan, *Doris Lessing*, Basingstoke: Macmillan, 1994.

Rubenstein, Roberta, *The Novelistic Vision of Doris Lessing*, Urbana: University of Illinois Press, 1979.

Rubenstein, Roberta, *Literary Half-Lives: Doris Lessing, Clancy Sigal, and Roman à Clef*, New York: Palgrave Macmillan, 2014.

Sage, Lorna. *Doris Lessing*, London: Methuen, 1983.

Saxton, Ruth, and Jean Tobin, eds. *Woolf and Lessing: Breaking the Mold*, London: Macmillan, 1994.

Schlueter, Paul ed., *A Small Personal Voice: Essays, Reviews, Interviews*, New York: Alfred A. Knopf, 1974.

Seligman, Dee, "The Four-Faced Novelist", *Modern Fiction Studies*, Vol. 26, No. 1, 1980.

Showalter, Elaine, *A Literature of Their Own*, Beijing: Foreign Language Teaching and Research Press & Princeton University Press, 2004.

Sprague, Claire, ed., *In Pursuit of Doris Lessing: Nine Nations Reading*, New York: St. Martin's Press, 1990.

Sprague, Claire, *Rereading Doris Lessing: Narrative Patterns of Doubling and Repetition*, Chapel Hill: University of North Carolina Press, 1987.

Stevenson, Randall, *The British Novel since the Thirties*, Athens: University of Georgia Press, 1986.

Stevenson, Randall, *The Last of England?* (The Oxford English Literary History, Vol. 12: 1960 – 2000), Beijing: Foreign Language Teaching and Research Press, 2018.

Taylor, Jenny, ed., *Notebooks/Memoirs/Archives: Reading and*

Rereading Doris Lessing, Boston: Routledge & Kegan Paul, 1982.

Thorpe, Michael, *Doris Lessing's Africa*, London: Evans Brothers, 1978.

Vlastos, Marion, "Doris Lessing and R. D. Laing: Psychopolitics and Prophecy", *PMLA*, Vol. 91, No. 2, 1976.

Waterman, David, *Identity in Doris Lessing's Space Fiction*, New York: Cambria, 2007.

Waugh, Patricia, *Feminine Fictions: Revisiting the Postmodern*, New York: Routledge, 1989.

后　记

　　多丽丝·莱辛是深受我个人喜爱的英国女作家。最初接触她的作品，是在攻读博士学位期间，彼时阅读《金色笔记》，深深为作品复杂而深邃的艺术构思所折服，而莱辛对当代知识女性在生活、情感、艺术和理想追求中曲折艰难的心路历程的细腻呈现，坦率的自省和自我分析，亦令我感动而获得共鸣。卓越的艺术家总能将普通人日常生活中时时触及、时时感到、时时经验的那些莫可名状的瞬间揭示出来并跃然纸上，让我们趋近真相，接近真实。

　　撰写本书一是希望在此前所学的基础上，对莱辛小说进行更加精进而系统的研究。自博士毕业留校工作之后，伴随着教学和科研的积累，我对莱辛的小说思想成就和艺术贡献的认识也在不断深化和校正，在撰写博士学位论文时，一些朦胧的、不成熟的想法逐渐获得明晰。相较于同时代的英国其他女作家，莱辛的小说创作时间跨度长、数量多，且厚重难读，想要做综合性研究是有难度的。但是，她的小说写作脉络与当代西方思想文化领域的变动、社会政治领域的变化，以及小说艺术领域的新态势均有紧密关联，这使得对她的小说创作进行阶段性的系统研究具有了可行性。再者，我后来有幸获得了教育部人文社会科学青年基金项目"多丽丝·莱辛小说的艺术形式研究"的立项，这也激励了我对莱辛在小说艺术领域的探索和创新进行研究的信心。因此，本书的写作致力于从社会思想文化、历史经历、艺术形式和女性身份这几个层面透视莱辛在50—70年代的小说艺术追求和思想轨迹，探讨她对当代生活的观察与反思。由于学力所限，莱辛在70年代后创作的内心空间小说、科幻小说、进入21世纪之后发表的诸多作品未能涉猎，这确有遗憾之处，期待在后续的研究中能将未尽之处做出弥补。

在撰写本书的过程中，我有幸得到了众多师长、朋友和学术同行的关心和支持。南京师范大学文学院江苏省优势学科经费、教育部社科基金，为我的学术研究工作和书稿顺利出版提供了经费支持。我的硕士和博士阶段的导师汪介之教授多年来一直给予我耐心的指导和殷切的鼓励，他为本书的写作提供了很多宝贵意见。导师严谨的治学态度、淡泊名利的高尚品德令我钦佩，我对他深怀感激。我还要感谢为书稿撰写了"序言"的杨莉馨教授，我对女性文学产生兴趣并进入这一研究领域，得益于杨老师的启发和支持，在生活和工作中，杨老师亦给了我很多关心与鼓励，令我倍感温暖。本书稿的部分内容曾先后发表于《当代外国文学》《南京社会科学》《解放军外国语学院学报》《英美文学研究论丛》等刊物，在此向上述期刊的主编和责任编辑深表谢意。还要特别感谢中国社会科学出版社的热心支持。慈明亮老师为书稿进行了仔细编辑，我要向他严谨细致、高效负责的工作态度表达敬意。我还要对我的家人表达衷心的感谢。作为女性，要在多重社会身份和个人理想追求之间达成平衡，始终离不开家人的关怀和帮助。我的父母和先生给我提供了无私的帮助和精神的支持，正因为有他们的理解、包容和安慰，我才能心无旁骛、全身心投入地完成这部书稿。还有我的两个宝贝，你们给我带来如此多的甜蜜与快乐，让我感受到幸福的多重意义。

2020年岁末之交，这部书稿终于完成。从萌发写作意向到即将付梓，这个时间过程其实超过了原先的研究计划。此间，我常有力所不逮之感，感受到学术研究的艰难，个人能力的局限性；但是，也期待着自己的一点点微小的研究成果能够得到学术同行的批评和指点，自己今后能在学术研究领域有所进步。

卢　婧

2020 年 12 月于月牙湖畔